안견과 몽유도원도

안휘준 지음

사회평론

안견과 몽유도원도

2009년 10월 8일 초판 1쇄 찍음
2009년 10월 15일 초판 1쇄 펴냄

지은이 안휘준
펴낸이 윤철호
펴낸곳 (주)사회평론

편 집 권현준, 이태희, 김천희
표지 및 본문 디자인 디자인 시
마케팅 이병진, 백미숙

등록번호 10-876호(1993년 10월 6일)
전 화 326-1182(영업) 326-1185(편집)
팩 스 326-1626
주 소 서울시 마포구 서교동 247-14 임오빌딩 3층
이 메 일 editor@sapyoung.com
홈페이지 www.sapyoung.com

ISBN 978-89-5602-989-4 93650

夢遊桃源圖

안평대군 筆

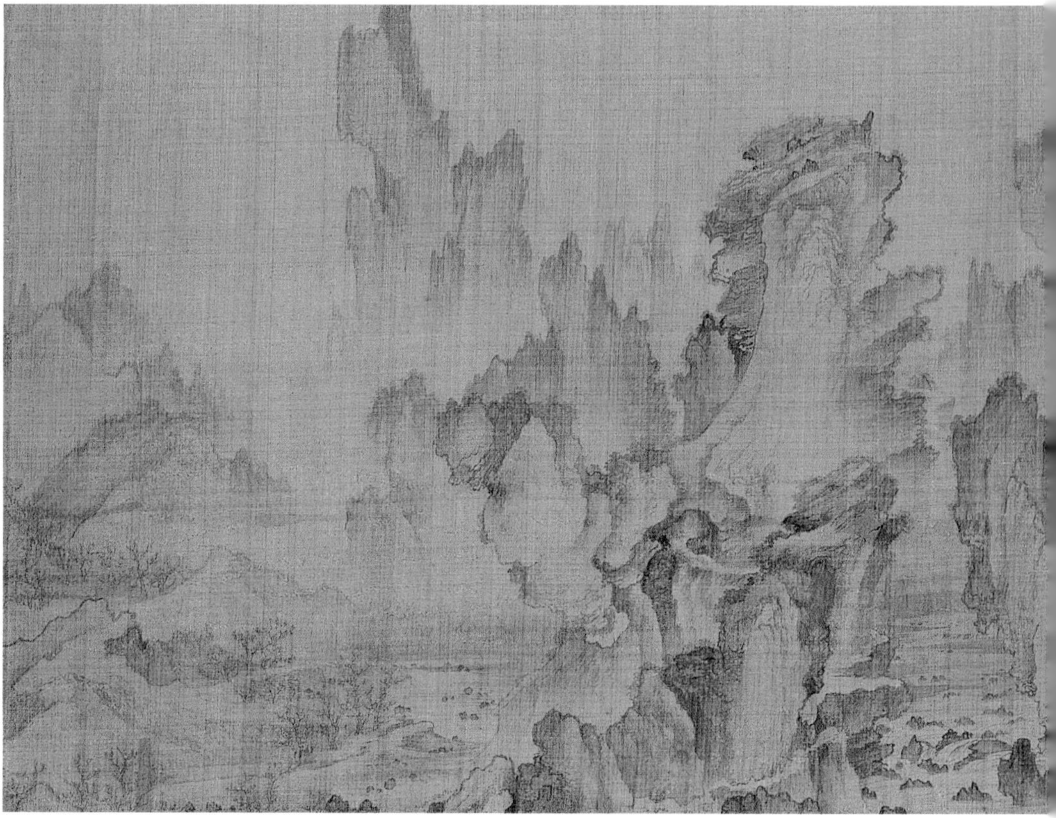

그림 I. 〈몽유도원도夢遊桃源圖〉, 1447년, 견본담채, 37.8×106.5cm, 일본 텐리대학 중앙도서관 소장

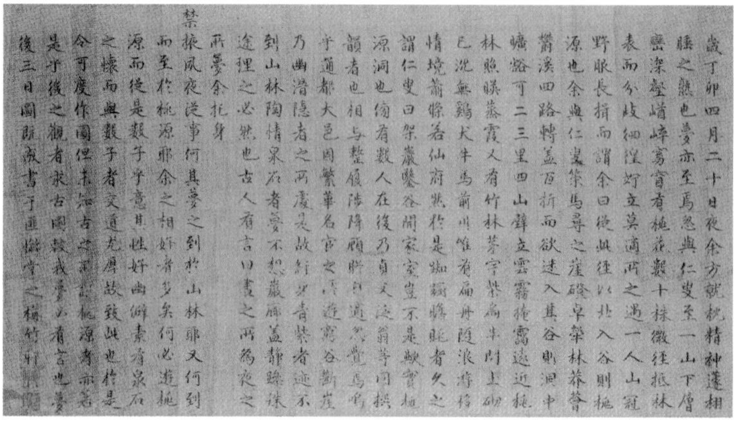

歲丁卯四月二十日夜余方就枕精神蘧栩
睡之熟也夢亦至焉忽與仁叟至一山下層
巒深壑崷崒窈窅有桃花數十株微徑抵林
表而分岐徊徨竚立莫適所之遇一人山冠
野服長揖而謂余曰從此徑以北入谷則桃
源也余與仁叟策馬尋之崖磴卓犖林莽薈
蔚溪回路轉蓋百折而欲迷入其谷則洞中
曠豁可二三里四山壁立雲霧掩靄遠近桃
林照暎蒸霞又有竹林茅宇柴扉半開土砌
已沉無鷄犬牛馬前川唯有扁舟隨浪游移
情境蕭條若仙府然於是踟躕瞻眺者久之
謂仁叟曰架巖鑿谷開家室豈不是歟實桃
源洞也傍有數人在後乃貞父泛翁等同撰
韻者也相與整履陟降顧眄自適忽覺焉嗚
呼通都大邑固繁華名宦之所遊窮谷斷崖
乃幽潛隱者之所處是故紆身青紫者跡不
到山林陶情泉石者夢不想巖廊蓋靜躁殊
途理之必然也古人有言曰晝之所爲夜之
所夢余托身
禁掖夙夜從事何其夢之到於山林耶又何到
而至於桃源耶余之相好者多矣何必遊桃
源而從是數子乎意其性好幽僻素有泉石
之懷而與數子者交道尤厚故致此也於是
令可度作圖但未知古之所謂桃源者亦若
是乎後之觀者求古圖較我夢必有言也夢
後三日圖旣成書于匪懈堂之梅竹軒

그림 I-2. 안평대군 筆
「제기(題記)」
38.7×70.5cm

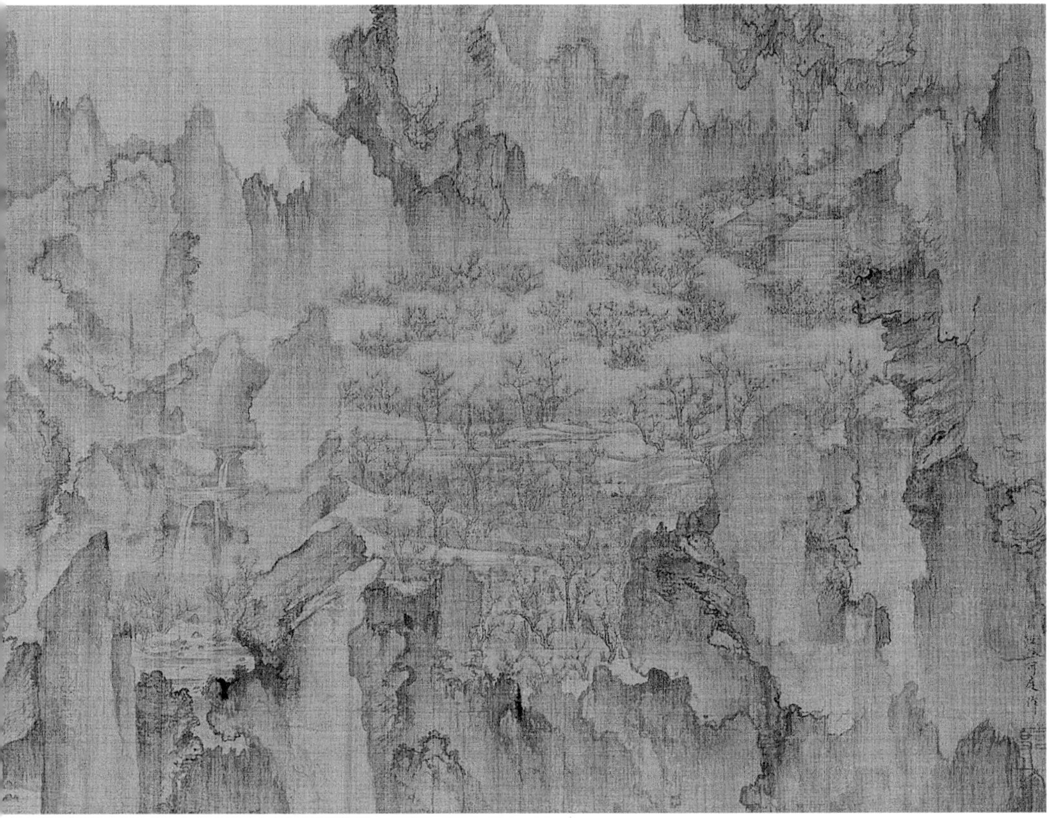

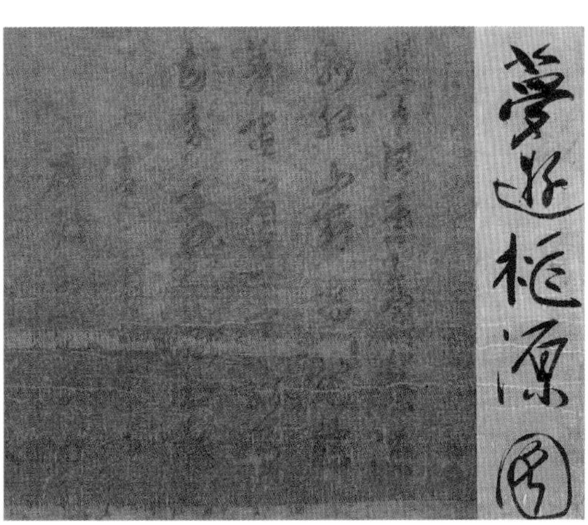

그림 I-1. 안평대군 筆 〈몽유도원도〉 제첨(題簽) 및 안평대군의 시문(詩文) 38.7×47.5cm

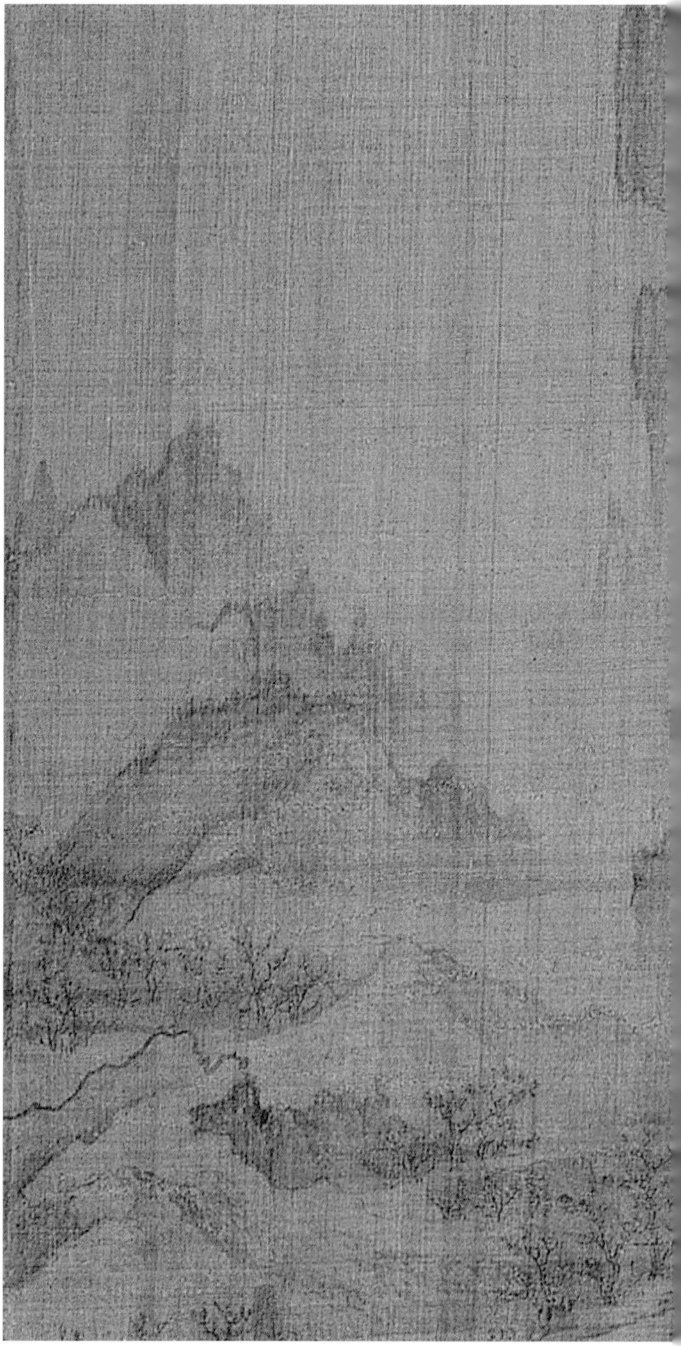

그림 Ⅱ. 〈몽유도원도〉 부분, Ⅰ군의 현실 세계와 Ⅱ군 도원 입구의 암산(岩山)

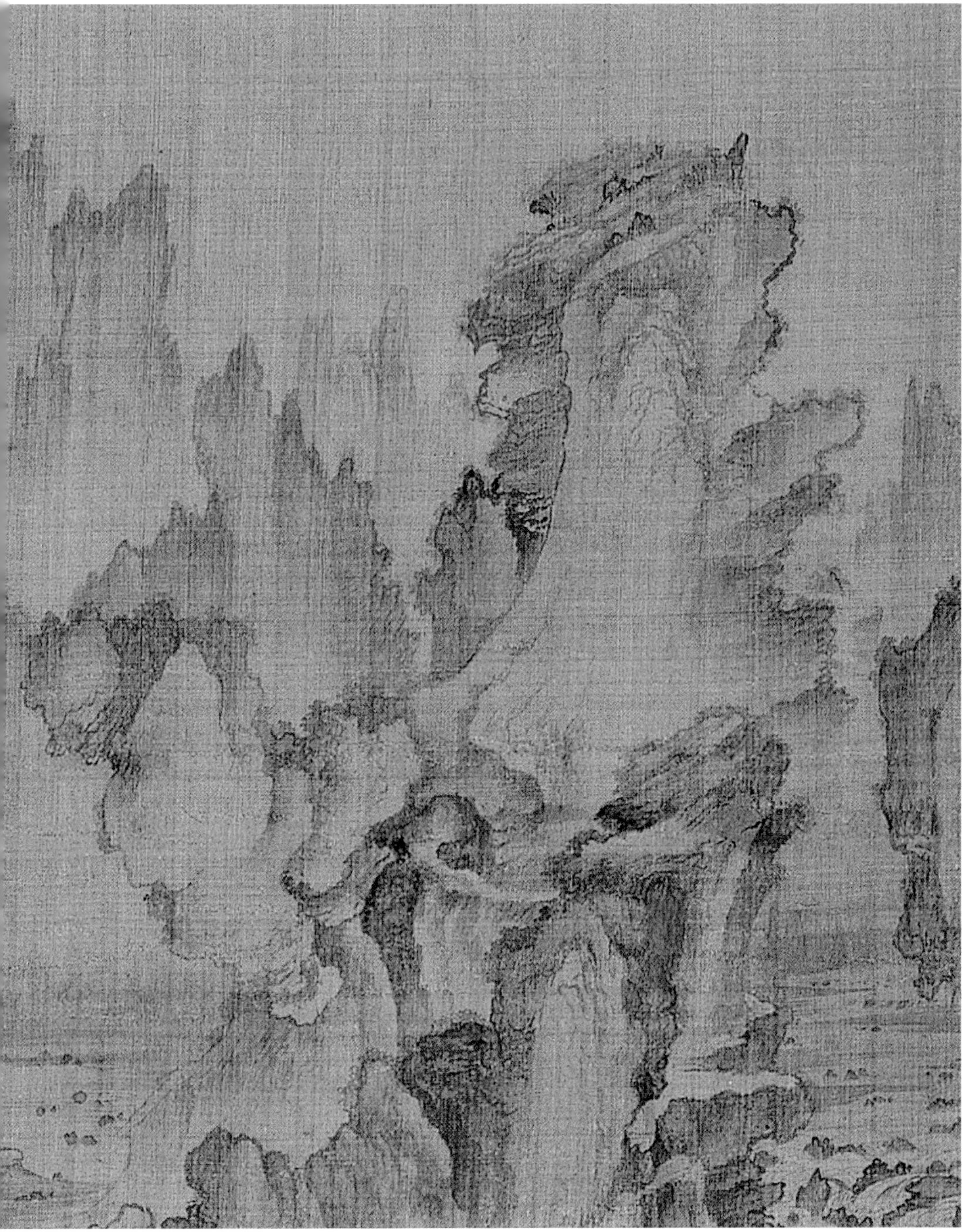

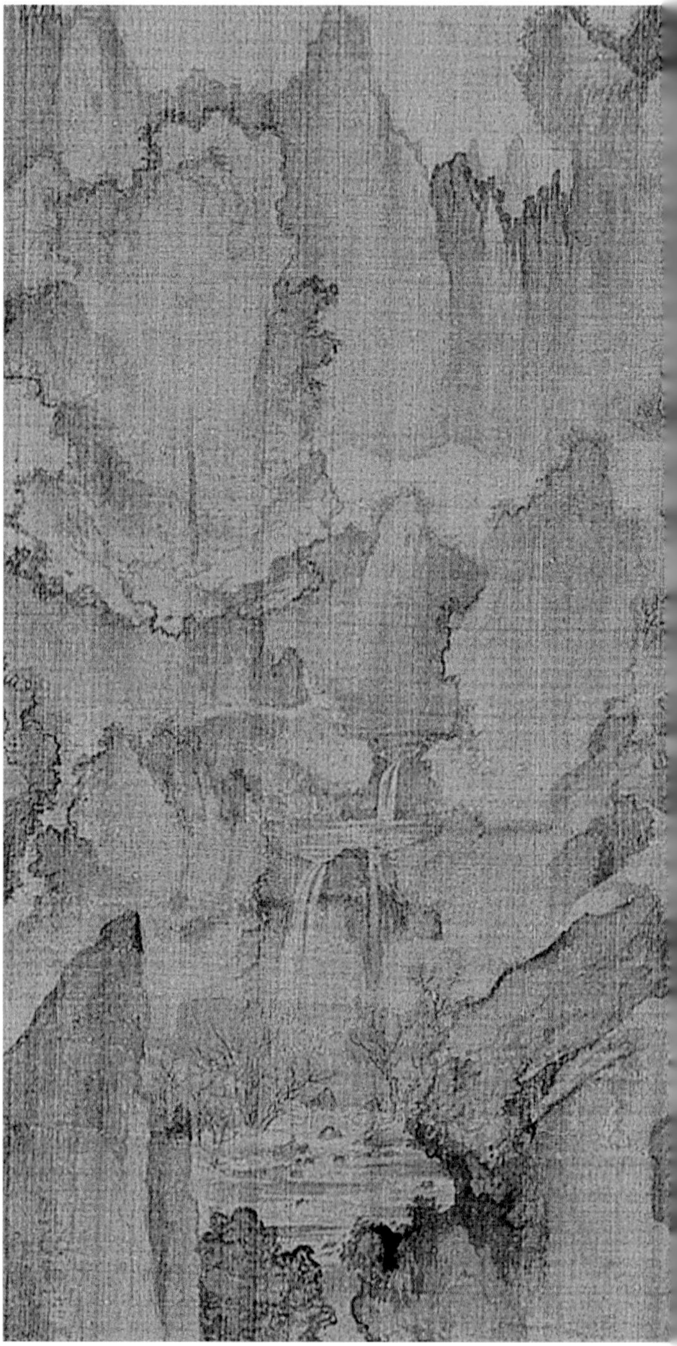

그림 Ⅲ. 〈몽유도원도〉 부분, Ⅲ군의 도원 안쪽 입구와 Ⅳ군의 도원

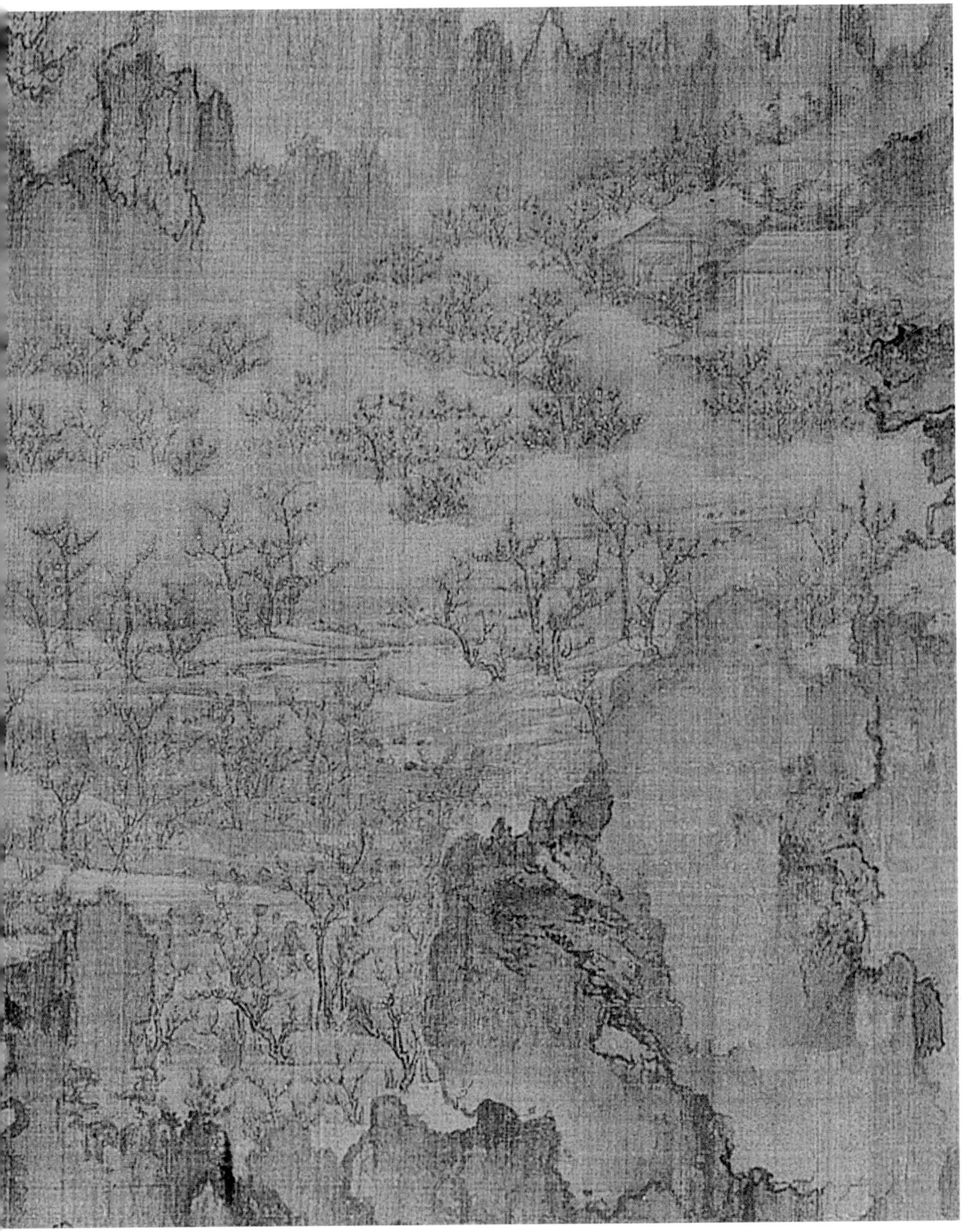

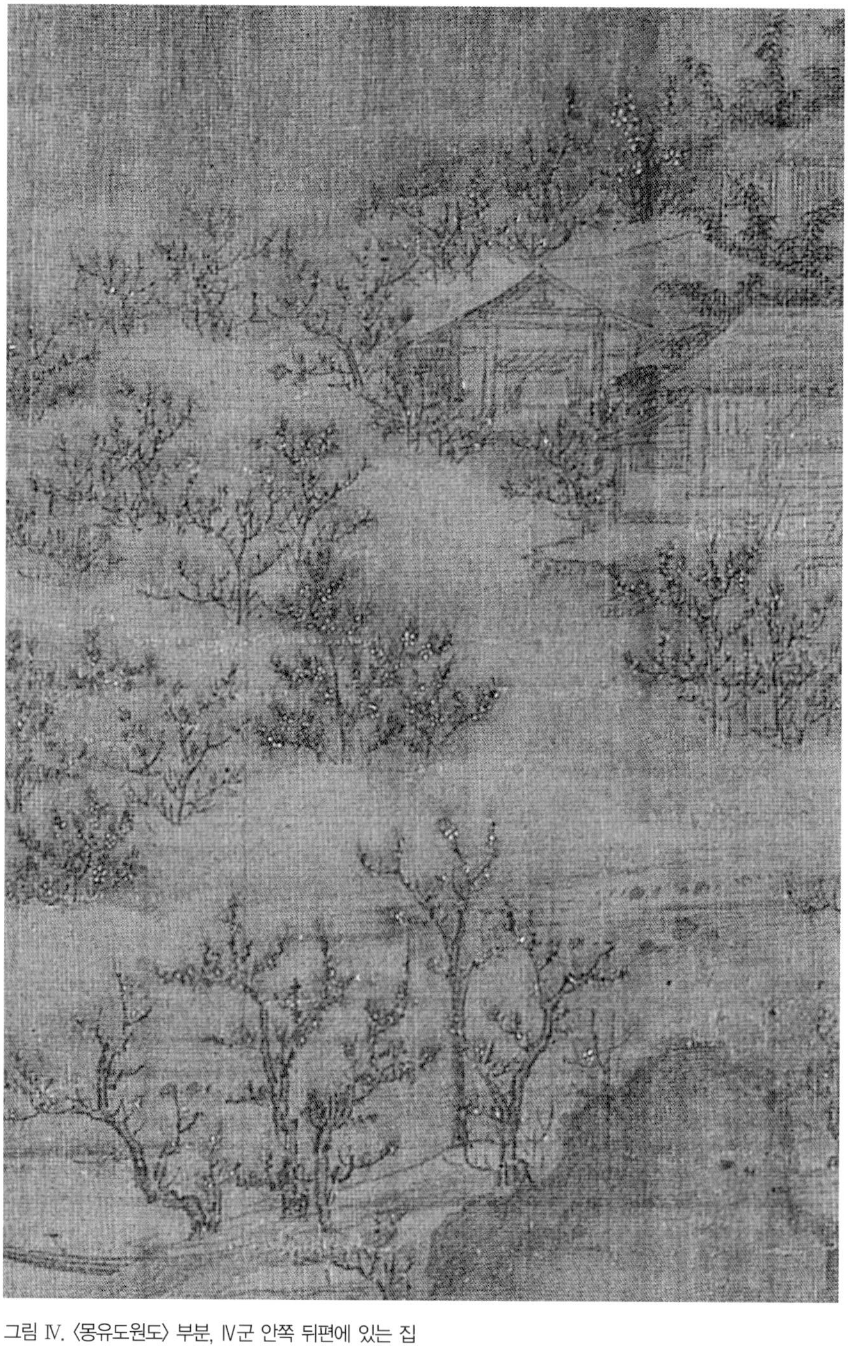

그림 Ⅳ. 〈몽유도원도〉 부분, Ⅳ군 안쪽 뒤편에 있는 집

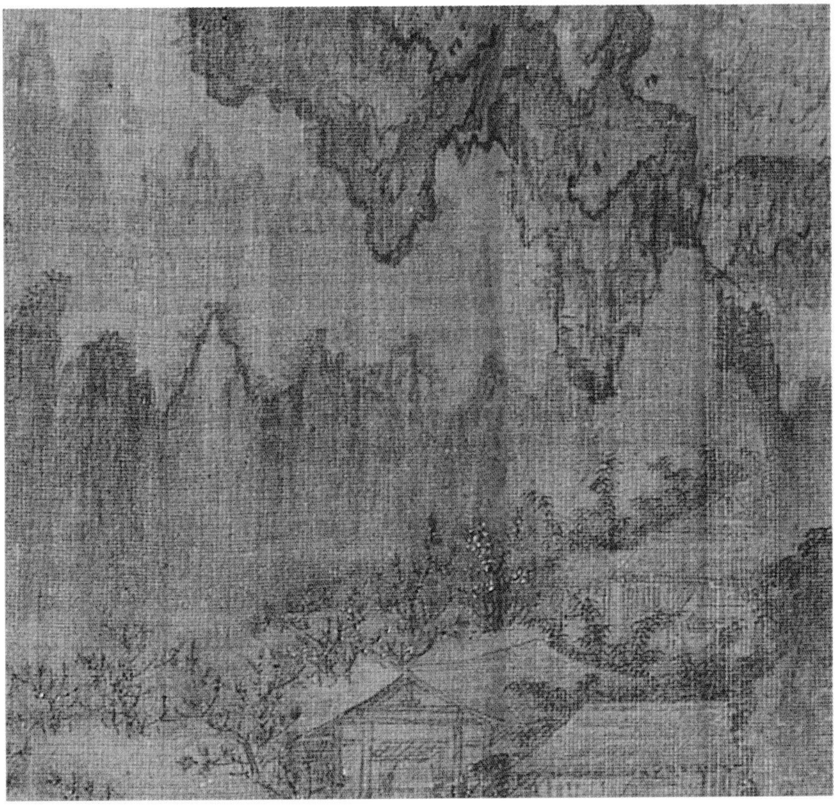

그림 V. 〈몽유도원도〉 부분, Ⅳ군에서 도원이 동굴 안에 있음을 나타내는 바위들

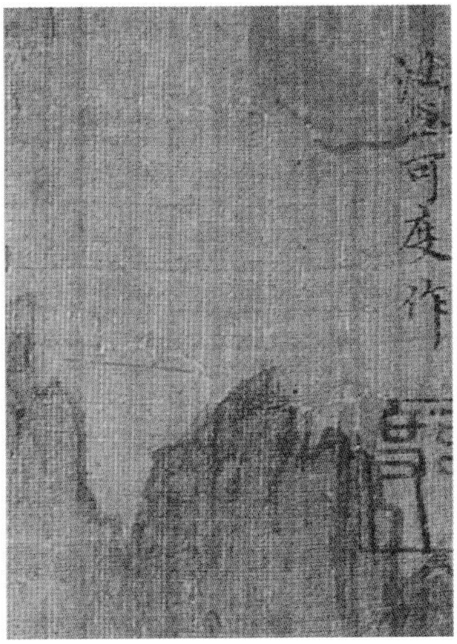

그림 VI. 안견의 관서(款署)와 도인(圖印)

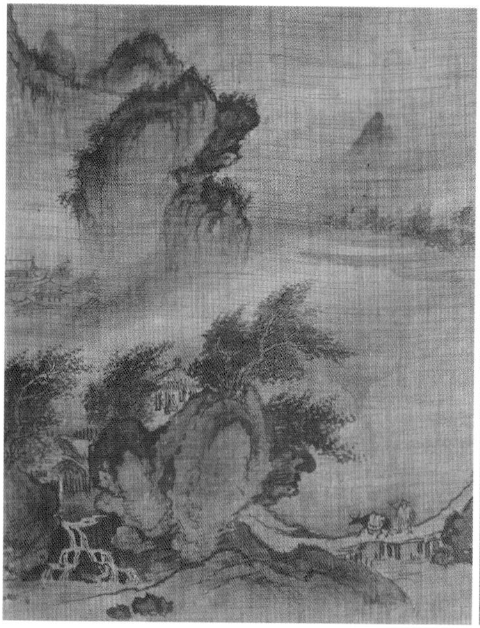

X. 만하(晩夏)

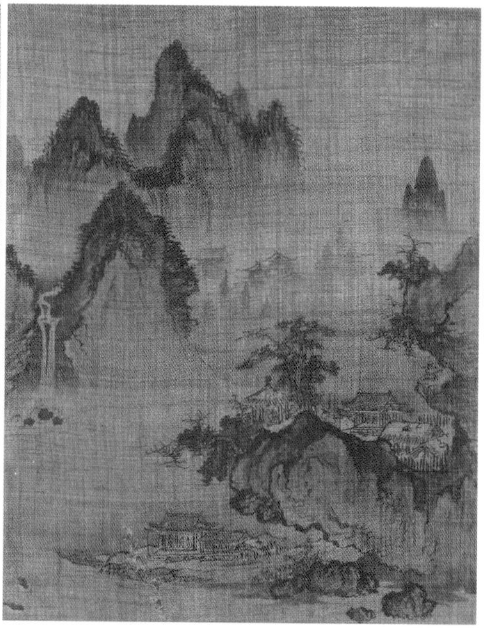

IX. 초하(初夏)

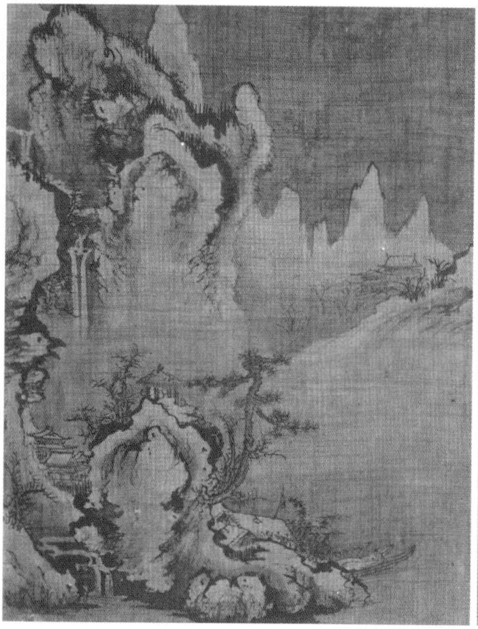

XIV. 만동(晩冬)

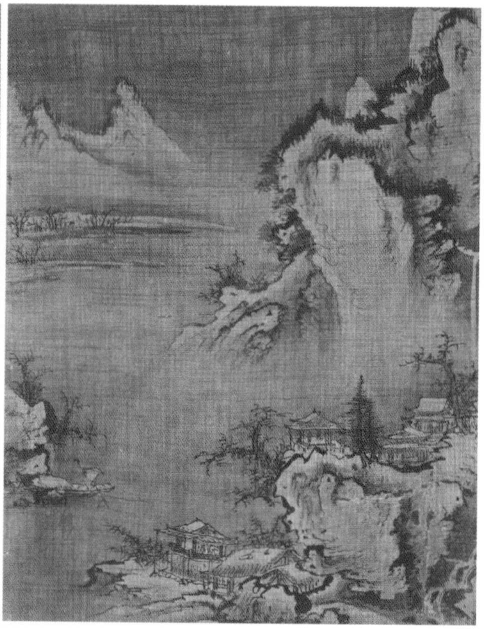

XIII. 초동(初冬)

그림 VII~XIV. 전 안견 筆 〈사시팔경도四時八景圖〉, 15세기, 견본담채, 각 35.2×28.5cm, 국립중앙박물관 소장

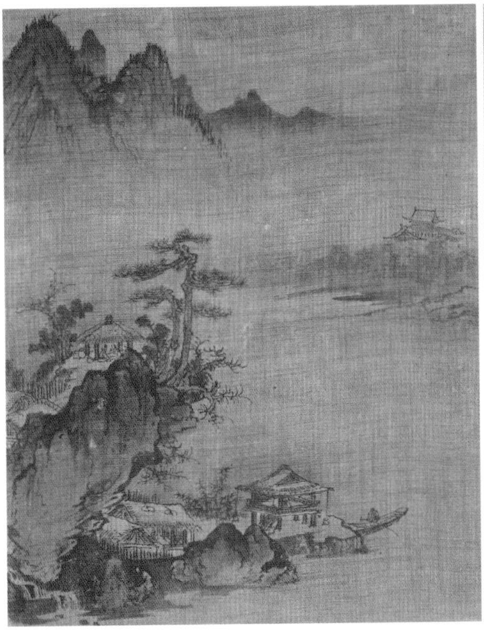
VIII. 만춘(晩春)

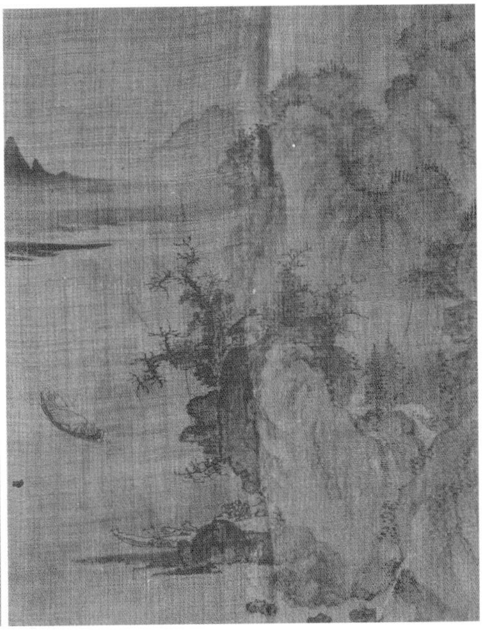
VII. 초춘(初春)

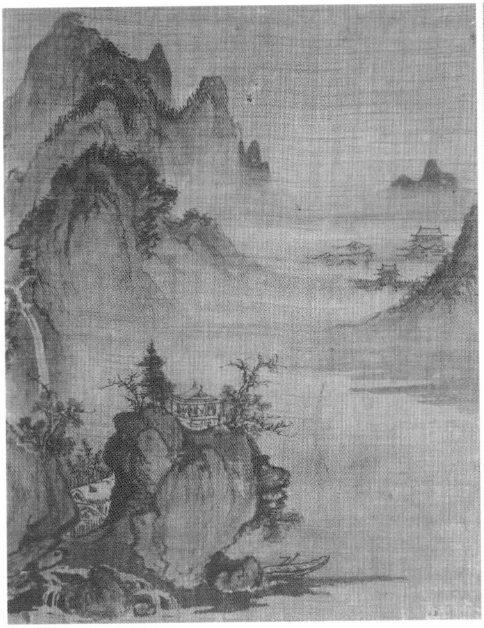
XII. 만추(晩秋)

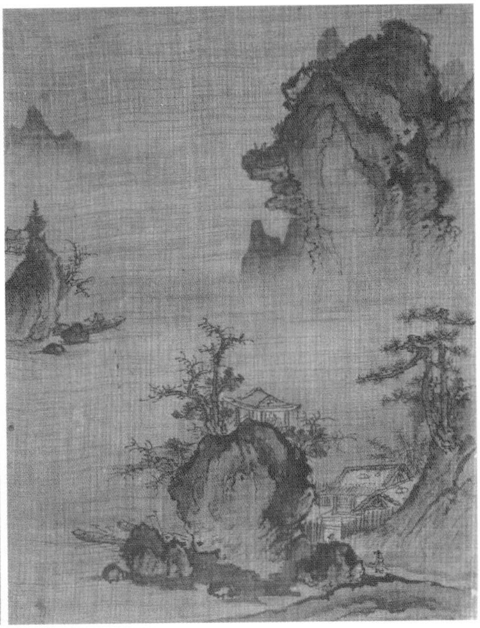
XI. 초추(初秋)

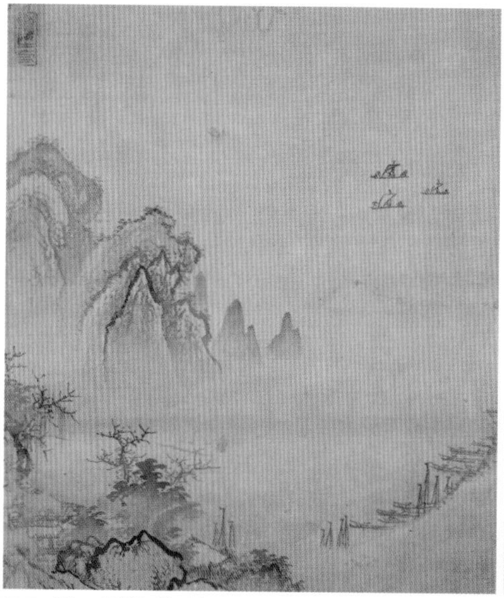

XVIII. 원포귀범(遠浦歸帆)

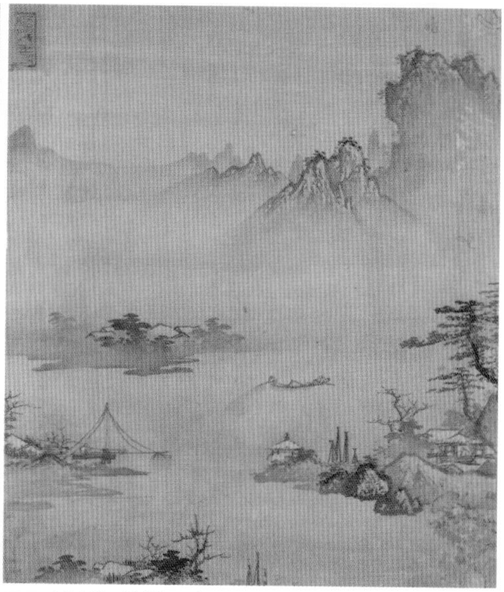

XVII. 어촌석조(漁村夕照)

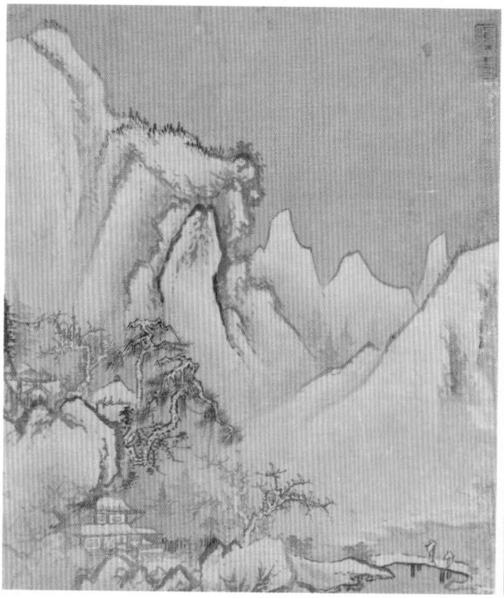

XXII. 강천모설(江天暮雪)

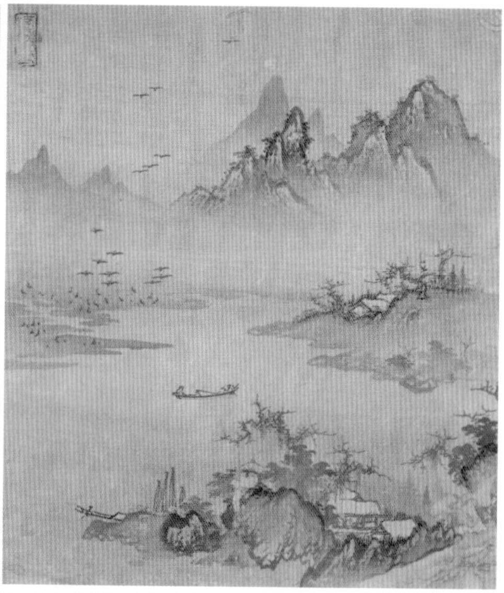

XXI. 평사낙안(平沙落雁)

그림 XV~XXII. 전 안견 筆 〈소상팔경도瀟湘八景圖〉, 16세기 초, 견본수묵, 각 34.5×31.1cm, 국립중앙박물관 소장

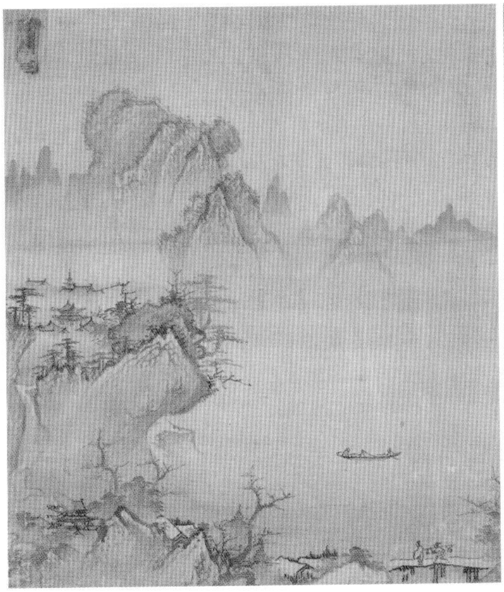

XVI. 연사모종(煙寺暮鐘)

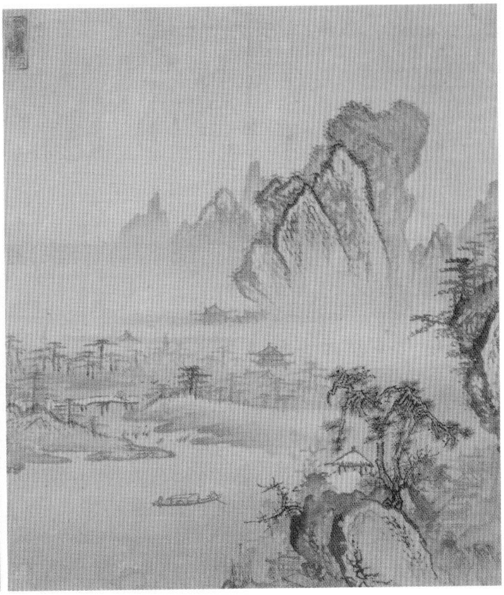

XV. 산시청람(山市晴嵐)

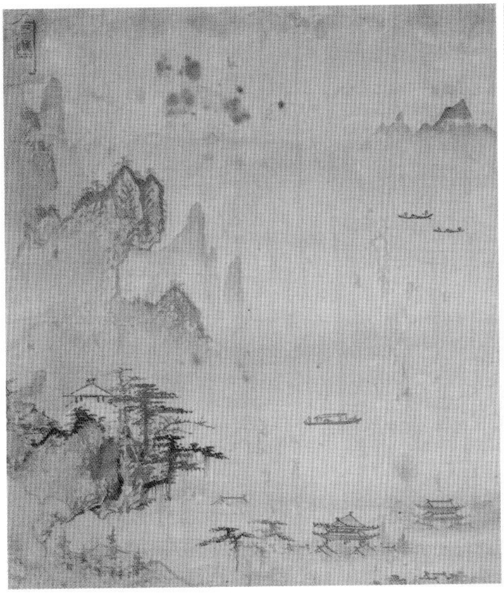

XX. 동정추월(洞庭秋月)

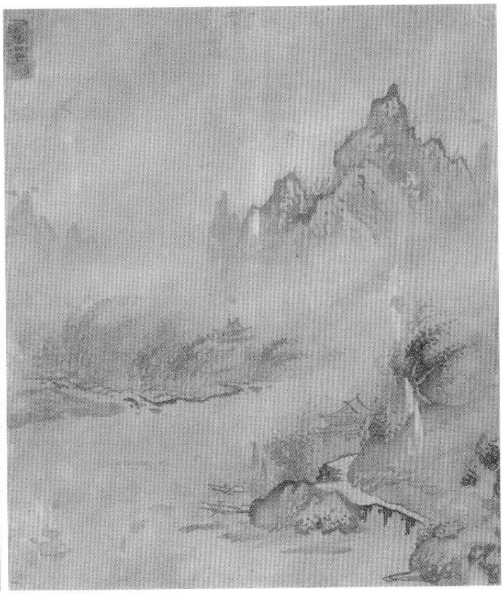

XIX. 소상야우(瀟湘夜雨)

새 개정판의 출간에 부쳐

안견은 세종조가 낳은 조선왕조 최고의 거장으로 우리나라 회화사상 신라의 솔거, 고려의 이녕과 함께 삼대가(三大家)라고 불릴 수 있는 인물이다. 이 삼대가들의 작품 중에서 안견이 제작한 〈몽유도원도〉는 오랜 세월의 흐름을 버티고 재난을 피하여 유일하게 살아남은 단 한 점의 진작이다. 이 사실 하나만으로도 〈몽유도원도〉의 소중함을 쉽게 가늠할 수 있다.

〈몽유도원도〉는 세종대왕의 셋째아들인 안평대군이 1447년 4월 20일(음력) 밤에 꿈꾸었던 도원(桃源)을 표현한 것으로 당시 최고의 화가였던 안견이 그림을 그리고, 가장 뛰어난 서예가였던 안평대군이 제기(題記)를 썼으며, 정인지, 김종서, 박팽년, 성삼문, 이개, 신숙주 등 21명의 명경(名卿) 문사(文士)들이 각기 시문(詩文)을 짓고 써서 그야말로 시(詩)·서(書)·화(畵) 삼절(三絶)의 경지를 구현한 작품이다. 그러므로 〈몽유도원도〉는 하나의 뛰어난 미술작품일 뿐만 아니라 세종조의 문화의 성격과 수준을 복합적으로 말해 주는 문화적 업적인 동시에 한 시대의 역사적 현상을 대변하는 막중한 사료(史料)인 것이다. 이 때문에 우리나라의 단일 회화작품으로는 국내외를 막론하고 제일 널리 알려져 있으며, 또한 현존의 작품으로는 단연 가장 대표적인 걸작이라 하겠다.

주지되어 있듯이 〈몽유도원도〉는 일본 텐리대학(天理大學) 중앙도서관에 소장되어 있으며, 지난 1986년 8월 21일 국립중앙박물관의 구 중앙청 건물로의 이전(移轉) 개관 기념으로 잠시 환국하여 국민들에게 선보인 후 이름 그대로 몽유하듯 일본으로 되돌아갔다. 그 후 10년 뒤인 1996년에 삼성문화재단의 노력에 힘입어 국내에 다시 한 번 반입되어 그 해 12월 14일부터 이듬해인 1997년 2월 11일까지 호암미술관이 개최한 〈조선전기국보전(朝鮮前期國寶展)〉이라는 제하의 전람회에서 전시된 바 있다. 2009년 9월에는 한국박물관 100주년 기념행사를 빛내주기 위하여 〈몽유도원도〉가 공식적으로는 세 번째로 고국에 돌아와 국립중앙박물관에서 열흘간 전시될 예정이다.

이 명작이 고국에 돌아와 국민들에게 선보일 수 있도록 노력을 아끼지 않은 모든 분들에게 고마움을 금할 수 없다. 1986년 당시 국립중앙박물관장으로서 국내 전시의 단초를 연 고 한병삼 관장과 재정적 후원을 아끼지 않은 당시의 한국국제문화협회의 고 김성진 회장, 두 번째 국내 전시가 가능하도록 애쓴 삼성문화재단과 관계자들, 세 번째 한국 전시를 위해 노력한 국립중앙박물관의 최광식 관장, 그 밖에 세 차례의 전시를 위해 수고한 여러 관계자들, 사진 촬영에 최선을 다한 한석홍 씨, 그리고 매번 〈몽유도원도〉의 고국 방문과 출판에 협조해 준 텐리대학의 역대 관계자들에게 감사한다.

이런 여러분들의 노력에 힘입어 국내 전시가 이루어졌을 뿐만 아니라 이 졸저의 출간도 가능했음을 부인할 수 없다. 이 책의 원본이 처음으로 출판된 것은 1987년 10월이었다. 예경산업사에서 『몽유도원도』라는 제하에 출판된 책자가 그것이다. 이 책은 대형의 호화로운 타블로이드판으로 오류가 많고 당시로서는 지나칠 정도로 값이 비쌌으므로, 수정·보완할 필요도 있고 또 독자들에게 좀더 저렴한 가격과 간편한 형태로 제공되어야 한다는 생각에 내용을 손질하고 판형을 바꾸어 새롭게 내게 된 것이 같은 출판사인 예경산업사에서 1991년 2월에 지장본(紙裝本)으로 나온 『안견과 몽유도원도』이다. 이 책은 보급판으로 값도 9천 원으로서 종래의 디럭스판에 비하여 6분의 1도 되지 않는 저렴한 것이었지만 내용과 장정 등에 불만스러움이 적지 않아 2년 뒤인 1993년에 도서출판 예경에서 같은 제목의 개정판을 양장본으로 출판하였다. 이 1993년 판도 절판된 지 너무 오래되어 독자들은 더 이상 구해 보기가 어렵게 되었다.

이러한 어려움을 해소하고 그동안 이루어진 새로운 자료의 발굴과 연구 성과를 보충하기 위하여 새롭게 내놓는 것이 이 작은 책자이다. 초간본부터 세 번째의 1993년 판까지 수록하였던 20여 편의 찬문과 이병한 교수의 번역문은 이 책에는 싣지 않기로 하였다. 앞으로 찬문들의 한국문학사적인 의의와 서예사적인 가치가 새롭게 규명되어 별권의 연구서가 출간되기를 기대하기 때문이다. 안견의 생애와 〈몽유도원도〉의 화풍만을 집중하여 다룸으로써 본서의 장점이 더욱 분명하게 드러나기를 기대하는 마음이 큼도 부인하고 싶지 않은 심정이다.

그동안 신문과 잡지들의 요청에 따라 〈몽유도원도〉에 관해서 이곳저곳에 썼던 여러 편의 단문(短文)들과 영문 논문도 참고삼아 부록에 실었다. 영문 논문은 〈몽유도원도〉를 국제적으로 알리는 데에 일조를 할 것으로 본다.

이 책자의 출간을 맡아준 사회평론사의 윤철호 사장을 위시하여 김천희 주간, 권현준·이태희 편집원 등 편집팀의 여러분들과 디자이너에게 깊이 감사한다. 초간본부터 3판까지의 출판을 맡아주었던 예경의 한병화 사장과 공저자였던 이병한 교수, 편집을 맡아서 애썼던 고 한문영 대표에게도 과거의 노고에 대해 고마운 마음을 표한다. 작업과정에서 저자를 도와준 한국회화사연구소의 조규희, 김현분, 이원진, 김선희 등 직원들에게도 고마움을 느낀다.

〈몽유도원도〉의 세 번째 공식적인 고국 방문을 기하여 이 책을 내게 된 것을 더 없이 기쁘게 생각한다.

2009년 9월 안휘준 적음.

목차

일러두기

• 이 책에서 부호는,

1. 책명은 『 』, 논문은 「 」, 작품은 〈 〉로 각각 구별하였음.
2. 인용문 중에서 대화체가 나올 때는 " "로 구별하여 사용하였음.

I. 서언

우리나라 회화사상 한 왕조와 시대를 대표하는 거장을 한 사람씩 셋만 꼽아야 한다면 신라의 솔거(率居), 고려의 이녕(李寧), 조선의 안견(安堅)을 꼽지 않을 수 없을 것이다. 물론 조선왕조시대에는 초기의 안견만이 아니라 중기의 김시(金禔)와 김명국(金明國), 후기의 정선(鄭敾)과 김홍도(金弘道), 말기의 장승업(張承業) 등의 대가들이 배출되었고 또 그들의 업적이 혁혁한 것이 사실이지만, 각기 활동하던 당대의 평가나 후대 및 다른 나라에 미친 영향의 폭, 그리고 화격(畵格) 등을 고려해 볼 때 대표적인 화가 한 명만 들어야 할 경우 그 대상은 아무래도 안견이 될 수밖에 없을 것이다. 안견이 우리나라 회화사에서 차지하는 위치나 비중은 이처럼 막중한 것이며, 이러한 그의 위치를 확고하게 해 주는 것이 역시 현존하고 있는 그의 유일한 진작인 〈몽유도원도(夢遊桃源圖)〉이다. 그러므로 이 작품의 가치와 의의는 아무리 강조해도 지나칠 수가 없다.

이처럼 막중한 안견과 〈몽유도원도〉의 올바른 이해를 돕기 위하여 저자는 우선 그가 몸담아 활약하고 거장으로 성장할 수 있었던 세종조의 문화적 배경을 간략하게 살펴보고, 그의 생애 및 그에게 크나큰 의미를 지녔던 안평대군과의 관계를 추적해 본 후 〈몽유도원도〉의 제반 양상을 구체적으로 고찰해 보고자 한다. 이어서 안견 및 안견파화풍의 보다 폭넓은 파악을 위하여 안견의 작품으로 전칭(傳稱)되고 있는 그 밖의 대표적 작품들을 간추려 소개하고, 그가 우리나라 화단 및 일본 무로마치시대(室町時代)의 수묵화단에 미친 영향에 관해서 간략하게 언급하고자 한다.

Ⅱ. 안견의 시대와 화단의 조류

안견(安堅)은 뒤에 보듯이 세종조(1418~1450)는 물론, 문종(재위 1450~1452), 단종(재위 1452~1455), 세조(재위 1455~1468), 예종(재위 1468~1469)을 거쳐 성종조(1469~1494)의 초년까지 여러 왕의 치세(治世)를 거치며 꽤 오랫동안 살았을 가능성이 높다. 그러나 그가 화가로서 가장 화려한 영예를 누리며 활동했던 시기는 세종조이며 그 다음 왕들의 치세도 결국은 세종연간의 문화를 토대로 했던 것이므로 그에게 있어서 가장 중요한 시대는 결국 세종 때라고 하겠다. 그러므로 그를 제대로 이해하려면 세종조의 시대적 배경이나 문화적 양상을 어느 정도 살펴보는 것이 필요하리라고 본다. 또한 그의 회화세계의 특징과 위치를 올바르게 알아보려면 당시 화단(畫壇)의 양상을 이해하는 것이 바람직하다. 이러한 의미에서 당시의 시대적 상황과 화단의 양상을 차례로 살펴보겠다.

1. 세종조의 문화적 배경

1) 고전주의적 성향과 풍류

조선왕조시대의 문화가 처음으로 활짝 피어났던 것은 주지되어 있는 바와 같이 세종연간이다. 조선왕조의 영토가 현재의 상태로 확정되고, 국가 체제와 제도가 확고하게 이루어졌으며, 문물이 융성하고 우리 고유의 자랑스러운 문자인 한글이 창제되어 반포되는 등 일련의 문화적 업적이 차곡차곡 쌓이면서 빛을 발하던 때가 바로 이 시대였다. 이 시대의 문화를 분석하고 평가함에 있어서는 다른 시대 문화의 경우와 마찬가지로 논자(論者)에 따라 견해가 다양할 수 있을 것이다. 그러나 저자로서는 이 시대 문화의 성격이나 발전의 동기를, 특히 회화와 관련지어서, ① 유교적 문치주의(文治主義)의 융성, ② 고전주의적 경향의 팽배, ③ 문화적 자주성의 확립, ④ 풍류의 적극적인 향유 등을 대표적인 것으로 들고 싶다.

조선왕조가 건국 초기부터 억불숭유(抑佛崇儒)정책을 채택했음은 잘 알려져 있는 사실이다. 이 정책은 우리나라 역사에 있어서 하나의 커다란 정신적 혁명이며 사상적 변혁이라 하겠다. 이 때문에 삼국시대 고구려에서 4세기에 공인되어 삼국시대, 통일신라시대, 고려시대까지 천년 이상 전통을 이으며 우리나라의 문화발전에 크게 기여했던 불교가 쇠퇴하고 위축되게 되었으며, 그 대신 주자학 또는 성리학이 국가의 통치이념이 되고 국민의 생활을 지배하는 도덕적 규범이 되었다. 세종과 세조의 재위 연간에 잠시 숭불(崇佛)의 낌새가 있었으나 조선 초기에는 이내 유교이념을 구체적으로 실천하기 위한 제도가 다양하게 마련되고 시행되었다. 조선시대는 이러한 사상적 배경을 바탕에 깔고 유학에 조예가 깊은 사대부를 중심으로 하여 왕권과 균형을 이루면서 문치주의적인 정치가 이루어졌던 것이다.

세종연간은 이러한 문치가 탄탄한 기반을 이루었던 시대이다. 학문을 사랑하고 다방면에 걸친 독서를 끊임없이 하던 세종대왕의 업적이라 하겠다. 이러한 문치는 집현전의 설치나 인재양성을 통하여 그 구체적인 실현을 볼 수 있었다. 세종대왕은 1420년에 집현전을 설립하여 젊고 유능한 학자들을 소속시켜 학문연구에 전념토록 하고 이들의 연구 결과를 정책에 반영하곤 하였다.[1)]

세종대왕은 재능과 능력이 있는 인재를 광범하게 찾아서 기르고 적재적소에 등용하여 활용하였다. 이를 위해 나이가 어리고 머리가 뛰어난 이른바 '연소유재자(年少有才者)' 또는 '연소총민자(年少聰敏者)'들을 뽑아서 공부에 전념하도록 하였다. 이를 어느 정도 제도화한 것이 여가를 주어 독서하게 하는 사가독서제(賜暇讀書制)인데 이 제도는 후에 독서당(讀書堂)으로 발전하게 되었던 것이다.[2)] 이러한 정책에 힘입어 세종연간에는 유능한 인재들이 많이 배출되었고, 이들이 당시의 문화와 예술의 발전에 직접적인 활력소가 되었다. 뒤에 보듯이 〈몽유도원도〉를 비롯한 안견의 작품들에 시문을 짓고 쓰고 했던 주요 인물들은 대부분 다름 아닌 바로 이렇게 양성된 인재들이었다. 이처럼 당시의 집현전 학사들을 중심으로 한 대표적인 인물들은 회화와도 직접 간접으로 깊이 관련이 되어 있었다. 당시의 인재들은 이렇듯 예술을 깊이 이해하고 향유하였다.

집현전 학사들은 옛날의 고전과 제도를 열심히 연구하여 세종대왕의 통치에 효율적으로 대응하였다. 이 때문에 중국의 주(周)·한(漢)·당(唐)·송(宋)대의 문물에 대한 이해가 깊었으며, 이것이 다각적으로 참고되었다. 물론 원(元)·명(明)대의 제도나 문물이 참조되지 않은 것은 아니나 그보다 고대에 속하는 당·송대 또는 그 이전의 것이 보다 자주 논의되었음이 『조선왕조실록(朝鮮王朝實錄)』의 곳곳에서 산견된다. 이러한 시대적 추이에 힘입어 세종조에는 고전주의적 성향이 강하게 나타난 듯하다. 안견의 〈몽유도원도〉에 보이는 고전주의적인 경향은 이러한 시대적 배경과 연관지어 이해된다.

그러나 이러한 고전주의적 경향과 함께 원말명초(元末明初)의 영향도 간취된다. 안평대군(安平大君)이 원대 조맹부(趙孟頫)의 송설체(松雪體)를 수용하여 독자적인 서체를 창출한 점, 그리고 강희안(姜希顔)이 명대 초기의 원체화풍(院體畵風)과 절파화풍(浙派畵風)을 수용했던 사실 등은 그 점을 입증해 준다. 말하자면 세종대에는 고전주의적인 경향이 주를 이루고 이에 수반하여 새롭게 수용된 문화를 소화하고 그것을 토대로 좀더 참신한 것을 창출하는 경향이 함께 병존하고 있었다고 하겠다. 사실상 이러한 경향은 수준 높은 문화에서는 흔히 엿볼 수 있는 현상이다.

세종조에 고제(古制)를 열심히 연구하는 고전주의적 경향이 두드러지게 나타났으나 이것은 중국문화를 모방하고 추종하는 데 치중했음을 의미하는 것은 결코 아니다. 이것은 오히려 그 반대로 독자적인 문화의 형성 또는 문화적 자주성의 확립을 도모하기 위한 수단과 방법이었다고 볼 수 있다. 사실상 세종조에는 문화적 자주성이 강하게 형성되어 있었다고 생각된다. 「훈민정음해례(訓民正音解例)」에 나타나 있는 한글 창제의 민주적이고도 자주적인 정신이 그 단적인 예가 되겠다. 이 밖에 회화 분야에서도 그러한 예가 종종 보인다. 일례로 세종 15년(1433)에 대왕은 경연(經筵)에서 자손들이 깊은 궁궐에서 자라 농사의 어려움을 모르게 됨을 한스럽게 여겨 빈풍(豳風)을 방(倣)하여 우리나라 풍속을 뽑아 그림으로 그리고 찬시를 지어 상하귀

천이 모두 농사일의 중요함을 알게 하고 후손들에게 전하여 영세토록 감관(監觀)케 하였던 것이다. 세종대왕은 집현전이 우리나라의 공부(貢賦), 요역(徭役), 농상(農桑)의 일을 널리 채집하여 그 형상을 그림으로 그리고 시가(詩歌)로 찬을 하게 하였으며 이것을 「아국칠월시(我國七月詩)」라 하도록 하였다.[3] 이처럼 고전에 보이는 사례들을 자기화하는 자주성을 발휘하였던 것이다. 뒤에서 논할 이 시대의 활발한 실경산수(實景山水)의 제작도 이러한 문화적 자주성과 무관하지 않다고 믿어진다.

세종조의 문화와 예술에서 간취되는 또 하나의 두드러진 경향은 풍류와 예술 애호정신이라고 하겠다. 물론 이것이 비단 세종조에 국한된 것은 아니지만 특히 이 시대에 두드러졌던 것을 부인할 수 없다. 뒤에 소개할 안견과 안평대군, 집현전 학사들이 어울려 제작한 〈임강완월도(臨江翫月圖)〉, 〈이사마산수도(李司馬山水圖)〉, 〈비해당 소상팔경도(匪懈堂 瀟湘八景圖)〉 그리고 〈몽유도원도〉 등의 경우에서 이를 잘 엿볼 수 있다. 자연을 사랑하고 음악과 시서화를 즐기며 애호하는 성향이 세종조에 팽배해 있었다. 〈몽유도원도〉가 이와 직접 연관이 되어 있음은 뒤에서 살펴보듯이 분명하다.

2) 후대의 귀감이 된 서화

이러한 여러 가지 세종조 문화의 훌륭한 전통과 특징은 세조의 집권과 사육신을 비롯한 인재들의 대량 희생 때문에 다소 위축되었다가 성종조에 약간 회복되는 기미를 보였으나 그 후로는 세종조 문화의 높은 수준을 오랫동안 회복하지 못하였다. 그래서 한 세기 뒤인 16세기 중종(1506~1544) 때에는 세종조의 문화를 본받아야 할 가장 훌륭한 것으로 보게 되기에 이르렀다. 예를 들어 「중종실록(中宗實錄)」에는 다음과 같은 논의가 보인다.

> 세종조에는 정치를 도모하는 이외에 비록 백공기예(百工技藝)라도 장려하고 권장하지 않음이 없어서 무릇 백공장(百工匠)이 지극히 정교하였습니다. 서화소기(書畫小技)에 이르러서도 조금이라도 유능하고 이름 있는 자가 있으면 포상하고 장려하고 권면하여 사람들이 모두 모효(慕効)하고 각기 정교함에 이르렀습니다. 그러므로 능서(能書), 능화자(能畫者)가 헤아릴 수 없었습니다. (반면에 이제는) 천사[天使, 명의 대사(大使)]가 (우리나라의) 그림을 구하고자 할 때에도 그림을 잘 그리는 자가 한 사람도 없어서 때맞추어 그림을 증정할 수가 없었습니다. 백공기예가 대체로 이와 같으니 심상하게 볼 수가 없나이다.[4)]

이와 대동소이한 내용의 언급이 「중종실록」의 그 다음해(1538) 기록에도 나타나 있다.

> 세종의 착실하고 근면한 통치 기간에는 예악과 문물이 갖추어져 있었고 백공기예가 모두 그 능력을 다했습니다. …… 비록 잡학이라고 해도 각기 그 맡은 바 할 수 있는 일을 다 했습니다. 화공(畫工)에 관한 일을 보아도 세종조의 도화(圖畫)는 이제 보아도 가지런하고 뛰어납니다. 서책(書冊)이나 인지(印紙)도 역시 모두 아름답습니다. 비록 작은 일이라도 오히려 느슨하게 하지 않았습니다.[5)]

이러한 단편적인 기록들만 보아도 세종조의 서화를 비롯한 예술과 문화가 후대에 얼마나 높이 평가되고 귀감이 되었는지를 쉽게 짐작할 수 있다. 회화에 있어서 세종조의 안견이나 강희안 등의 화풍이 조선 초기와 중기의 화단에 지속적이고도 괄목할 만한 영향을 미치게 되었던 연유도 이러한 배경에서 찾아진다.

2. 세종조 화단의 조류

1) 전대문화의 계승

세종조에는 시서화(詩書畵)가 지극히 높은 수준으로 발달하였음은 앞에서 인용한 「중종실록」의 기록으로도 알 수 있다. 이 시기에는 회화에 안견과 강희안, 서예에 안평대군과 같은 거장들이 배출되었고 시문에 장한 인물들이 수다하게 출현하였다. 〈몽유도원도〉에 찬시를 쓴 인물들이 그 대표적 예라 하겠다. 이처럼 시문서화(詩文書畵)가 꽃을 피우게 된 것은 성군으로서의 세종대왕의 덕치와 적극적인 인재 양성, 그리고 안목 높은 문화정책에 힘입은 때문임을 부인할 수 없다.

그러나 이와 함께 간과할 수 없는 것은 전(前) 시대로부터의 문화적 유산의 계승과 외부로부터 들어오는 새로운 문화적 자극과 수용이라 하겠다. 전자에 해당하는 것은 전대(前代)인 고려시대의 문화전통 및 당시에 전래되어 축적되고 소화되었던 중국 송·원대 및 그 이전의 문화를 들 수 있겠고, 후자의 경우는 명으로부터 온 또 다른 양상의 중국문화를 예로 제시할 수 있겠다. 이러한 두 가지 양상은 세종조와 그 이후의 조선왕조 문화에서 다소간을 막론하고 간취된다. 물론 대부분의 경우에는 고려문화의 전통에서 재빨리 벗어나는 경향을 띠었으나 고려시대에 수용되었던 송·원대 및 그 이전의 문화의 전통은 오래도록 참조되었음을 부인할 수 없다. 서예와 시문의 경우에는 더욱 그러했다. 왕희지(王羲之), 안진경(顔眞卿), 구양순(歐陽詢), 조맹부 등의 서예, 당대 이백(李白)과 두보(杜甫)의 시, 한유(韓愈), 유종원(柳宗元), 구양수(歐陽脩), 소식((蘇軾)〔東坡〕) 등 당송8대가(唐宋八大家)의 문장이 조선 말기까지 줄기차게 참조되었음은 이를 잘 말해준다. 그림에서도 육조시대의 3대가였던 고개지(顧愷之), 육탐미(陸探微), 장승요(張僧繇); 당나라 때의 염립본(閻立本), 오도자(吳道子), 왕유(王維), 이사훈(李思訓); 북송대의 휘종(徽宗), 곽희(郭熙), 이공린(李公麟), 미불(米芾), 소식(蘇軾); 남송대의 유송년(劉松年) 등이 잘 알려져 있었다. 이러한 경향은 서예의 예에서 보듯이 부분적으로 현대까지 이어지고 있어 그 심도를 엿볼 수 있다.

회화의 경우에는 안견이 북송대(北宋代)의 대표적 화원이었던 곽희(郭熙)의 화풍을 토대로 하고 그 밖의 화풍들을 소화하여 자신의 독자적인 화풍을 이루었던 반면에, 강희안 같은 사대부화가는 〈고사관수도(高士觀水圖)〉 〈고사도교도(高士渡橋圖)〉에서 보듯이 명대 원체화풍과 절파화풍을 수용하여 그렸던 사실이 말해 주는 바와 같이 다른 예술 및 문화의 경우도 마찬가지 양상을 띠었다. 그러나 고려시대의 화적이 거의 남아 있지 않아 안견과 같은 세종대의 화가들이 그 시대 회화전통으로부터 얼마나 혜택을 받았는지 확인할 길이 없다. 다만 안견이 주로 참조했던 곽희화풍은 분명히 고려시대에 이미 들어와 있었고, 또 그가 직접 보고 참조했을 것으로 믿어지는 안평대군의 중국서화 소장품들은 고려시대에 전래되어 조선시대에 계승되었던 것으로 볼 수 있어서 전대의 문화전통과 결코 무관하지 않았음을 엿보게 된다.[6)]

세종연간의 회화도 조선왕조를 일관하여 나타나는 바와 같이 왕공

사대부(王公士大夫)와 화원들에 의하여 발전되었다. 고려시대에 제법 활발하였던 선승(禪僧)화가들의 활동은 불교회화의 경우를 제외하고는 별로 언급할 만한 것이 없다. 세종대의 시문에서 승려시인 천봉 만우(千峯 卍雨)가 문명(文名)을 날리고 아흔이 넘은 나이로 〈몽유도원도〉에도 찬문을 썼던 바와 같은, 두드러진 승려화가의 배출이 같은 시대에 없었다. 이는 억불숭유정책 때문에 승려들의 도성 출입이 금지되고 따라서 중앙화단과의 교섭이 끊어졌던 데에 한 원인이 있다고 볼 수 있다. 이렇게 볼 때 시단에 있어서 천봉 만우의 존재는 오히려 예외적인 경우라고 간주된다.

2) 세종조 예단을 이끈 안평대군

세종조에서는 세종 자신은 물론 왕자들이 서화와 음악을 진실로 사랑하고 또 직접 구사하여 당시 왕실이 지녔던 예술과 문화에 대한 높은 식견을 보여준다. 먼저 세종대왕은 세자로 있을 때부터 난초와 대나무를 잘 그렸음이 「문종실록(文宗實錄)」, 「세조실록(世祖實錄)」, 서거정의 『사가집(四佳集)』 등의 기록들을 통해 확인된다. 세종대왕이 세자로 있을 당시 승정원 주서(注書)였던 신인손(辛引孫)에게 그려주었던 그림은 난죽팔폭(蘭竹八幅)이었는데, 이 그림은 병풍으로 꾸며져 신인손의 집에 보관되다가 그의 아들 신석조(辛碩祖)가 진간(塵間)에 두어둘 수 없다고 생각하여 문종에게 바쳤다. 문종은 이 작품을 보고 극히 신묘하다고 평하면서 세종대왕의 성성(聖性)이 본래 나타내기를 좋아하지 않아 작품을 실제로 보기가 드물다고 말하고 궁실소장으로 보관토록 하였다.[7] 이 작품에 관해서는 서거정도 '세종대왕어찰난죽사주서신인손(世宗大王御札蘭竹賜注書辛引孫)'이라는 글을 그의 『사가집』에 남겼다.[8] 이러한 기록들로 미루어 보면 세종대왕이 실제로는 더 많은 작품들을 남겼을 가능성이 크고, 또한 그 격조도 높았을 것으로 짐작된다. 사실상 화천군(花川君) 권공(權恭)도 세종대왕이 그린 난초그림을 세조에게 바쳐 말과 옷을 하사받은 사례가 「세조실록」에 보인다.[9]

세종대왕은 이처럼 자신이 직접 그림을 그렸을 뿐만 아니라 재주 있는 학자와 예술가들을 아끼고 장려하여 그 발전을 도모했던 것으로 믿어진다. 일례로 세종대왕이 당시의 대표적 화가였던 안견을 지극히 아꼈음을, 「세조실록」의 최경승직(崔涇陞職)에 관한 논란의 기록 속에 '세종심중안견(世宗甚重安堅)'이라는 구절을 통하여 알 수가 있다.[10] 이 기록은 안견은 세종대왕이 심히 아꼈음에도 불구하고 서반(혹은 무반) 4품직을 제수하는 데 그쳤는데 최경은 안견보다 못한데도 벼슬이 정3품에 이르렀다고 부당함을 지적하는 내용을 전한다. 물론 이 작은 한 구절로 지나치게 비약된 결론을 내리는 것이 아니냐 하는 반론이 제기될 수도 있겠으나, 이것은 세종시대로부터 불과 13년 뒤인 1463년의 기록이며 실록의 기록은 단편적인 경우에도 사실을 직접적으로 반영하고 있는 것이 상례이므로 적혀 있는 대로 세종대왕이 안견을 매우 아꼈던 것은 사실임을 믿어야 한다고 본다. 어쨌든 세종대왕은 이처럼 자신이 직접 그림을 그렸고 또 재능 있는 화가를 아끼고 재주를 펴도록 키웠다.

이러한 분위기는 왕자들에게도 그대로 전해졌다. 이 때문에 왕비인 소헌왕후 소생의 여덟 왕자들(문종 · 세조 · 안평대군 · 임영대군 · 광평대군 · 금성대군 · 평원대군 · 영응대군)만 보아도 문종과 세조와 안평대군이 글씨를 잘 썼고, 안평대군과 영응대군은 그림과 음악에도 부왕(父王)처럼 뛰어났었다.

당시의 화단이나 안견과 관련하여 안평대군은 더없이 중요한 존재이므로 약간 적극적인 소개가 필요하다고 느껴진다. 안견이 대가로 성장했던 배경에는 안평대군의 도움과 역할이 지극히 컸었고, 또 세종조 문화의 발전에 있어서 안평대군은 주역이었기 때문이다.

안평대군(1418~1453)은 세종대왕과 소헌왕후 사이에 태어난 여덟 왕자 중에서 셋째이며, 이름은 용(瑢), 자를 청지(淸之), 당호를 비해당(匪懈堂)·낭간거사(琅玕居士)·매죽헌(梅竹軒)이라 하였고 시호는 장소(章昭)이다. 그는 세종대왕이 즉위하던 1418년 음력 9월 19일에 태어났으며 1453년 계유정란(癸酉靖亂)으로 수양대군에게 사사(賜死)됨으로써 불과 만 35년간의 짧은 생애를 살았다. 그러나 이 짧은 생애 동안 그는 문화와 예술 부문에서 뚜렷한 업적을 남겼다. 태어난 해로부터 10년 뒤인 1428년에 대광보국안평대군(大匡輔國安平大君)에 봉해졌으며,[11] 다음해인 1429년에는 만 11세의 어린 나이로 좌부대언(左副代言) 정연(鄭淵)의 딸과 결혼하였다. 만 12세 때인 1430년에는 조선왕조사상 처음으로 진평대군 및 인평대군과 함께 성균관에 입학하였다.[12] 이것이 그의 학문의 성장에 큰 계기가 되었다고 믿어진다. 이로부터 7년 뒤인 1437년에는 만 19세의 청년왕자로 전에 받았던 것보다 50결이 줄어든 250결의 땅을 받게 되었다.[13] 이 때부터 대군들의 땅은 250결을 넘을 수 없게 되었다. 여기에서 나오는 재원이 앞으로 보게 될 그의 문화예술 분야의 활동을 가능하게 했다고 믿어진다. 이듬해인 1438년에는 함경도에 새로 설치된 진(鎭)에서 다른 왕자들과 더불어 야인들을 토벌하기도 하였다. 안평대군은 세종대왕이 붕어(崩御)한 이후에는 특히 훈구대신들인 황보인(皇甫仁, ?~1453), 김종서(金宗瑞, 1390~1453), 술수에 뛰어난 이현로(李賢老, ?~1453) 등의 도움을 받으며 정치적 실력을 기르고 형인 수양대군과 첨예한 세력다툼을 전개하다가, 1453년 계유정란을 맞아 강화도에 유배되었다가 만 35세의 젊은 나이에 사사되었다. 안평대군은 이처럼 정치적으로는 실패했으나 문화와 예술 부문에서는 짧은 생애에도 불구하고 대성했으며 또 그 발전에 크게 기여하였다.

그는 세종대왕의 두터운 아낌을 받으며 일찍부터 예술활동에 적극 기여했던 것으로 보인다. 그리고 이미 20대 초에는 그의 예술적 소양이 크게 진작되었고 영향력도 확고해졌던 것으로 짐작된다. 이러한 점들을 신빙성 있게 해 주는 것은 안평대군과 지극히 가까웠던 박팽년이 쓴 「비해당기(匪懈堂記)」이다.

> 정통임술년(正統壬戌年, 1442) 여름의 6월 어느날, 안평대군이 대궐에 들어가 (세종대왕을) 알현하였다. 상(임금)께서 조용히 물으시기를 "아무개의 당호(堂號)는 어찌하여 안평이라고 하는가."라고 하셨다. 대답이 없으매 상께서는 증민지시(蒸民之詩, 백성의 시)를 읊으시고 서명〔西銘, 송의 학자 장재(張載)가 서재의 서쪽 창에 걸어 놓았던 명(銘)〕에 미쳐서 말씀하시기를 "편액을 비해(匪懈)로 하는 것이 옳을 것이다."라고 하셨다. 안평대군은 머리 숙여 절하면서 기뻐하고 놀라워했다…… 이제 안평대군은 타고난 자질이 탁월하고, 학문을 좋아하며, 즐겁고 착한 마음이 지성으로부터 나와 유교의 바른 의리에 반드시 이르게 되도록 그 힘씀이 지극할 것이다. 성상께서 특히 이것을 명하신 것이다.[14)]

이 기록으로 우리는 1442년 6월에 세종대왕께서 안평대군의 〈안평(安平)〉이라는 당호가 이름이 안일하고 안이한 의미를 띠고 있어서 '게으르지 않은', 즉 '부지런한' 뜻의 비해(匪懈)로 바꾸도록 했음을 알게 된다. 세종대왕께서는 안평대군이 부지런히 공부하고 노력하여 타고난 재주를 충분히 펴도록 배려한 것이다. 이로써 세종대왕이 안평대군과 그의 재주를 매우 아꼈음을 알 수 있다.

안평대군의 천성과 학문 및 시에 관하여 박팽년은 '유화시권후서(榴花詩卷後叙)'라는 글에서 '비해당은 천성이 총명하고 학문이 날로 새로워져 육경(六經)의 업적을 연구하지 않은 것이 없으며 시에 있어서는 더욱 깊었다.'라고 적었다.[15] 안평대군과 가장 가까웠던 집현전 학사의 한 사람이었던 박팽년의 이야기이므로 약간은 보탰을지도 모르지만 그 대체적인 내용은 믿어도 좋을 것이라고 본다. 이러한 기록들에서 안평대군의 재주가 탁월하고 학문이 깊었음을 알게 된다. 안평대군의 이와 같은 재주와 학문이 있었기에, 그가 당시의 예단(藝壇)을 주도해 갈 수 있었다고 볼 수 있다. 안평대군은 「비해당집(匪懈堂集)」을 남겼던 것으로 『증보문헌비고(增補文獻備考)』에 적혀 있으나 그 문집이 전해지고 있는 것 같지는 않다.[16] 아직까지 발견되지 않고 있기 때문이다.

안평대군의 사람됨과 행태에 관해서는 성현(成俔)의 『용재총화(慵齋叢話)』에 잘 서술되어 있다.

> 비해당은 왕자로서 학문을 좋아하고 더욱 시문에 뛰어났다. 서법(書法)은 뛰어나 천하에 제일이 되었고 또 그림과 음악을 잘 하였다. 성격은 또한 들뜨고 방탕하며 옛 것을 좋아하고 경치를 탐하였다. 북문 밖에 무이정사〔武夷精舍, 무계정사(武溪精舍)의 오기로 보임〕를 짓고 또 남호에 임하여 담담정(淡淡亭)을 지었다. 만 권의 책을 소장하고 문사들을 불러 모아 12경시(景詩)를 짓고 또 48영(詠)을 지었다. 혹은 밤에 등불을 켜고 얘기하고, 혹은 달이 뜰 때 뱃놀이를 하며, 혹은 도박을 하거나 음악을 계속하면서 술을 마시고 취하여 희희덕거리기도 하였다. 일시의 명유(名儒)로서 그

와 교제를 갖지 않은 사람이 없었고, 잡업에 종사하는 무뢰한 사람들도 또한 그에게 돌아갔다. 바둑알은 모두 옥을 사용했고, 금니(金泥)를 써서 글씨를 썼으며, 또한 사람들에게 명하여 비단을 짜게 하고 붓을 들어 휘둘러서 해서(楷書)와 초서(草書)를 마구 쓰기도 하였다. 그의 글씨를 구하는 사람이 있으면 즉석에서 이를 들어주었다. 일들이 대부분 이와 같았다.[17]

학문과 시, 서화, 음악 등의 예술을 좋아하던 안평대군의 아무데도 매이지 않은 성격과 자유분방한 행동거지를 잘 엿볼 수 있다. 또 신분을 가리지 않고 사람들을 폭넓게 사귀던 모습도 역연하다.

위의 기록이 믿을 만하다는 점은 「단종실록(端宗實錄)」에 보이는 이현로 및 안평대군과의 관계에 대한 기록에 의해서도 확인이 된다. 이현로는 안평대군의 측근 중의 측근으로 수양대군과 정권경쟁에서 안평대군의 참모 역할을 했고, 〈몽유도원도〉에도 시문을 썼던 인물이므로 잠시 알아볼 만한 가치가 있다.

이현로는 사람됨이 경박하고 행동거지가 가볍고 재주를 지니고 있어 교만하며 무릇 그 기예는 다른 사람들보다 낮추려 하지 않았다. 지리(地理)와 복서(卜筮) 관계의 책들은 연구하지 않은 것이 없었고 더욱이 시구(詩句)와 글씨로 자부하였다. 애초에 용(瑢, 안평대군)은 시문과 서화를 즐기고 소예(小藝)에 재주가 많아 세종조에 있을 때부터 권세를 불러 베풀기를 좋아하여 간사한 소인배들이 그를 많이 따랐다. 이현로는 더욱 그러한 자였다.[18]

수양대군 측에 기울어진 느낌을 강하게 풍기는 기록이기는 하지만 안평대군과 이현로가 잘 어울릴 충분한 소지가 있었음과 앞에 소개한 안평대군에 관한 『용재총화』의 기록이 과장된 것이 아님을 잘 말해 준다.

『용재총화』의 기록에서 주목을 요하는 또 한 가지는 무계정사이다. 이 기록에는 무이정사로 되어 있지만 이것은 무계정사의 오기임이 분명하다. 무계정사는 안평대군이 1447년에 도원(桃源)을 꿈꾼 뒤로부터 4년 후에 꿈속에서 본 경치와 비슷한 곳을 택하여 지은 것으로 수양대군과의 정권경쟁에 사용되기도 하였다. 이처럼 무계정사는 안평대군 및 그 주변의 인물들과 관련하여 매우 중요하고, 또 〈몽유도원도〉와도 관계가 깊으므로 잠시 살펴보기로 한다.

안평대군과 가까웠던 집현전 학사 이개(李塏)가 쓴 「무계정사기(武溪精舍記)」에 의하면, 무계정사는 백악(白岳)의 서북쪽 산록에 있었는데 안은 넓고 밖은 은밀하여 스스로 한 구역을 이루었는데 동서는 200~300보 정도였고 남북 반쯤 되는 곳에 계곡물이 흐르고 골짜기 입구에 폭포가 십수 장(丈) 떨어지는데 이곳을 무계(武溪)라고 하였다 한다. 이곳에 못이 있어 연꽃을 심었고, 수백 그루의 복숭아나무와 대나무가 주위를 둘러싸듯 했는데 넓고 깊어서 도원동(桃源洞)의 기이한 모습과 비슷했다고 한다. 또 안평대군은 이개를 데리고 산보를 하면서 자기가 꿈에 본 도원이 이곳과 방불하다고 했다 한다.[19] 이처럼 안평대군은 꿈에 본 도원을 백악 쪽에 재현했던 것이 분명하다.

「단종실록」에 의하면 안평대군은 이현로의 권유와 '만대흥왕지지(萬代興王之地/만대에 걸쳐 왕이 흥할 땅)'라는 풍수설에 따라 무계정사를 지었던 것으로 보인다.[20] 무계정사가 있던 터는 현재 서울특별시 종로구 부암동 329의 4번지 일대에 남아 있다.[21] 그 터에 있는 큰 바위에는 '武溪洞'이라고 새겨져 있으며 서울특별시 지방문화재 제22호로 지정되어 있다(그림 1). 저자는 1990년에 문공부 문화재관리국 문

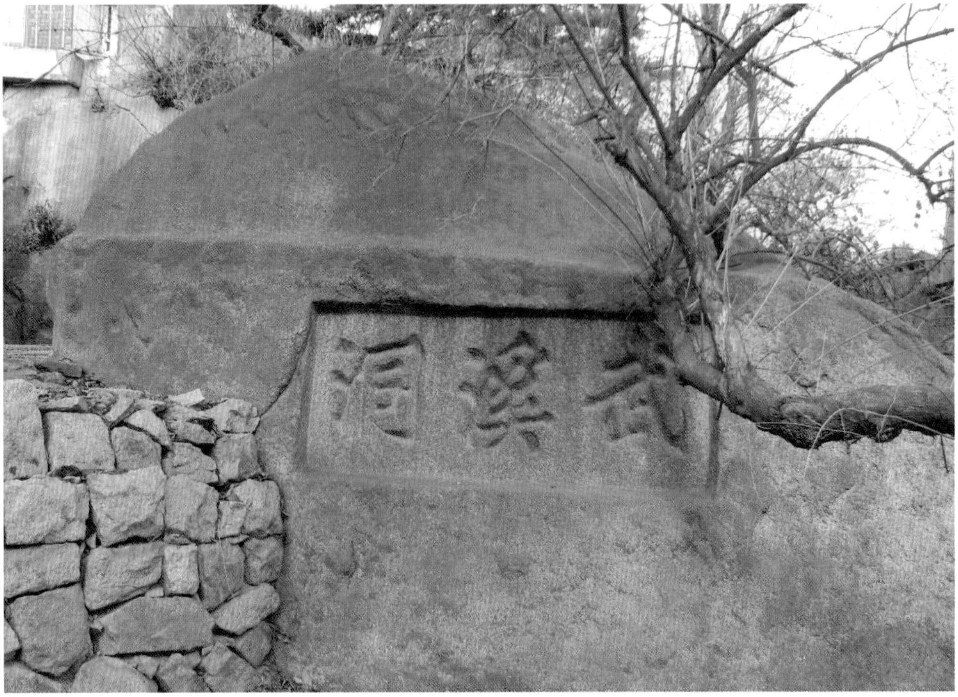

그림 1. '무계동(武溪洞)'이 음각(陰刻)된 바위와 배경 (출처: 서울시 문화재과)

화재2과의 김재이(金在二) · 조옥래(趙玉來) 양 씨와 함께 답사한 바 있고 그 후로 종종 찾아가곤 한다. 그 터에는 지금 민가가 들어서 있고 집 바깥에는 폭 5미터 정도의 도로가 나 있다. 이 터는 본래 그 도로의 건너편까지 포함되어 있었다고 믿어진다. 이개가 그의 「무계정사기」에 기록하였듯이 동서의 폭이 약 200 내지 300보 정도가 되는 약간 널찍한 곳으로 산자락에 둘러싸여 있다. 현재도 '동부(洞府)'처럼 보이며 당시의 분위기를 상상해 보기에 족하다. 바위에 새겨진 '무계동'이라는 글씨는 서체로 보아 안평대군의 것이라기보다는 후대에 새겨진 것으로 보여진다.

그리고 안평대군은 조정의 선비들을 널리 모으기 위해 이현로 · 이승윤(李承胤) · 이개 · 박팽년 · 성삼문(成三問) 등과 심계(心契)를 맺었던 모양이고, 이들이 무계정사를 자주 출입했던 것으로 보인다.[22) 이 밖에도 안평과 가깝게 지낸 사람들은 수없이 많았다. 그러나 그중에서도 수양대군과의 정권경쟁에서 그를 지지해 주었던 김종서와 황보인, 그의 참모 역할을 했던 이현로(?~1453), 그리고 예술과 학술로 교제했던 이승윤(1417~1456) · 성삼문(1418~1456) · 신숙주(1417~1475) · 이개(1417~1456) · 최항(崔恒, 1409~1474) 등의 젊은 집현전 학사들은 안평대군과 특히 가까웠던 인물들이다. 이들은 〈몽유도원도〉에 찬시를 쓰는 등 안평대군의 문화예술 활동에 적극 참여하며 풍류를 함께 하기도 하였다. 특히 박팽년 · 신숙주 · 최항 등은 안평대군의 꿈속 도원에서도 함께 있었을 정도로 가까웠던 인물들이다. 박팽년이 「비해당기」와 「삼절시서(三絶詩序)」를, 이개가 「무계정사기」를, 신숙주가 뒤에 소개할 「화기(畫記)」를 남겨 안평대군의 여러 면모를 후대인들이 엿볼 수 있게 한 것은 따라서 결코 우연한 일이 아니다.

안평대군을 따르던 많은 인재들이 계유정란과 사육신 사건으로 희생을 당하여 더 많은 문화예술적 기여를 할 수 없게 되었던 것은 크나큰 손실이 아닐 수 없었다. 세종조 문화의 수준이 그 후 오랫동안 회복되지 못했던 것을 보면 인재의 소중함과 안평대군의 역할이 현재에도 되새겨진다.

시서화(詩書畫) 삼절(三絶)의 안평대군

예술가로서의 안평대군은 앞에서도 지적했듯이 시(詩), 서(書), 화(畫), 악(樂)의 네 분야에 적극 참여하고 기여하였다. 안평대군은 그림도 잘 그렸다고 기록에 전해지지만 어떠한 소재의 그림들을 어떠한 화풍으로 그렸는지는 그것에 대해 어느 정도 언급한 문헌도 없고 남아서 전해지는 작품도 없어 알 길이 없다. 그러나 그가 뒤에서 소개할 〈이사마산수도〉, 〈임강완월도〉, 〈몽유도원도〉 등에서 보듯이 안견 및 당시의 뛰어난 문인들과 어울려 풍류가 깃든 작품들을 낳는 데 주역을 담당했던 것만은 틀림이 없다. 이러한 그의 행동은 당시 화단을 활기차게 하고 발전케 하는 데 중요한 요인이 되었다고 하겠다. 특히 시 · 서 · 화가 서로 어우러져 삼절의 경지가 전개되도록 유도했던 것은 그 세 가지 예술에 대한 이해가 깊었던 안평대군이 아니었으면 불가능했을 것이다.

안평대군의 시나 문장은 〈몽유도원도〉 권두(卷頭)에 적힌 시와 그림 다음에 적힌 제기(題記)를 제외하고는 별로 전해지는 것이 없다. 앞에서도 지적했지만 그는 「비해당집」을 남겼던 것으로 『증보문헌비고』에 기록되어 있지만 저자가 과문한 탓인지 찾을 길이 없다. 그렇지만 앞에서 언급했듯이 그는 이현로 · 이승윤 · 이개 · 박팽년 · 성삼문 등과 어울려 시를 지었으며 그 밖의 인물들과도 수시로 어울려 시를 지었을 것이 분명하다. 안평대군이 아름답게 꾸민 자신의 거처인 비해당에 있는 48가지 경치를 그림으로 그리고 집현전의 최항 · 신숙주 · 성삼문 · 이개 · 김수온 · 이현로 · 서거정 · 이승윤 · 임완준 등 아홉 명의 학사들을 초청하여 경치를 보게 한 후 시를 짓게 한 「비해당 48영」이나[23] 뒤에 살펴보듯이 〈몽유도원도〉에 21명이나 되는 많은 사람들이 시를 짓게 하였던 것은 그 단적인 예이다. 이처럼 그는 종종 자신이 직접 시를 지었을 뿐만 아니라 많은 사람들이 시를 짓도록 함으로써 세종조의 시문학 발전에 기여했다고 볼 수 있다. 또한 고려 및 중국의 시들을 모으고 참조함으로써 당시 시단이 더욱 윤택해졌다고 믿어진다. 그가 〈몽유도원도〉가 제작된 1447년보다 5년 전인 1442년에 남송(南宋) 영종(寧宗)의 소상팔경시(瀟湘八景詩)를 구했을 때 고려시대의 이인로(李仁老)와 진화(陳澕)의 시를 곁들이고 당시의

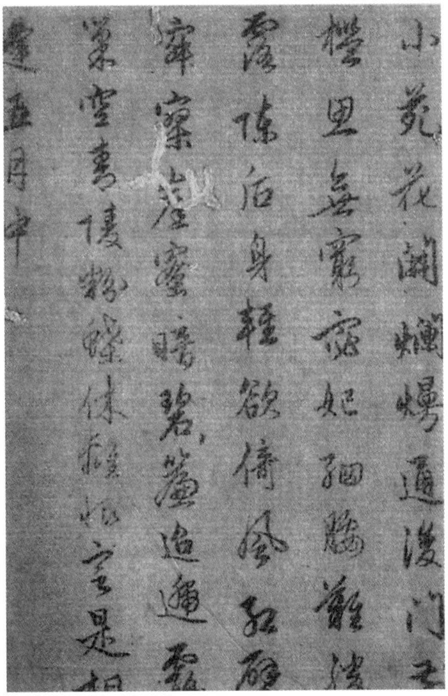

그림 2. 안평대군 筆 〈소원화개첩小苑花開帖〉, 15세기, 견본묵서, 26.5×16.5cm, 국보 238호, 개인 소장

하연, 김종서, 정인지, 조서강, 강석덕, 안지, 안숭선, 이보흠, 남수문, 신석조, 유의손, 최항, 박팽년, 성삼문, 신숙주, 윤계동, 김맹, 천봉 만우, 이영서 등 19명의 문사들에게 시작(詩作)에 참여케 한 사실이나, 여러 문인들과 함께 중국의 이(李)·두(杜)·위(韋)·유(柳)·구(歐)·왕(王)·소(蘇)·황(黃) 팔가(八家), 즉 이백(李白)·두보(杜甫)·위(韋應物)·유종원(柳宗元)·구양수(歐陽修)·왕안석(王安石)·소식(蘇軾)·황정견(黃庭堅) 등 팔가의 시들을 뽑아 모아서 『팔가시선(八家詩選)』 1권을 냈던 사례 등은 그 좋은 예라 할 수 있다.[24)]

시·서·화 중에서 안평대군 자신이 가장 득명한 분야는 서예이다. 그의 서예는 국내는 물론 중국 사신들을 통하여 그곳에까지 널리 알려졌었다. 따라서 그의 서예에 관한 기록은 여기저기에서 산견(散見)되지만 남아 있는 작품은 〈몽유도원도〉에 쓴 글씨들, 즉 제자(題字), 권두(卷頭)의 시문(詩文), 그리고 제기(題記)가 대표적이고, 1987년에 우리나라의 국보로 지정된 〈소원화개첩(小苑花開帖)〉(서정철 소장, 그림 2)이 국내에 전한다.[25)] 그리고 여주의 「세종영릉신도비(世宗英陵神道碑)」, 용인의 「청천부원군심온묘표(青川府院君沈溫墓表)」, 과천의 「임영대군구묘표(臨瀛大君璆墓表)」 등이 그의 필적으로 전해진다.[26)] 지금은 이처럼 그의 필적이 지극히 희귀하지만, 정약용(丁若鏞, 1762~1836)의 「발안평대군용서(跋安平大君瑢書)」와 같은 글을 보면 조선 후기까지만 해도 간혹 남아 있었던 듯하다. 정약용

의 이 글에 언급된 안평대군의 작품은 절에서 칼로 도려내 온 것임을 알 수 있다.[27)]

안평대군의 작품이 희귀하게 된 원인은, 전란이나 화재 등을 고려해 볼 수도 있겠지만 좀더 근원적으로는 그가 계유정란으로 인하여 역적으로 규정되었기 때문에 한동안 사대부들 사이에 그의 작품을 지니는 것이 위험시되었던 데에 있는 것이 아닐까 생각된다.

안평대군의 글씨에 대해서 성현은 그의 『용재총화』에 다음과 같이 기록하였다.

> 안평의 글씨는 오로지 자앙〔子昻, 조맹부(趙孟頫)〕을 방하였으나 그 호매함은 서로 상하를 겨루었다. 늠름하고 날아 움직일 듯한 뜻이 있다. 예시강〔倪侍講, 겸(謙)〕이 일찍이 (명의) 사신으로 우리나라에 왔었는데 편제(篇題)의 두 글자를 보고 말하기를 "이것은 비범한 솜씨가 쓴 글씨이옵니다. 제가 이 사람을 긴요히 만나보고 싶사옵니다."라고 하였다. 상(上, 임금)께서 안평에게 명하여 그를 찾아가 보도록 하였다. 예시강이 안평대군의 필적을 우러러 말하기를 "요즘 진학사〔陳學士, 겸(謙)〕가 글씨를 잘 써서 중국에서 이름을 날리지만 왕자께 비하면 미치지 못하옵니다."라고 하였다. 더욱 예를 갖추면서 글씨를 받아 가지고 갔다. 그 후 우리나라 사람들이 중국에서 글씨를 사가지고 오면 안평대군의 글씨인 경우가 많았다. 안평대군이 (이를) 크게 기뻐하고 스스로 만족해 하였다.[28)]

성현의 이 기록은 결코 과장되거나 꾸며진 것이 아님은, 세종 32년(1450) 윤정월 병진일에 명의 사신 예겸(倪謙)과 부사 마순(馬恂) 등을 위하여 수양대군이 태평관에서 대행(代行)하고 안평대군이 행주(行酒)했던 연회에 관한 기록에 의하여 분명하게 확인된다. 이 때 명사(明使) 예겸은 안평대군에게 글씨를 요청하고 거듭 탄상하며 말하기를 "저희 나라의 진겸이 글씨로써 천하에 이름을 날리는데 필세가 힘차고 발랄하지만 뛰어남(특이함)은 이에 미치지 못하옵니다. 참으로 송설옹(松雪翁, 조맹부)의 삼매(三昧)를 얻은 글씨옵니다."라고 하면서 각기 시를 지어 감사하였던 것이다.[29] 이 때 안평대군은 하룻밤 사이에 행서와 초서 수백 장을 써서 중국 사신들에게 주었고, 이들은 기대했던 것보다 훨씬 많은 작품을 얻게 되었음을 크게 기뻐했으며 또한 그 빠른 속도를 신기해 하면서 각기 시를 지어 감사하였다. 이 사실과 그 경위는 박팽년의 「제예내한사마우사양천사증비해당시첩(題倪內翰司馬右史兩天使贈匪懈堂詩帖)」이라는 글에 소상하게 적혀 있다.[30] 예겸과 사마순은 이 때 구해 간 안평대군의 글씨를 명의 황제에게 바쳤는데 이 때 황제는 "참으로 좋도다. 진정으로 이것은 조자앙(趙子昂, 조맹부)의 서체로다."라고 말하면서 칭찬을 멈추지 않았던 것이다.[31] 이처럼 이 때 안평대군의 글씨는 명의 조야에 널리 알려지게 되었다.

안평대군은 이 밖에 문종 2년(1452)에 주조활자를 위한 임신자(壬申字)를 쓰기도 하였고,[32] 앞에서 본 대로 금니(金泥)로 사경(寫經)을 하기도 하였다.

안평대군이 당시 최고의 서예가로 성장하는 데에는 그가 수집했던 중국의 서첩들이 크게 참고가 되었을 것이다. 그가 문종의 즉위년(1450)에 문종에게 역대제왕명현집고첩(歷代帝王名賢集古帖), 왕희지진행초삼체(王羲之眞行草三體), 조자앙진초천자(趙子昂眞草千字) 등의 서법판본(書法板本)을 바쳤던 것을 보면,[33] 그는 왕희지와 조맹부를 비롯한 역대 중국의 서체를 널리 공부했을 가능성이 높다. 그러나 그가 조맹부의 송설체를 가장 적극적으로 참조했음은 주지되어 있는 바와 같다.

중국서화의 소장

안견이나 세종조의 화단과 관련하여 안평대군이 기여한 바로서 특히 유념되는 것은 그가 당시 최대의 중국회화 소장가였으며 그의 소장품이 안견 및 당시 화단의 발전에 기여했으리라는 점이다. 안견이 뒤에 소개하듯이 '옛 그림을 많이 보아 그 요체를 모두 얻고 여러 대가들의 장점을 모아 총합하고 절충했다.'는 것은 결국 그가 늘 배유하던 안평대군의 이 중국화 소장품들을 봄으로써 가능했다고 믿어진다.

안평대군의 소장품에 대하여 신숙주는 그의 『보한재집(保閑齋集)』 속에 실려 있는 「화기(畵記)」에서 다음과 같이 적었다.

> 비해당은 서화를 사랑하여 누가 조그마한 쪼가리라도 가지고 있다고 들으면 반드시 후한 값으로 샀으며 그중에서 좋은 것을 골라 표구를 하여 소장하였다. 어느 날 이것들을 모두 꺼내어 나(신숙주)에게 보여주면서 말하기를 "나는 성격이 이것들을 좋아하는데 이것 역시 병이오. 열심히 찾고 널리 찾기를 10여 년 한 후에 이만치 얻었소. 하아! 물건의 이루어지고 무너짐이 때가 있으며 모여지고 흩어짐이 운수가 있으니 대저 오늘의 이룸이 다시 내일의 무너짐이 되고 그 모음과 흩어짐이 또한 어쩔 수 없게 될는지 어찌 알랴."라고 하였다.[34)]

「화기」의 머리 부분에 적힌 이 글을 통하여 안평대군이 얼마나 열심히 서화를 모았는지 알 수 있다. 안평대군의 소장품은 대체로 만 17세경인 1435년경부터 이 「화기」가 쓰여진 만 27세 때인 1445년까지의 10여 년간에 이루어진 것임도 알게 된다. 이 기록에 적힌 소장품의 내용은 안견의 작품 30점을 포함하여 동진(東晋)의 고개지(顧愷之)의 작품을 위시한 222축(軸)의 중국 역대의 서화들이었다(별표 참조). 즉, 안견의 작품을 제외하면 192점이 중국의 역대 서화들이었다. 이 소장품의 성격에 관해서는 저자가 이미 구체적으로 살펴본 바 있으므로 여기에서 다시 장황하게 논할 필요는 없을 것이다.[35] 다만 안견의 화풍과 관련해서 볼 때 그가 주로 참조했던 이곽파(李成·郭熙派)화풍의 화가들 작품들이 다수를 점하고 있는 점이 특기할 사항이라 하겠다. 곽희(郭熙)·이간(李衎)·유백희(劉伯熙, 融)·나치천(羅稚川)의 작품들이 그 범주에 속하는 것인데 특히 곽희의 그림이 17점이나 들어 있었음이 괄목할 만하다. 안견이 곽희화풍을 토대로 하여 자성일가(自成一家)했음은 아무래도 이러한 배경과 불가분의 관계가 있었다고 믿어진다.

안평대군의 소장품은 이 「화기」가 쓰여진 1445년 이후에도 계속 늘었을 것으로 믿어진다. 이 「화기」의 목록에는 보이지 않는 〈만학운연도(滿壑雲烟圖)〉나 〈소상팔경도(瀟湘八景圖)〉 등이 안평대군 소장품으로 다른 기록들에 보이고 있는 점은 이를 강력히 시사한다.[36] 또한 그가 불길하게 예견했듯이 그의 소장품들은 오늘날 아무런 흔적도 남기지 않고 사라졌다. 아마도 그의 소장품들은 1453년 10월 그가 사사(賜死)되고 그의 아들 이우직(李友直)이 진도로 옮겨진 1개월 뒤인 같은 해 11월 그의 노비들이 몰수될 때 함께 몰수되었다가 흩어지게 되었던 것이 아닌가 추측된다.[37] 그 후 이 소장품들이 어떻게 되었는지 행방을 알 수 없으나 혹시 뒤에 언급할 영응대군의 소장품이 되었던 것은 아닐까 막연하게 추측이 될 뿐이다. 어쨌든 안평대군의 소장품이 단 한 점도 오늘날 전하지 않고 있는 것은 심히 애석한 일이 아닐 수 없다.

표 1. 안평대군의 서화 소장 내용

*표는 저자

국명 및 시대	필자명	작품명 및 수	비고 (「화기」의 기록에 의함)
동진(1인)	고개지(顧愷之)	刻本水石圖 1	
당(2인)	오도자(吳道子) 왕유(王維)	畵佛 2 畵僧 2 山水圖 1	소동파가 쓴 찬문이 있음 (上有蘇東坡手題贊)
송(6인)	곽충서(郭忠恕)	雪霽江行圖 1 高閣臨江圖 1	송 휘종이 쓴 글씨가 있음 (上有宋徽宗御筆)
	이공린(李公麟)	寧戚長歌圖 1	송 휘종이 직접 제하였음 (宋徽宗御筆題)
	소동파(蘇東坡) *본명: 소식(蘇軾)	眞書湖州印本 1 風竹圖 1 雪竹圖 1 春竹圖 1	
	문여가(文與可) *본명: 문동(文同)	風竹圖 1 筍竹圖 4	
	곽희(郭熙)	山水圖 2 朔風飄雪圖 1 夏景靑嵐圖 1 水石圖 1 風雨圖 1 江雪圖 1 載鶴圖 1 古木平遠圖 2 一水圖 1 平沙落雁圖 1 江天暮雪圖 1 林亭圖 1 急雨圖 1 鬪牛圖 2	春景 1 秋景 1 } 선단〔부채〕(扇團)
	최의(崔懿)	秋荷野鴨圖 1	
원(21인)	조맹부(趙孟頫)	行書 26 墨竹 2	
	선우추(鮮于樞)	草書 6	
	왕공엄(王公儼)	木花圖 10 草花圖 4 果木圖 4 敗荷鷺鷥圖 1 海靑圖 3	

국명 및 시대	필자명	작품명 및 수	비고 (「화기」의 기록에 의함)
원(21인)		桃花鴿子圖 1 雅鶻圖 1	
	사원(謝元)	海棠折枝圖 1	
	진의보(陳義甫)	海花圖 1 杏花圖 1	
	유백희(劉伯熙) *본명: 유융(劉融)	江亭雪霽圖 1 長林雪滿圖 1 春曉烟嵐圖 1 長江圖 1	
	이필(李弼)	滕王閣圖 1 華淸宮圖 1 瀟湘八景圖 各 1 二十四孝圖 12 古木圖 1 懸崖峻閣圖 1	
	마원(馬遠)	長松茅舍圖 1 溪居灌盆圖 1	*남송의 화원
	교중의(喬仲義)	染彩山水 8	
	유도권(劉道權)	水墨山水 1	
	안휘(顔輝)	山中看書圖 1 幽林採藥圖 1 畵佛 3	
	장언보(張彦甫) *보(輔)	溪山雨過圖 1 絶岸圖 1 長林倦雲圖 1 水墨雲山圖 1 松石圖 1	 倪中有詩 揭奚斯有詩
	고영경(顧迎卿)	靑山白雲圖 1	
	장자화(張子華)	疏林蕭散圖 1 山水圖 1	*당체(唐棣)(字 · 子華)의 와기(訛記)?
	나치천(羅稚川)	雪山圖 1	
	주랑(周朗)	戱馬圖 1 牧馬圖 1	
	임현능(任賢能)	牽馬圖 1	
	설창(雪窓)	狂風轉蕙圖 2	

국명 및 시대	필자명	작품명 및 수	비고 (「화기」의 기록에 의함)
	*불명(佛名): 보명(普明)	懸崖雙淸圖 2	이름을 알 수 없음(失其名)
	식재(息齋) *본명: 이간(李衎)	彩竹圖 2 金聲圖 1	
	진재(震齋)	雲龍圖 1	이름을 알 수 없음(失其名) *張欽(明代)?
	철관(鐵關)	山水圖 2 古木圖 2	日本僧
*시대를 알 수 없는 사람들(不知何時人)	송민(宋敏)	墨竹圖 1	
	왕면(王冕)	墨梅圖 5	각 폭에 시가 있음(各有詩) *원말명초의 화가 (1335~1407)
	엽형(葉衡)	脩竹圖 1	시가 있음(有詩)
	지환(知幻)	墨竹圖 2	
조선(1인)	안견(安堅)	八景圖 各 1 江天晩色圖 1 絶岸雙淸圖 1 奔流宗海圖 1 江天一色圖 1 雪霽天寒圖 1 黃鶴樓 1 滕王閣 1 雨後新晴圖 1 雪霽餘寒圖 1 輕嵐匹練圖 1 霽雪鋪溓圖 1 一水圖 1 輕嵐圖 1 江鄕遠翠圖 1 起粟生花圖 1 春雲出谷圖 1 幽雲滿壑圖 1 狂風急雨圖 1 虯龍反走圖 1 長林細路圖 1 銀河倒掛圖 1 絶壁圖 1 墨梅竹 1 水墨白雲圖 1	

국명 및 시대	필자명	작품명 및 수	비고 (「화기」의 기록에 의함)
		山水圖 2 蘆鴈圖 1 花木圖 1 長松圖 1	
*이름을 알 수 없는 고화들 (古畫之難名者) (11)		龜 1 梨花 1 杏花 1 松鶴 1 花鵝 1 四牛 1 王勃事實印本 1 後園山水 1 雅鶻 1 樓閣 1 古木山水 1	
凡 5代 得 35家 山水圖 84 鳥獸草木圖 76 樓閣人物圖 29 書 33 合計 222軸			

이들 소장품이 〈몽유도원도〉 이외에는 단 한 점도 오늘날 전해지지 않는 것은 대단히 애석한 일이 아닐 수 없다.

3) 안평대군에 버금간 영응대군

영응대군(永膺大君, 1424~1467)에 관해서는 지금까지 별로 소개된 바가 없으므로 여기에서 약간의 언급이 필요하다고 느껴진다. 그는 세종대왕의 여덟째 왕자로 소헌왕후(昭憲王后) 소생이며 이름을 염(琰)이라 했고, 부왕의 지극한 총애를 받았다. 글씨와 그림을 잘했고 음률에도 조예가 깊었다. 그는 1459년 4월에 세조의 명을 받아 그림을 그리기도 하였다.[38] 그와 임영대군(臨瀛大君)은 조선 초기의 대표적인 인물화가였던 최경(崔涇)과도 어느 정도 가까웠던 듯, 최경이 도화원별좌(圖畵院別坐)로 있던 세조 10년(1464) 7월 삭직(削職)됨에 이르러 그 두 왕자들을 찾아가 파출된 이유를 알아보고자 호소하기도 하였다. 최경은 이것이 잘못되어 장 100대를 맞고 관노(官奴)가 되기도 하였다.[39] 그는 2개월 만에 노예 신분에서 풀려났다.[40] 비록 최경에게는 불행한 일이었으나 이 사례를 보면 평소에 최경이 두 대군에게 나름대로 친근감을 느꼈었던 것이 아닌가 추측된다.

영응대군에 관해서는 「세조실록」 권41에 약간 소상하게 언급이 되어 있다. 이 기록에 따르면 영응대군은 처음에 영흥대군(永興大君)으로 봉해졌다가 다시 영응(永膺)으로 고쳐졌고, 일찍이 화촉(花燭)으로 어린아이를 조작(彫作)하여 사람들을 놀라게 했으며, 세종대왕만이 아니라 세조도 자신의 다른 형제들과는 달리 지극히 아꼈음을 알 수 있다. 그는 성격이 순후했고 서화를 잘했을 뿐만 아니라 운율에도 이해가 높았는데, 세종대왕이 궁실에 보관되어 있던 진보(珍寶)를 모두 그에게 주려고 하다가 이루지 못하고 붕어하자, 문종이 즉위하여 궁실에 보관 중이던 대대로 내려오던 보물들을 모두 그의 집에 실어다 주었다. 이렇게 하여 재산이 거만(巨萬)이 되었으나 검소하게 지낼 뿐 사치를 하지 않았다고 한다. 또한 본래 결혼하기로 되어 있던 송복원(宋復元)의 딸이 병이 있어서 세종의 명으로 부득이 정충경(鄭忠敬)의 딸과 결혼할 수밖에 없었으나 세종이 승하한 후에 송복원의 딸을 다시 맞아들였던 휴머니스트이기도 하였다.[41]

이 기록에 의하여 그의 사람됨을 알 수 있고, 막내에 대한 부왕과 형들의 사랑이 더없이 두터웠음이 확실해지며, 무엇보다도 그가 당시 궁실 소장품의 대부분을 인계받았던 대 수장가였음도 확인된다. 그 소장품의 내용이 어떠한 것들이었는지는 알 수 없지만 대대로 내려오던 서화를 포함한 명품들이었을 것임은 쉽게 추측된다. 따라서 영응대군은 자신의 서화에 대한 재주와 소장가로서의 비중 때문에

15세기 문화계에 있어서 안평대군에 버금가는 인물이었다고 믿어진다. 그러나 세종대에는 아직 너무 젊었던 관계로 그의 활동은 주로 그 후에 이루어졌을 가능성이 높다고 믿어지지만 그에 대한 구체적인 자료들은 눈에 띄지 않는다.

이 밖에 세종연간에는 효령대군의 아들 영천군 이정(李定, 1422~?)도 20대의 청년으로 활동을 시작했을 것으로 생각된다. 그는 산수, 고목을 비롯하여 〈사호위기(四皓圍碁)〉, 〈이백문월(李白問月)〉, 〈한유남관(韓愈藍關)〉, 〈공명초로(孔明草蘆)〉, 〈호계삼소(虎溪三笑)〉, 〈모보방귀(毛寶放龜)〉, 〈섬계운선(剡溪雲船)〉 등 중국의 고사를 소재로 작품들을 그렸다.[42] 그는 사람됨이 호탕하고 매이지 않았으며 성격이 순근(純謹)하여 매사에 경정직행(徑情直行)하곤 하였다. 그의 시는 생각이 청신하고 화격(畵格) 역시 남달랐다. 일생 주색에 빠졌고, 한 단지의 술이 생겨도 마당에서 음악을 즐겼으며 나날이 심취하였다. 문사들을 심히 좋아했고 더불어 노니는 사람들은 모두 명경거유(明卿鉅儒)였다.[43] 성현의 『용재총화』에 보이는 이러한 내용의 기록으로 보면 그는 전형적인 풍류의 인물이었으며 앞에 소개한 안평대군과 방불한 데가 많았다고 믿어진다. 그는 산수와 인물을 겸장(兼長)했을 공산이 크다. 그러나 남아 있는 작품이 전혀 없어서 그의 화풍에 관하여 자세히 알 길이 없다. 다만 서거정의 '영천공자증운산도시이사지(永川公子贈雲山圖詩以謝之)'라는 시 속에 '유곽(劉郭, 유송년과 곽희)을 가마꾼으로 삼으려 하네.'라는 구절로 미루어 추측하면[44] 그가 남송의 유송년(劉松年)이나 북송의 곽희의 화풍과 연관이 있었을지도 모른다는 생각이 든다. 시문에 나타나는 상투적인 말일 가능성도 없지 않으므로 너무 그 말을 신용할 것은 없다고 본다. 그러나 앞에 언급한 〈사호위기〉, 〈이백문월〉, 〈호계삼소〉 등의 중국 고사를 그린 그림들의 제목으로 미루어 보면 인물 중심의 그림을 즐겨 그렸을 가능성이 크다고 생각된다.

이제까지 살펴보았듯이 세종대에는 대왕은 물론 여러 왕자들이 서화에 재능과 관심을 가지고 창작하고 애호했음을 확인하게 된다. 왕실의 이러한 분위기는 당시의 사대부 계층이나 화원들에게도 귀감이 되고 자극이 되었다.

4) 세종조의 화가들

세종연간에는 많은 화가들이 활동했음이 기록들에 나타나 있다. 앞에서 살펴본 세종조 문화에 관한 「중종실록」의 기록 중에 '고능서능화자 불가승수(故能書能畵者 不可勝數)', 즉 "옛날에는 글씨 잘 쓰고 그림 잘 그리는 사람들이 헤아릴 수 없을 정도로 많았다."라는 구절이나, 흥천사(興天寺)의 사리각에 화공 20여 명을 시켜 '석가상(釋迦像)'을 그리게 했던 사실은 이 시대에 얼마나 많은 화가들이 활약했는가를 잘 시사해 준다.[45] 또한 위에서 이미 언급한 바와 같이 왕실에서도 왕과 여러 왕자들이 회사(繪事)에 열중이었음을 보면 더욱 그렇게 볼 수 있다. 이러함에도 불구하고 이 시대에 활동했던 화가들의 이름은 많은 수가 알려져 있지 않다. 지금까지 세종조에 얼마 동안이라도 활약했다고 확인되거나 믿어지는 화가로는 사대부 출신에 매죽을 잘 그린 정양(鄭穰, 1423 문과 급제), 산수와 인물을 잘 그린 강희안(1419~ 1464)과 강희맹(1424~1483) 형제, 서화를 함께 잘 했던 김뉴(金紐, 1420~?), 대나무 화가였던 손순효(孫舜孝, 1427~1497)가 있고, 화원으로는 안견 · 양비(楊斐) · 최경 · 안귀생(安貴生) · 배련(裵連) 등을 들 수 있다.[46] 그러나 이들 중에서 손순효 · 최경 · 안귀생 ·

배련 등은 세종조에 그림 그리기를 시작했다고 해도 주로 활약했던 것은 그 이후였을 것이 분명하거나 그렇게 추측이 된다. 이 밖에 선비 화가로 말을 잘 그린 김서(金瑞)와 산수를 잘 그린 남급(南汲), 그리고 이름만 전하는 홍천기(洪天起)와 최저(崔渚) 등도 세종조 이후에 주로 활동했을 가능성이 높다.[47] 그렇지만 세종조 이후 성종조에 이르는 기간에 활약한, 실록에 이름이 기록된 화원들 상당수는 세종조에 길러진 인재들이었을 가능성을 배제하기 어렵다.

이 화가들을 이곳에서 일일이 자세하게 고찰하고 소개할 필요성은 없다고 생각된다. 작품을 남기고 있고, 또 세종조의 화단과 관련하여 특히 중요하게 간주되는 강희안과 강희맹 형제, 그리고 안견과 최경 네 사람만은 평가할 가치가 크다고 믿어진다. 다만 안견만은 다음 장으로 미루어 더 구체적으로 검토해 보기로 하겠다.

강희안과 희맹 형제는 강석덕(姜碩德, 1395~1459)의 아들들이다. 강석덕은 '옛것을 좋아하고 풍류와 문아(文雅)가 당시에 비할 바가 없었으며, 시를 가장 잘 짓고 옛 서화에 대하여도 묘절(妙絶)하였다.'고 전해진다.[48] 그는 또한 〈몽유도원도〉에 찬시를 쓰기도 하였다. 이처럼 풍류와 예술적 재능에 뛰어났던 부친을 닮아 강희안과 희맹 형제가 서화에 능하게 되었던 듯하다. 이들 형제도 모두 집현전 학사들이었고 또 아버지와 마찬가지로 안평대군과 가깝게 지냈던 것이 사실이나 〈몽유도원도〉에는 찬시를 쓰지 않았다. 이것은 아마도 아버지인 강석덕이 그 그림에 시를 썼기 때문에 강희안은 예의상 참여를 피한 것 같고, 동생 강희맹은 그 밖에도 〈몽유도원도〉가 이루어졌던 1447년에는 만 23세밖에 되지 않은 청년이었기에 중진 · 원로들 회합에 동참하지 못했을지도 모른다.

강희안 · 강희맹 형제

강희안에 대해서는 「세조실록」, 『진산세고(晋山世稿)』의 「인재강공행장(仁齋姜公行狀)」, 서거정 · 성현 · 김안로 등이 남긴 기록들이 특히 주목된다. 우선 「세조실록」의 기록을 먼저 살펴보기로 하겠다.

> 인수부윤(仁壽府尹) 강희안이 졸(卒)했다. 자는 경우(景愚), 천자(天資)는 진수(眞粹)하고 평화, 낙이(樂易)하며, 침묵(沈默), 청소(淸素)하였다. 문아(文雅)함이 일시(一時)에 떨쳤으며, 또한 시 · 서 · 화를 잘하였고 전서, 예서, 팔분(八分)은 모두 연긴(姸緊)함을 이루어 사람들이 삼절로 떠받들었다. 그리고 물리(物理)를 꿰뚫어 꼬투리를 접하면 곧 깨달았으나 일로써 사람에 우선하지를 못했다. 일찍이 「양화소록(養花小錄)」을 지었다. 경륜의 뜻을 지니고 살았으며 성격이 번거로움을 싫어하고 적막함을 사랑했고 젊어서는 영예와 출세를 즐겨하지 않았다.…… 강희안이 북경에 갔을 때 산해관의 주사 양거가 강희안의 단찰을 얻고 행운으로 여기며 보배로 삼아 소장하기도 하였다.…… 명나라 사신 김식이 일찍이 안주의 만경루에 머물렀을 때 강희안이 쓴 서판을 보고 놀라 자빠졌다가 그의 성명을 알고 귀국한 바가 있다. 세상에 한 가지 예능을 지니고 있는 자는 스스로 자랑하고 팔고자 하거늘 강희안은 많은 재주를 지녔으면서도 이것들을 어리석은 듯 숨겼으니 역시 현명한 것이 아니겠는가.……[49]

번거로움을 싫어하며, 편안하고 평화로움을 좋아하는, 과묵하면서 고독을 즐기는 그의 꾸밈없고 내성적인 성격을 잘 엿볼 수 있다.

『진산세고』 권2의 「인재강공행장」에는 좀더 구체적인 내용이 보인다.

공(公)은 이름이 희안이며 자는 경우, 호는 인재(仁齋)라 했다. 재민공(載愍公, 강석덕)의 장남이다. 공은 태어나면서부터 지식이 남보다 뛰어났고 나이가 몇 살 안 되었을 때 담이나 벽에 손을 휘둘러 글씨를 쓰거나 그림을 그렸는데 법에 맞지 않음이 없었다. 그리고 오랫동안 스승을 좇아 학문을 공부했으며 문명을 크게 떨쳤다. 무오년(1438)에 신설된 시부진사시(試賦進士試)에 공은 한번에 합격하였다.……

연경에 갔을 때 중국의 선비들이 공의 풍도를 보고 비상한 사람임을 알았으며 공이 제작한 서화를 보고 크게 칭상하며 구하는 사람들이 모여들었지만 공은 모두 사양하였다. 귀국하여 인수부윤을 제수받았다. 을유년(1465) 겨울에 공은 등에 악성의 종기가 나서 타계하였다. 향년 48세였다. 공은 천성이 침정아담(沈正雅淡)하고 관평낙이(寬平樂易)하였다.…… 문장시부는 그 정수(精粹)를 얻었고 전예진초 등 각 체의 서예와 회화의 묘함에 이르러서는 일세(一世)를 독보(獨步)하였으나 공은 이를 모두 숨기고 알리지 않았다. 자제들 중에서 서화를 구하는 사람이 있으면 공은 서화는 천기(賤技)이므로 후대에 전해지면 사대부의 이름에 욕이 된다고 하였다. 수적(手蹟)이 이 때문에 세상에 전함이 드물다. 대저 물리에 밝아 한 번 보면 스스로 깨달았으나 오직 음악은 알지 못했다.[50)]

이 기록에서 강희안은 어려서부터 예능에 뛰어났음에도 불구하고 서화에 대한 재주를 숨겼음을 알 수가 있다.[51)] 또한 연경에 가서 필명을 날리고 많은 사람들과 접했음도 알게 된다.

서거정의 『필원잡기(筆苑雜記)』에는 강석덕에 관한 기록 속에 강희안에 대해서 다음과 같이 언급되어 있다.

(그의) 아들 부윤인 희안은 자를 경우(景愚)라 하며 그림과 시와 글씨의

삼절로 한때 독보했다. 시는 위유〔위응물(韋應物)과 유종원(柳宗元)〕를 닮고 그림은 유곽(유송년과 곽희)을 닮았으며 글씨는 왕조(왕희지와 조맹부)를 겸했다. 사람됨이 재주가 있고 덕이 있어 참으로 대인군자이다.[52)]

서거정(1420~1488)은 강희안과 동시대인으로 친구간이었기 때문에 약간 과장해서 표현했을지 모르지만 반면에 누구보다도 그를 잘 알았을 것임에는 틀림없어, 비록 약간의 과장이 있다 하더라도 그 내용을 중시하지 않을 수 없다.

서거정보다 한 세대 후의 인물인 성현(1439~1504)의 『용재총화』 권1에는 강희안에 관한 다음과 같은 내용이 보인다.

강인재는 천기고묘(天機高妙)하며 옛 사람들이 헤아리지 못한 곳을 터득하였다. 산수와 인물이 모두 우아함을 갖추었다. 일찍이 그가 그린 〈여인도(麗人圖)〉(미인도)를 보았는데 털오라기 하나도 잘못된 것이 없었다. 〈청학동(靑鶴洞)〉과 〈청천강(菁川江)〉의 두 족자와 〈경운도(耕雲圖)〉 모두가 기이한 보배이다.[53)]

『용재총화』 권6에는 또한 강희안에 관하여 그가 비대하고 돼지고기를 좋아했으며, 의복을 화려하게 입고 성품은 유약하여 월과(月課)의 시문도 짓지 않아 성삼문이 시를 지어 놀리기도 하였다고 적혀 있어 관심을 끈다.[54)] 이로써 미루어 보면, 성현은 강희안에 대하여 약간 편견을 가졌던 것이 아닌가 하는 느낌이 들지만, 아무튼 강희안이 전형적인 '부잣집 도련님' 유형의 인물이었다는 느낌을 강하게 준다.

성현의 『용재총화』를 많이 참조했다고 믿어지는 김안로(1418~1537)의 『용천담적기(龍泉談寂記)』에는 아래와 같이 적혀 있다.

강희안은 서 · 화 · 시를 잘하여 당시에 삼절이라 불렸다. 먹으로 소경(小景)을 그리기를 즐겨했고 곤충 · 새 · 초목 · 인물을 그리기 위해 붓을 움직였는데 초만 잡아도 스스로 생기가 났다. 그 조연(調吮)하고 농욱(濃郁)한 모습은 본가의 색상(色相)에 미치지 못했지만 시옹(詩翁)다운 여운이 있었다. 그러므로 회화사에 있어서는 격외(格外)에 해당한다.[55]

위의 기록들을 종합해 보면, ① 강희안은 성격이 관후하고 유약하며 군자다운 면모를 지녔고, 어려서부터 시서화에 뛰어난 재주를 가졌다. ② 그림에 있어서는 산수와 인물 · 초충과 새를 그렸으며 기운생동하였다. ③ 화풍은 유송년과 곽희를 닮았다. ④ '청학동', '청천강' 등의 실경을 그리기도 하였다는 등의 사실들을 확인할 수 있다. 이 중에서 ③과 ④가 세종조 및 조선 초기의 회화와 관련하여 특히 관심을 끈다.

강희안의 화풍이 유곽(유송년과 곽희)을 닮았다고 하는 점과 그의 사람됨에 관해서는 서거정의 『필원잡기』 이외에도 『진산세고』에 실린 역시 서거정의 '제인재시고후(題仁齋詩稿後)'라는 글들이 밝히고 있다.[56] 앞에서 소개한 영천군 이정의 경우에도 그의 그림이 유곽을 방했다고 전해진다. 그러므로 유곽이 조선 초기의 화가들에게 어느 정도 보편적으로 받아들여졌거나 또한 유곽을 본받아야 할 대표적인 화가로 보았던 것으로 믿어진다. 그런데 유송년은 남송의 화원으로 인물과 산수를 잘 그렸고 산수화에서는 남송 원체화풍(院體畵風)을 따라 그렸으며, 곽희는 북송의 화원으로 이성(李成)과 함께 이곽파(李郭派)를 이루었고, 중국은 물론 우리나라에도 고려시대부터 알려져 세종조 안견의 화풍 형성에 바탕이 되었던 인물이다. 그러므로 강희안이나 영천군 이정이 유곽을 본받았다는 것은 결국 조선 초기의 화가들이 북송대 곽희파 화풍과 남송대 원체화풍을 크게 참조했음을 시사한다고 볼 수 있다. 그러나 유(劉)가 유송년이 아닌 원대의 화가였던 유융(劉融)을 지칭했을 가능성도 전혀 없지는 않아 단정하기 곤란한 것도 사실이다. 유융(伯熙)의 작품은 안평대군의 소장품 속에도 4점이 들어 있었다.

사실상 지금까지 알려진 문헌과 강희안의 작품으로 전칭되고 있는 국립중앙박물관 소장 〈고사도교도(高士渡橋圖)〉, 〈교두연수도(橋頭煙樹圖)〉, 〈절매삽병도(折梅揷甁圖)〉, 〈고사관수도(高士觀水圖)〉, 〈소동개문도(小童開門圖)〉, 도쿄국립박물관 소장의 〈산수도(山水圖)〉들을 종합해 보면(그림 3~8) 그는 ① 남송 원체화풍, ② 안견에 의해 소화된 곽희파화풍, 그리고 그 밖에 〈고사관수도(高士觀水圖)〉에서 볼 수 있듯이 ③ 명대 원체화풍과 절파화풍(浙派畵風)을 모두 수용하여 그렸던 것으로 믿어진다.[57)]

〈교두연수도〉는 안개에 싸인 자연의 모습을 그렸는데 전체적인 포치와 구성, 공간 개념, 산과 언덕의 표현 등에 남송대의 원체화풍의 영향이 감지된다. 한편 〈고사도교도〉, 〈절매삽병도〉, 〈소동개문도〉의 세 점은 모두 큰 그림에서 잘려나온 잔편들로 추측되는데 바위의 표현에 보이는 준법과 인물들의 의습선 묘사에 절파화풍의 영향이 엿보인다.

절파의 영향은 강희안의 대표작으로 꼽히는 〈고사관수도〉에서도 감지된다. 인물 중심의 소경산수인물화인 점은 물론 절벽과 바위의 묘사에 보이는 준법, 근경의 갈대 표현 등에서 절파화풍의 영향을 엿볼 수 있다.[58)] 본래 명대의 절파화풍은 남송대의 원체화풍을 그 근간으로 하여 변화된 것이므로 크게 보면 이 작품도 그 근원이 남송대로 거슬러 올라간다고 볼 수도 있겠지만 남송대의 화풍과 직접 연관을

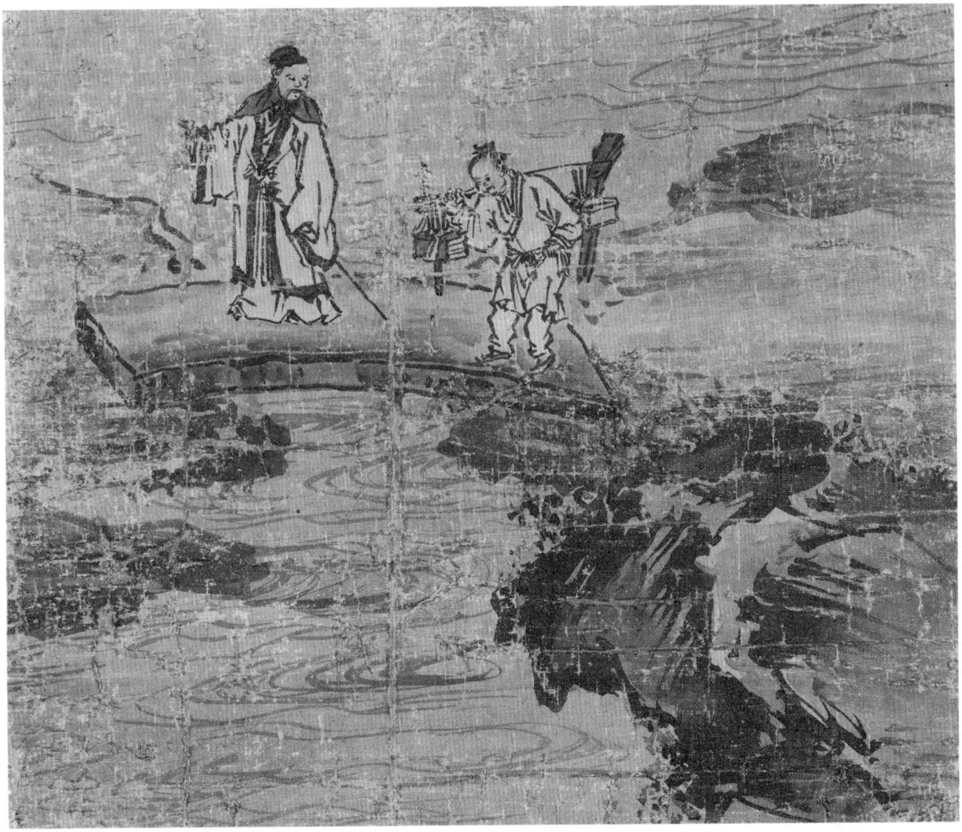

그림 3. 강희안 筆 〈고사도교도高士渡橋圖〉, 15세기, 견본담채, 25.5×30.6cm, 국립중앙박물관 소장

짓는 것은 무리라고 생각된다. 두 팔을 모아 턱을 괸 모습은 고 이동주 박사가 지적한 대로 『개자원화전(芥子園畫傳)』의 권4 「인물옥우보(人物屋宇譜)」에 실려 있는 '고운공편심(高雲共片心)'과 관계가 있다고 볼 수 있다.[59] 강희안이 후대에 발간된 이 화보를 참조했다기보다는 더 오래 전에 제작되어 전해지던 고화를 강희안과 『개자원화전』의 편자가 시공을 달리하여 참조했던 결과로 추측된다. 어쨌든 사유적인 주제, 활달한 필치, 풍겨나는 문기(文氣) 등은 이 그림이 화원의 솜씨와는 거리가 먼 강희안 같은 문인의 작품임을 말해 준다. 그리고 〈고사관수도〉의 전체적인 분위기가 침묵과 적막함을 좋아했던 강희

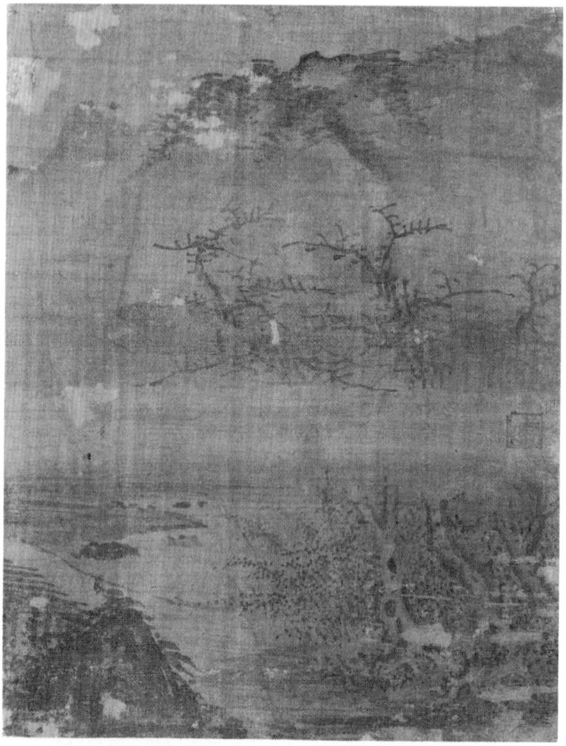

그림 4. 강희안 筆 〈교두연수도橋頭煙樹圖〉, 15세기, 견본수묵, 30×23.3cm, 국립중앙박물관 소장

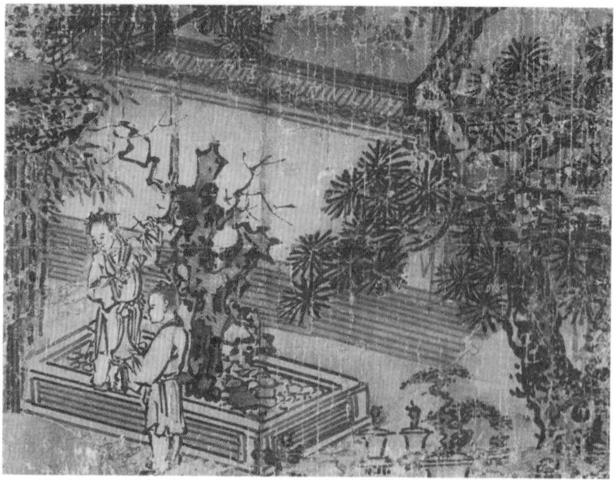

그림 5. 강희안 筆 〈절매삽병도折梅揷甁圖〉, 15세기, 견본담채, 17×24.2cm, 국립중앙박물관 소장

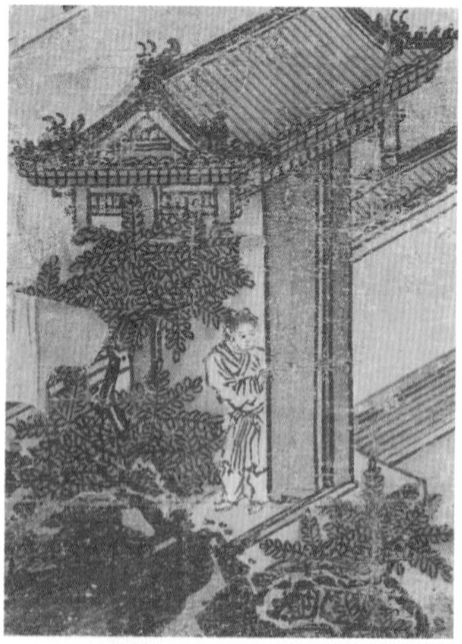

그림 6. 강희안 筆 〈소동개문도小童開門圖〉, 15세기, 견본담채, 23.3×17.2cm, 국립중앙박물관 소장

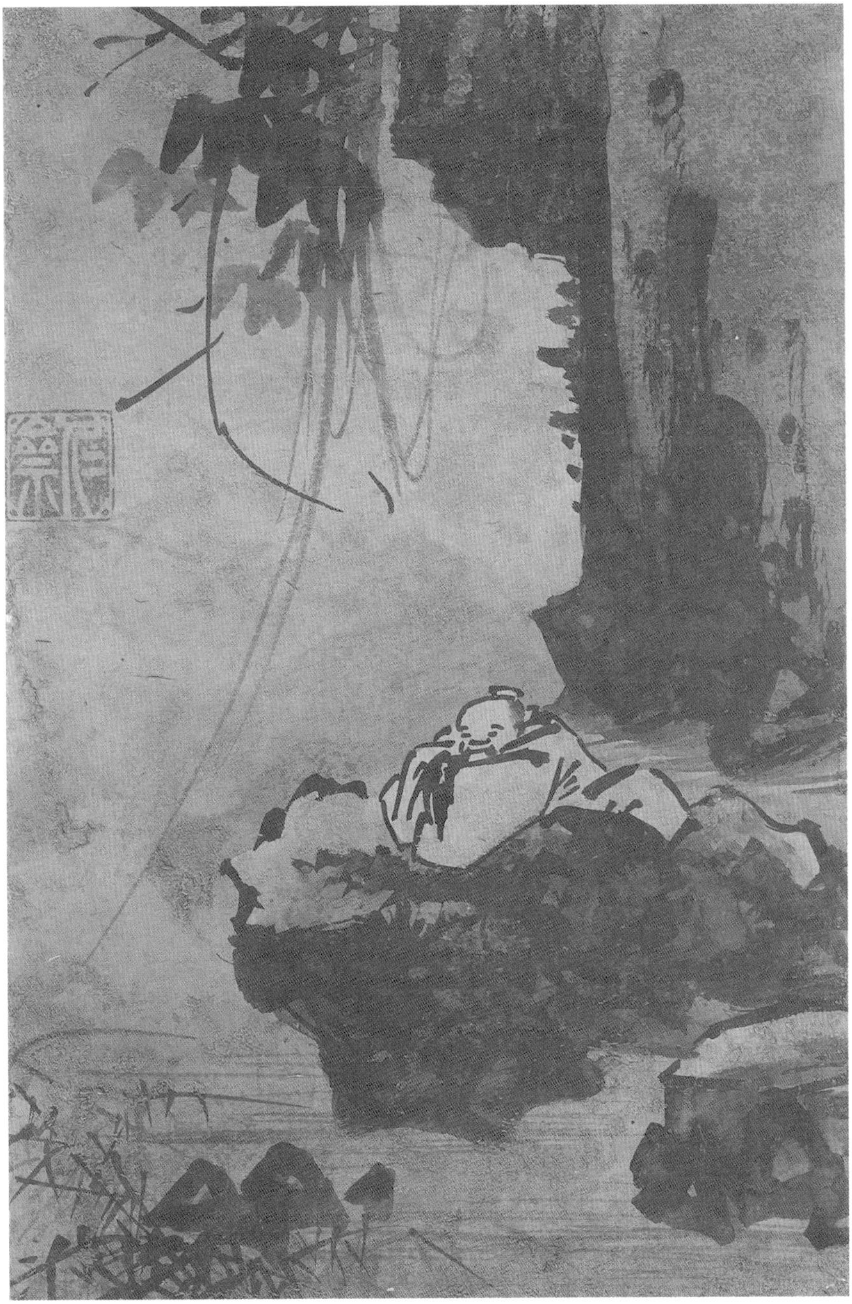

그림 7. 강희안 筆 〈고사관수도高士觀水圖〉, 15세기, 지본수묵, 23.6×15.8cm, 국립중앙박물관 소장

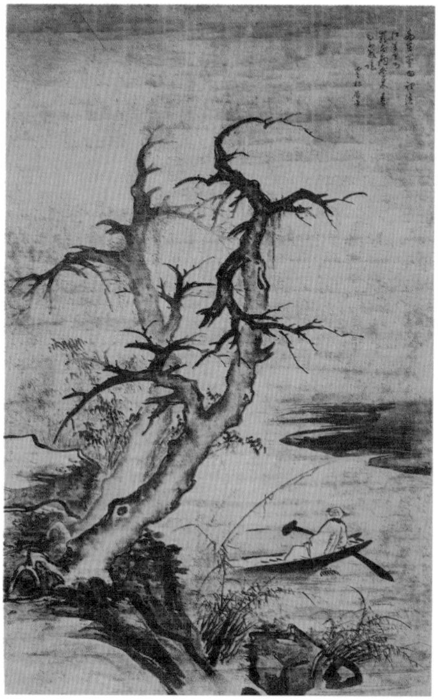

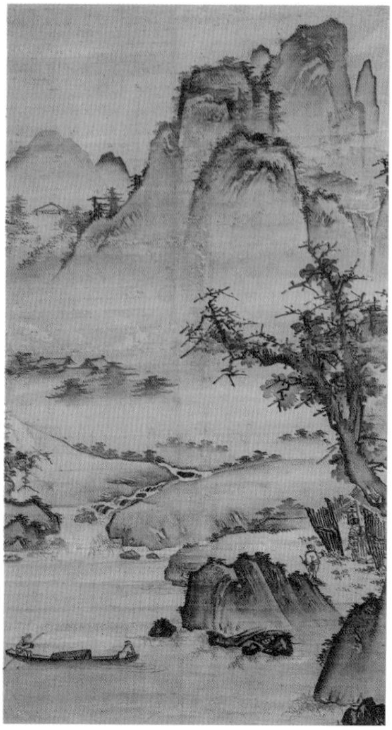

그림 8. 강희맹 筆 〈독조도獨釣圖〉, 15세기, 지본수묵, 132×86cm, 일본 도쿄국립박물관 소장

그림 9. 전 강희안 筆 〈산수도山水圖〉, 15세기, 견본수묵, 96.5×52.5cm, 일본 도쿄국립박물관 소장(오구라(小倉) 기증)

안의 성격을 반영하고 있는 듯하여 흥미롭다. 그런데 문인인 강희안이 절파화풍을 적극적으로 구사했던 것은 그가 사은부사(謝恩副使)로 연경을 다녀온 1455년경부터가 아닐까 추측된다.

강희맹도 시 · 서 · 화를 모두 잘했고 화려한 벼슬길을 살면서 세조의 두터운 아낌을 받았으며 한때 도화서제조(圖畵署提調)를 지내기도 하였다.[60] 방대한 문집인 『사숙재집(私淑齋集)』을 남겼는데 그중 「답이평중서(答李平仲書)」라는 이파(李坡)에게 보낸 글에서는, '모든 사람들의 기예는 비록 같아도 용심(用心)은 다르며, 군자는 예(藝)에 우의(寓意)할 뿐이지만 소인은 유의(留意)할 뿐이다. 예에 유의하는 것은 공사예장(工師隷匠)과 같이 기(技)를 팔아 밥먹기에 힘쓰는 자들의 할 바이다. 예에 우의하는 것은 고인아사(高人雅士)처럼 마음속의 묘리(妙理)를 찾는 자들의 할 바이다.'라고 하여 사대부들이 그림을 그리는 것을 당당하게 합리화하는 화론을 펼치기도 하였다.[61] 그림에 있어서는 산수와 매(梅)를 잘 그렸던 것으로 믿어지는데 현재 일본에 남아 전해지는 〈독조도(獨釣圖)〉(그림 8) 단 한 점의 작품으로 보면 이곽파에 속하는 원대 이간(李衎)의 영향을 받았던 것으로 믿어진다.[62] 근경에 서 있는 나무 두 그루의 형태와 묘사법이 이간의 화풍을 연상시킨다. 그러나 중경의 토파와 근경의 언덕 표현에는 남송의 원체화풍이나 명대의 절파화풍과의 친연성을 드러낸다. 결국 두 가지 화풍이 절충되어 있음을 보여준다. 이는 강희안화풍의 복합성을 시사한다고 볼 수 있다. 이러한 절충적 특징은 강희안의 작품으로 전칭되고 있는 도쿄국립박물관 소장 〈산수도〉(그림 9)에서도 나타난다. 이 작품의 산과 언덕, 바위와 나무의 표현에 보이는 절충적인 경향은 절파화풍과도 무관하지 않다고 믿어진다. 그리고 강희맹도 강희안과 마찬가지로 연경을 다녀온 바 있고, 이것을 계기로 그의 형처럼 절파화풍을 수용했었을 가능성이 높다고 생각된다. 이 밖에도 강희맹은 안견의 작품을 구하여 형인 강희안에게 글씨를 써 받았던 일이 있음을 보아[63] 그와 형인 강희안이 안견파화풍 또는 이곽파화풍을 수용했을 가능성도 높아 보인다.

인물화의 대가 최경

세종조에 활약하던 대표적인 화원으로는 앞에서도 지적했듯이 안견과 최경(崔涇)이 있다. 안견은 뒤에서 자세하게 고찰할 예정이므로 여기에서는 그가 곽희화풍을 위주로 하고 여러 가지 화풍을 종합하여 자성일가했음을 우선 언급하는 데 그치고자 한다. 최경은 안귀생·배연 등과 함께 세조와 성종조에서 주로 활동했으나 처음에는 세종조에서 화원을 지내기 시작하였다. 이 점은 뒤에서 소개하듯이 그가 안평대군의 명을 받아 〈삼소도(三笑圖)〉를 그렸던 사실이나 「세조실록」의 기록을 통하여 확인된다.[64] 특히 최경과 안귀생은 어용(御容)을 잘 그려 당상관에 제수되기도 했는데 이것이 세찬 논란을 불러일으키기도 하였다.[65]

최경의 사람됨에 대해서는 「세조실록」과 이육(李陸)의 「청파극담(靑坡劇談)」에 잘 나타나 있다. 「세조실록」 권30에는 비교적 장문의 다음과 같은 내용이 실려 있다.

> 도화원제거(圖畫院提擧) 최경의 직책을 파하도록 명하셨다. 최경은 본래 안산군(安山郡) 염부(鹽夫)의 아들인데 어려서 그 아비를 따라 관에 들어갔다. 여러 아이들과 어울려 놀면서 소뿔로 땅에 인물과 당나귀나 말의 모습을 그리곤 했는데 제법 생기가 있었다. 촌부들이 모두 이 아이는 그림으로 뛰어날 것이라고 하였다. 도화원생도(圖畫院生徒)로 봉해져 그 업에 정진하였고 여러 차례 은전을 입어 오품(五品)에 한정되어 있는 화원직에서 특서(特敍)되었다. 최경은 그 업으로써 권세 있고 귀한 사람들을 잘 섬겨 도화원별좌에 제수되고 통정(대부)에 가자(加資)되기도 하였다. 사람들이 그의 세계(世系)를 자세히 모름을 알고 선대부터 양반의 후예라고 말하면서 최씨 성을 가진 명상(名相)이면 거리낌 없이 자기의 친척이라고 말하며, 누구는 우리 집의 어찌 되는 형이고 또 누구는 어떻게 되는 동생이라고 말하면서 부끄러워하지 않았다. 그 형제자매는 고향에 남아 있는 자들로서 오히려 문호(門戶)도 세우지 못하고 있다.[66]

이와 비슷한 내용은 「청파극담」에도 나타나 있다. 이 기록에는 또한 최경이 나이가 70여 세였는데도 눈이 밝아서 능히 그림을 그릴 수 있었다고 전하고 있다.[67] 이 기록들로 보면 최경은 본래 염부의 아들로 태어나 타고난 그림재주로 출세하였으며, 허세가 심하고 좌충우돌하는 성격의 소유자로 장수했음을 알게 된다.

한편 『용재총화』에는 최경이, 산수화에 있어서의 안견과 함께 인물화에서 이름을 날렸고 신묘의 경지에 들었으며, 만년에는 산수 고목도 그렸으나 마땅히 안견에게는 양보해야 한다는 내용이 적혀 있어[68] 그가 인물화로 높이 평가되고 있었음을 알 수 있다. 한때나마 당상관에 제수될 수 있었던 것은 이러한 그의 능력과 평가에도 힘입은 바 없지 않았을 것으로 믿어진다.

최경은 이처럼 15세기 최대의 인물화가였음이 분명하나 남아 있는 작품이 없어 그의 화풍을 파악할 수가 없다.[69] 다만 그가 안평대군의 요청을 받아 조맹부가 가지고 있다가 후에 안평대군 소장품이 된 이공린(李公麟)의 〈삼소도〉를 중모했었고,[70] 그의 〈채문희귀한도(蔡文姬歸漢圖)〉가 유송년화풍을 닮았었다는 일본 『고화비고(古畵備考)』의 기록을 염두에 두면[71] 그의 인물화가 백묘화(白描畵)로 뛰어났던 북송의 문인화가 이공린과 나한도를 잘 그렸던 유송년의 화풍을 수용하여 자기의 독자적인 화풍을 형성했을 가능성이 높다고 믿어진다. 또한 초상화만이 아니라 채색인물화, 도석인물화(道釋人物畵)나 선종화(禪宗畵)도 구사했을지 모른다는 추측이 들기도 한다. 아무튼 최경의 작품이 전해지지 않고 있는 것은 조선 초기 인물화의 연구에 결정적인 취약점이 되고 있다.

최경의 (도화원)동료로 안귀생과 배련이 있었다. 이 중 안귀생은 어진 제작의 공으로 최경과 함께 당상관에 제수되기도 한 바 있다. 또한 신숙주의 지시를 받아 명의 사신에게 〈금강산도(金剛山圖)〉를 보여주기도 하였다.[72] 이런 사실들로 보면 그는 인물은 물론 산수도 잘 그렸을 가능성이 있고, 어쩌면 실경산수에 장했을지도 모른다고 생각된다. 그리고 배련은 산수와 인물을 모두 잘했는데 최경과는 서로 미워하는 사이였음을 『용재총화』의 기록에 의해 알 수 있다.[73] 그도 세조 때에 금강산에 파견되어 산형(山形)을 그려가지고 돌아오기도 하였다.[74]

5) 실경화 및 화론

세종조의 회화와 관련하여 주목을 요하는 것 중의 하나는 이 시기에 우리나라에 산천을 소재로 하여 그리는 실경산수화(實景山水畵)가 제법 적극적으로 그려졌다는 사실이다. 실경산수화의 전통은 이미 고려시대부터 태동이 되었던 것이지만, 조선왕조시대에 들어와 더욱 적극화되었고, 조선 후기에는 겸재 정선에 의하여 남종화법을 소화한 한국적인 진경산수화의 발달을 보게 되었다.[75] 세종조에 실경산수화가 그려졌음은 이미 언급한 강희안의 〈청학동〉과 〈청천강〉의 그림에서도 짐작이 되지만, 그 밖에 「세종실록」에 보이는 기록들에 의해서 좀더 분명해진다. 세종 15년(1433)에 화공에게 명하여 삼각산형(三角山形)을 그리게 한 것, 세종 18년(1436)에 함길 · 평안 · 황해 등지의 산천형세를 화공으로 하여금 그려 오게 한 것, 세종 13년(1431)에 명사(明使)의 요청에 따라 〈금강산도〉를 주었던 것 등은 비록 국정과 외교를 위한 것이었기는 하지만 실경산수화가 제작되었던 것만은 분명히 해 준다.[76] 이러한 전통은 이미 살펴본 안귀생과 배련이 관계된 〈금강산도〉에 관한 기록이나 기타 많은 사례에서도 알 수 있듯이 후대에도 계속되었지만 작품들이 거의 남아 있지 않아 기록 이상의 의미를 부여하기가 어렵다.

이와 더불어 이 시대의 화론(畵論)에 유념할 필요가 있겠다. 정인지 등이 편찬한 『고려사(高麗史)』의 방기편(方技篇)에 '대저 한 가지 예로써 이름을 얻는 것은 군자가 부끄러워 할 바이다(盖以一藝名 君子所恥).'라 되어 있고, 또 강희안은 앞에서 이미 소개했듯이 자제들이 그의 서화를 구하면 '서화는 천기(賤技)이며 후세에 전해짐은 사대부의 이름에 욕이 된다(書畵賤技 流轉後世祇以辱名耳).'고 하였다고 전해지고 있어서 세종조를 비롯한 조선 초기의 회화와 화단을 다소 부정적인 견해로 볼 여지가 없지 않다. 그러나 이것을 액면 그대로만 받아들여서는 곤란하다고 본다. 물론 세종조를 포함한 조선 초기부터 말기까지 사대부들 중에는 서화를 진실로 사랑하는 부류와 그것을 멀리하려는 계층이 양립해 있었던 것이 사실이다. 대체로 후자의 경우에 속하는 사대부들도 회화를 싫어해서라기보다는 그것에 빠져서 임금이나 신하들이 정치에 뜻을 잃을까 두려워하는 이른바 '완물상지(玩物喪志)' 때문이었다고 볼 수 있다.[77] 실제로 정인지의 경우에도 〈몽유도원도〉에 찬시를 썼고, 강희안도 서화를 진정으로 사랑했으며 동생인 강희맹의 서화와 찬문 요청에 자주 응했음이 『진산세고』의 여러 글들을 통하여 확인된다.

강희맹이, 이개의 동생인 이파에게 답하는 글에서 사대부가 그림을 그리는 것은 지당하다는 논리를 정연하게 폈음은 앞에서 이미 보았다. 아마도 강희안은 그의 과묵하고 소극적이며 남과 부딪치기 싫어하는 성격 때문에 동생처럼 당당하게 임하기보다는 피하고자 했던 것이 아닐까 생각된다.

이 시대에는 시서화일치(詩書畵一致), 서화일률(書畵一律) 등의 문인화론이 사대부들 사이에 퍼져 있었다. 서거정이 「제인재시고후」라는 글에서 '시와 서, 서와 화는 동일묘(同一妙)'라고 분명하게 지적한 점에서도 이를 확인할 수 있다.[78] 강희맹이 앞서 언급한 화론에서 화(畵)는 서(書)의 부류이므로 육예(六藝)의 하나이며 육예를 하는 것이 어찌 군자에게 해가 되는가라고 주장했던 것도 결국 이 서화일률 사상에 바탕을 둔 것이라 하겠다. 또 강희맹이 작은 병풍을 형인 강희안에게 가져가 그림을 그려주도록 요청했을 때 〈해산도(海山圖)〉를 그리고 '시화일법(詩畵一法)'이라고 읊었던 것도 서화일률 사상을 반영한 것임이 분명하다.[79] 그리고 성간(成侃)이 강희안에게 준 시에서 '시는 소리 있는 그림이 되며, 그림은 소리 없는 시일세. 옛부터 시와 그림은 일치되며 털끝만치도 그 경중을 가릴 수 없네(詩爲有聲畵 畵乃無聲詩 古來詩畵爲一致 輕重未可分毫釐).'라고 읊조린 사례도 있었다.[80] 이러한 예들은 소식〔蘇軾, 동파(東坡)〕이 왕유(王維)의 그림에 대하여 시는 무형화(無形畵)이고 화는 무성시(無聲詩)라고 한 시화일률 사상을 수용한 것임에 이론의 여지가 없다.[81] 이처럼 세종조를 비롯한 조선 초기에는 고려시대에 전해졌던 소식과 문동(文同)의 죽화(竹畵) 및 화론을 수용했음이 분명하다. 조선시대에 화원을 시취(試取)할 때 죽(竹)을 일등과목(一等科目)으로 했던 것도 이러한 배경에서 이해된다.

세종조에는 일반 회화만이 아니라 불교회화도 제작되었다. 조선시대에는 초기부터 억불숭유정책(抑佛崇儒政策)을 폈었던 것이 사실이나 이따금 호불(好佛)하는 왕이나 왕비가 나타나 봉불(奉佛)하곤 하였다. 세종도 말년에는 내불당(內佛堂)을 짓고 흥천사(興天寺)를 중수했으며 『석보상절(釋譜詳節)』을 간행하기도 하였다. 이와 더불어 불교회화와 사경을 활발하게 제작토록 하였다.[82] 앞에서 인용한 바와 같이 흥천사의 사리각(舍利閣)에 화공(畵工) 20여 명을 동원하여 '석가상'을 그리게 했던 사례는 그 좋은 예이다. 앞에서도 언급했듯이 안평대군 또한 금니(金泥)나 은니(銀泥)를 써서 사경을 하였다. 이러한 사례들은 세종조에 있어서의 호불(好佛)의 분위기와 그에 따른 불교 회화 등의 미술 조영이 비교적 적극적이었음을 뚜렷하게 보여준다. 이러한 세종연간의 여러 가지 경향이 같은 시대를 살며 활동했던 안견을 비롯한 화가들과도 무관하지 않았을 것임은 물론이다.

6) 중국 및 일본과의 교류

세종조의 회화가 지니는 의의는 그것이 지극히 높은 수준으로 발달했으며 후대에 귀감이 되었다는 점일 것이다. 이와 함께 간과할 수 없는 것은 이 시대의 회화가 중국 및 일본의 회화와 활발하게 교섭하

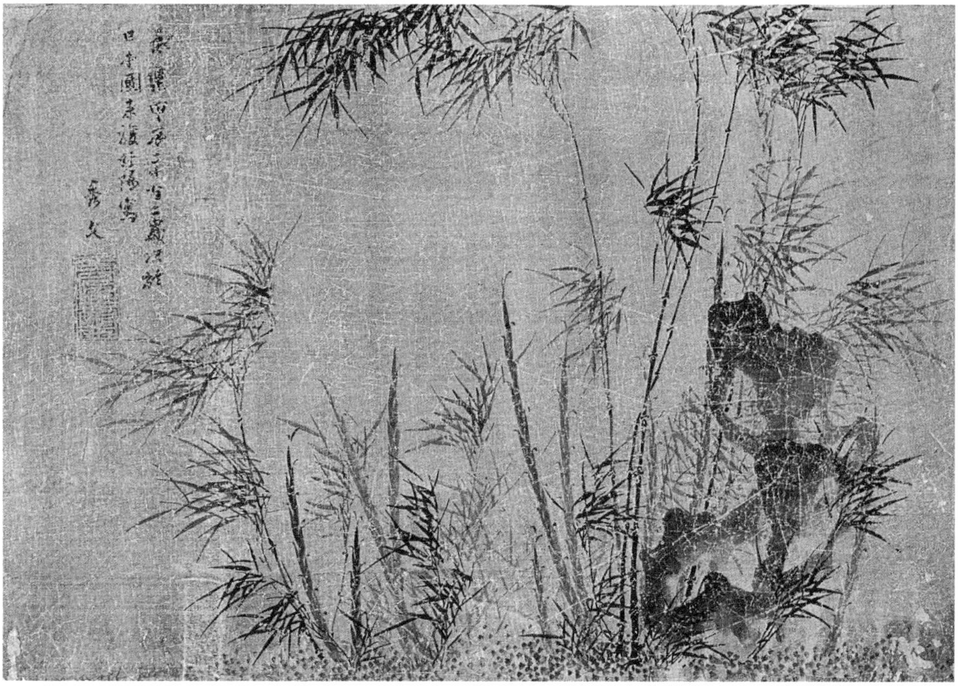

그림 10. 수문 筆 〈묵죽화책墨竹畵册〉 제10엽, 1410년, 지본수묵, 30.6×45cm, 일본 松平康東 소장

며 동양회화사상 확고한 위치를 점했다는 사실이다.[83]

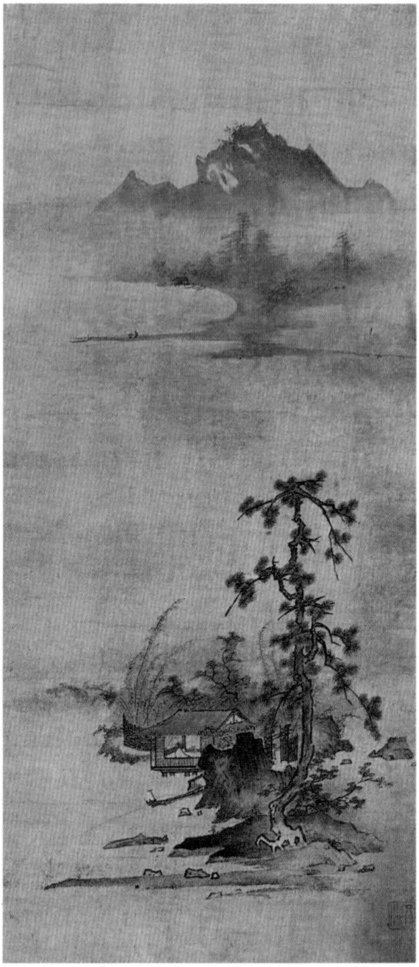

그림 11. 문청 筆 〈산수도 山水圖〉, 15세기, 지본담채, 73.1×32.8cm, 미국 보스톤미술박물관 소장

중국 명으로부터는 김식(金湜)을 비롯한 서화에 장한 사신들이 우리나라에 왔으며 적지 않은 수의 화적(畵跡)도 전해져 우리 화단에 자극을 주기도 하였다.[84] 또한 우리나라에서도 서화에 뛰어난 인물들이 사행(使行)으로 연경(燕京)을 다녀왔다. 그리고 중국 사신들은 우리나라에 왔다가 돌아갈 때 금강산도를 비롯한 산수화·화조화·서예 등을 얻어가기도 하였다.[85] 이러한 사례들은 「세종실록」을 비롯한 기록들에 산견된다. 세종 2년(1420) 4월에 명의 사신에게 화초산수난죽서병(花草山水蘭竹書屛) 각 2점을 증정했던 일이나, 세종 13년(1431) 8월에 명사(明使)의 요청에 따라 금강산도를 주었던 일은 그 대표적인 예들이다.[86] 이러한 사례들은 그 후의 다른 실록들의 기록들에서도 확인된다. 이러한 사례들에 의거해서 볼 때 적지 않은 숫자의 조선시대 회화가 중국에 전해졌음을 알게 된다. 그리고 서예도 안평대군과 강희안의 작품들이 중국에 널리 알려지고 인기가 높았음은 앞에서 살펴보았다.

일본회화와의 교섭도 활발하였다. 일본 사신들이 각종 우리나라 회화를 많이 구해 갔으며 또 일본회화도 꽤 많이 건너 왔음이 「세종실록」 여기저기에 보인다. 뿐만 아니라 우리나라 출신의 이수문(李秀文)이 일본에 건너가 《묵죽화책(墨竹畵冊)》(그림 10)을 남기는 등 그곳

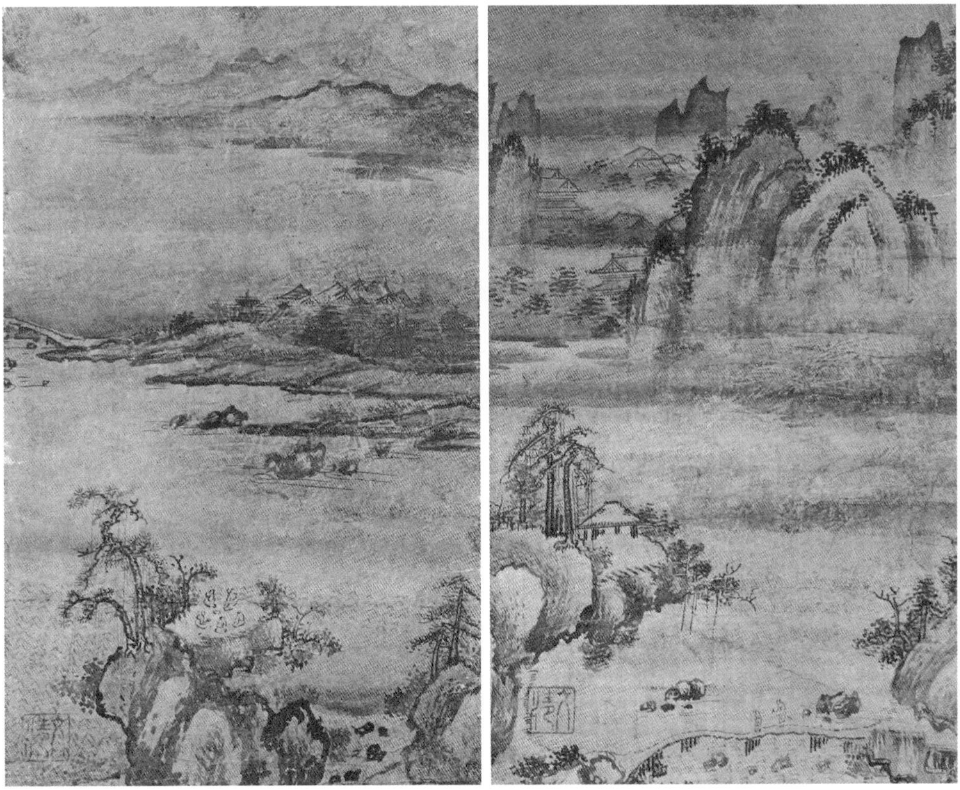

그림 12. 문청 筆 〈산수도 山水圖〉, 쌍폭, 15세기, 지본수묵, 각 109.7×33.6cm, 일본 高野時次 소장

에서 활약을 했고 분세이(文淸) 역시 일본 교토(京都)의 다이토구지(大德寺)를 무대로 활동하였다(그림 11, 12). 그리고 일본 수묵산수화(水墨山水畵)를 대성시킨 교토 쇼코쿠지(相國寺)의 승려화가 슈우분(周文)도 1423년에 우리나라에 왔다가 이듬해에 돌아갔다. 이러한 화가들을 통하여 세종조의 회화가 일본에 전해져 그곳 회화의 발달에 크게 영향을 미쳤던 것이다.[87] 이 문제에 관하여는 뒤에서 안견화풍의 영향을 논할 때 다시 논의하겠다.

지금까지 여러 문헌 기록들을 통해서 세종조에 있어서의 왕실, 사대부계층, 화원(畵員)계층의 대표적인 인물들을 대강 소개하면서 당시 화단의 분위기와 여러 가지 양상들을 살펴보았다. 이에 의해서만 보아도 인물 · 산수 · 화조 · 매 · 죽 등 다양한 화제들을 그렸으며, 대표적인 화가들이 배출되었음을 확인하게 되었다. 또한 산수화에서는 곽희파화풍(郭熙派畵風), 남송 원체화풍(南宋院體畵風), 명대 원체화풍(明代 院體畵風) 및 절파화풍 등이 수용되어 이것들을 바탕으로 한국적 화풍을 이루었던 것이다. 실경산수화가 그려졌고 시화일률 사상이 자리를 잡았으며 중국의 명 및 일본의 무로마치 막부(室町幕府)와의 회화교섭(繪畵交涉)도 활발하여 일반회화에서 괄목할 만한 진전을 이룩했음도 알 수 있다. 그리고 일반회화 이외에도 불교회화가 활발하게 제작되었음도 분명하다. 이처럼 세종조에는 회화가 높은 수준으로 발달하여 후대 조선왕조의 회화 발전의 기초가 되었을 뿐만 아니라 15세기 일본 회화의 발달에도 큰 기여를 하였던 것이다.

Ⅲ. 안견의 생애와 평가

안견(安堅)은 세종조가 배출한 가장 훌륭한 화원이었으며 그 영향력이 우리나라 회화사상 제일 컸던 것이 분명함에도 그의 생애는 구체적으로 알려져 있지 않다. 그에 관한 기록이나 시문이 이곳 저곳에서 산견되지만 한결같이 단편적이고 피상적인 경우가 많아 이것들을 모두 종합하여 되도록 입체적으로 복원을 시도해 보는 수밖에 없다.

1. 생애

1) 생존 연대

안견에 관해서 우선 궁금한 것은, ① 그가 언제 태어나서 언제 타계했는지의 생졸년(生卒年) 및 활동 연대의 문제, ② 그의 출신 배경과 가족관계, ③ 대가로 성장하게 된 배경과 사승(師承)관계, ④ 화풍상의 특징과 연대 변화에 따른 화풍 변천의 양상, 그리고 ⑤ 후대에 미친 그의 영향 등 크게 다섯 가지로 귀착된다. 그러나 이 다섯 가지 중에서 어느 것도 완벽하게 규명할 수 있는 것이 없다. 오직 부분적이거나 단편적으로만 추적이 가능할 뿐이다. 이 중에서 ④는 다음 장에서 고찰하기로 하고 나머지 사항들만 가능한 범위 내에서 알아보기로 하겠다.

이에 앞서서 먼저 안견의 자호(字號)에 관하여 알아보고자 한다. 그의 면모를 엿보는 데 혹시 도움이 될지도 모르기 때문이다. 안견은 자(字)를 가도(可度), 소자(小字)를 득수(得守)라고 했고, 호(號)는 현동자(玄洞子) 또는 주경(朱耕)이라 했다.[88] 이 자호의 내력이나 지어진 배경은 알 수 없다. 특히 자의 경우는 더욱 그러하다. 즉 자의 내력이나 연유, 정확한 의미도 확단하기 어렵다. '가도(可度)'라는 자의 발음도 과연 '가도'인지, 아니면 혹시 '헤아릴 수 있다'는 뜻에서 '가탁'이라고 발음했을 가능성은 없을지도 의문이다. '가도'가 '가탁'보다는 부르기가 훨씬 자연스러워서 억측일 수도 있다. 어쨌든 이처럼 자에 관하여는 확실하게 밝혀진 것이 아무것도 없다.

호의 경우에는 어느 정도의 추측만은 가능할지 모르겠다. 대체로 호를 스스로 지을 때에는 출신지역을 비롯한 자신의 주변을 염두에 두거나, 사상을 압축하거나, 혹은 좋아하는 고전(古典)의 글귀를 따서 짓는 사례가 많았다고 볼 수 있고, 남이 지어주는 경우에는 그 사람됨을 반영하거나 고전의 명구(名句)를 압축해서 나타내는 일이 상례였다. 이러한 점들을 염두에 둘 때 주경이라는 호는 아무래도 '인주 농사(印朱 農事)', 즉 그림을 그리고 도장을 찍어서 먹고산다는 의미에서의 화원(畵員) 신분을 스스로 뜻한 것이 아닐까 막연하게 추측이 된다. 이는 마치 조선 후기의 기인화가(奇人畵家) 최북(崔北)이 스스로의 호를 붓으로 먹고산다는 의미에서 호생관(毫生館)이라고 했던 것과도 비교될 수 있을지도 모른다. 이렇게 본다면 주경이라는 호는 남이 지어준 것이라기보다는 자호(自號)였을 가능성이 높다고 생각된다.

현동자라는 호는 그 뜻을 그대로 풀어 보면 '고요한 동굴의 사람(남자),' 또는 '그윽한 동굴 속의 나' 등의 의미로 볼 수 있겠다. 이 호는 산수를 즐기는 사람들에게 흔히 있을 수 있는 도가적(道家的) 취향을 짙게 풍겨 준다. 그런데 그윽한 동굴이란 결국 신선들이 사는 삼신산(三神山)의 하나인 방호(方壺)와도 같은 의미로 풀이될 여지도 없지 않다. 사실상 〈몽유도원도〉의 찬시들 중에도 방호라는 말이 이따금 눈에 띄고 있어서 세종조의 사대부들도 도원(桃源)을 결국 신선들이 사는 곳처럼 인식하고 있었을 가능성이 높다. 이렇게 본다면 현동자라는 호는 스스로 지었거나 아니면 가깝게 지냈던 안평대군이나 다른 사람이 지어 주었을 가능성이 있고, 또 그것이 〈몽유도원도〉와 깊은 연관이 있는 것으로 여겨진다. 이런 추측이 사실과 부합한다면 이 호는 〈몽유도원도〉가 제작된 1447년 4월 이후에 지어졌을 가능성도 없지 않겠다. 이러한 추측들을 토대로 보면 주경이라는 호는 직업화가, 즉 화원으로서의 안견의 신분을, 현동자라는 호는 이상향을 그리는 도가적 산수화가로서의 그의 내재적 심상을 반영하고 있는 것으로 추정해 볼 수 있겠다.

이 밖에 '주경'이나 '현동자'라는 호가 안견의 출신지로 믿어지는 충청남도 서산군 지곡면(地谷面) 산성리(山城里)에 있는 '재경미', '갈마실', '검은들'이라는 지명들과 연관이 있을 가능성이 없지 않다는 주장도 있다. 지리학자인 이문종(李文鍾) 교수(공주대학)는 주경은 지곡(地谷)에 있는 '재경뫼'를, 현동자의 '현동(玄洞)'은 역시 지곡(地谷)에 있는 '검돌'을 나타낸 것으로 보고 있다. 즉 그의 주장에 따르면 재경미=재경뫼=주경(朱耕)이고, 갈마실=검은 마실(玄洞)이며, 검은 들 · 흑석 들(동)→현동(玄洞)으로 볼 수 있다는 것이다.[89] 이렇게 보면 주경과 현동자라는 호는 안견의 출신지 지명에서 유래하였을 가능성이 없지 않으나 그 의미는 앞에 언급한 것들과 관계가 깊은 것으로 믿어진다. 그렇다면 주경과 현동자라는 호들은 두 가지 복합적 의미를 함께 내포하고 있다고 볼 수 있을 듯하다. 안견의 출신지 문제에 관해서는 뒤에 살펴보기로 하겠다.

안견의 정확한 생졸년은 앞에서도 언급한 바와 같이 알려져 있지 않다. 다만 대강의 연대만 연구자들에 따라 제가끔 추측되어 왔다. 예외적으로 고 유복렬 옹(故 劉復烈 翁)이 그의 편저(編著) 『한국회화대관(韓國繪畵大觀)』에서 안견의 생년을 태종 18년(1418)으로 출판을 하였고,[90] 그 후에 일부 출판물들이 아무런 고증 없이 그것을 따르고 있다. 그러나 이 1418년설에 대한 확실한 전거(典據)는 찾을 수 없다. 아마도 안견의 후원자였던 안평대군의 생년(1418)을 안견의 생년으로 잘못 기록한 것이었거나 두 사람이 워낙 가까웠기 때문에 동갑일 것으로 추측한 결과가 아닐까 짐작된다. 한편 영문판 한국미술사인 *The Arts of Korea*를 집필한 맥큔(McCune) 여사는 안견이 1400년경에 나서 1464~1470년 사이에 타계한 것으로 추정하였다.[91] 이 경우에도 어떤 근거를 제시한 것은 아니다. 그러나 이 추측은 무리가 아닐 듯하다. 왜냐하면 〈몽유도원도〉는 안견이 대가로 자리를 굳힌 때의 작품이며, 또한 그의 화풍이 뒤에서 보듯이 1423년에 우리나라에 왔다가 다음해 일본으로 돌아간 교토(京都) 쇼코쿠지(相國寺)의 화승(畵僧) 슈우분(周文)의 산수화에 영향을 미쳤던 것이 확실하기 때문이다. 이것들을 감안하면 안견은 1420년대에는 적어도 20~30대, 〈몽유도원도〉가 제작된 1447년에는 40대였다고 생각해 볼 수 있을 것이다. 그렇다면, 안견은 1400년경이나 아니면 그보다 조금 더 이른 시기에 태어났다고 보아 큰 무리가 아닐 듯하다.

〈몽유도원도〉는 뒤에서 구체적으로 분석하고 고찰하겠지만, 몇 가지 아름다운 색채를 극히 정교하게 설채(設彩)했고 경우에 따라 극세필(極細筆)로 표현되어 있으며 높은 격조를 지니고 있다. 이러한 부분들은 확대경으로 볼 때 더욱 영롱하게 보인다. 이 점들을 염두에 두면 이 작품은 안견이 이미 대가로 자리를 굳혔으면서도 눈이 아직 밝은 시절에 제작되었던 것으로 보아야 할 것 같다. 왜냐하면 이 작품은 자세히 볼수록, 시력이 지극히 좋지 않거나 정신적인 면에서 인간적으로 성숙되어 있지 않으면 도저히 그릴 수 없었으리라는 확신을 거듭 갖게 하기 때문이다.

그 작품이 보여주는 격조 및 안평대군의 친구 못지않았을 친밀한 관계를 염두에 두면, 1418년설은 〈몽유도원도〉의 제작시기인 1447년에 안견이 불과 만 29세밖에 되지 않았음을 의미하기 때문에 너무 이른 느낌이 든다. 물론 천재화가인 경우 만 29세에 그러한 작품을 그리지 못할 이유가 없다고 볼 수 있으나 〈몽유도원도〉가 지닌 격조는 기량만으로는 될 수 없는, 즉 어느 정도 화가로서의 정신세계가 원숙해 있지 않으면 불가능했을 측면을 지니고 있어서 1418년설은 아무래도 무리라고 여겨진다. 그리고 1400년경에 안견이 태어났다고 볼 경우에는 47세 정도의 아직 시력도 좋고 인간적으로도 성숙되었을 것으로 생각되어 무난하다고 느껴진다. 그러나 이것은 어디까지나 추측일 뿐 확단하기는 어렵다. 앞으로 새로운 기록이나 자료가 출현하기를 기대할 수밖에 없다.

안견의 졸년에 관해서도 단정하기가 어렵기는 마찬가지이다. 다만 그가 1460년대나 1470년대까지 생존해 있었을 가능성은 매우 높다. 그리고 그가, 안평대군이 그의 둘째 형인 수양대군(首陽大君)에 의해 사사(賜死)된 1453년의 계유정란(癸酉靖難)의 피해를 입지 않고 아들을 문과(文科)에 오르게 하고 출세케 하면서 장년기와 노년기를 보냈음이 확실시된다. 이 점은 『진휘속고(震彙續攷)』, 「세조실록(世祖實錄)」, 「성종실록(成宗實錄)」, 『국조문과방목(國朝文科榜目)』, 윤휴(尹鑴)의 『백호전서(白湖全書)』 등의 기록들을 종합해 봄으로써 확인된다. 먼저, 『진휘속고』의 안견에 관한 기록은 다음과 같다.

> 안견은 자(字)를 가도(可度), 소명(小名)은 득수(得壽), 호(號)를 현동(玄洞)이라 했다. 지곡인(池谷人)이다. 산수를 잘 그렸다.
>
> 옛날에 중국으로부터 뛰어난 그림을 산 사람이 있었다. 큰 소나무 밑에서 사람이 소나무를 우러러보는 장면을 그린 것인데 신채(神采)가 나는 것 같아 세상 사람들이 뛰어난 보배라 하였다. 안견이 이것을 보고 말하기를 "이 그림이 비록 좋기는 해도 무릇 사람이 우러러보면 목의 뒷부분에 반드시 주름이 잡히는 법인데 이것이 없으니 그 뜻을 크게 잃은 것이다."라고 하였다. 이 때부터 결국 (그 그림은) 버린 물건이 되었다.
>
> 또한 묘필(妙筆)로 불리우는 옛 그림이 있었는데 늙은이가 어린 손자를 안고 밥을 먹이는 모습을 그린 것으로 신묘(神妙)하기가 살아 있는 듯하였다. 강정대왕(康靖大王, 성종)이 이를 보고 "이 그림이 좋기는 하나 대개 사람이 아이에게 밥을 먹일 때는 반드시 (아이가) 스스로 입을 벌리는데 여기에는 입을 다물고 있어 화법(畵法)을 크게 잃었다."라고 말하였다. 이로부터 끝내 버린 물건이 되었다. 대저 그림과 문장이 어찌 다르랴. 본뜻을 한번 잃으면 비록 비단처럼 아름다운 장구(章句)라도 아는 사람들은 이를 취하지 않는다. 오로지 안목을 갖춘 자만이 이를 능히 안다.
>
> 성종 때 (왔던) 중국의 사신 김식(金湜)은 대나무 그림을 잘 그려 일세(一世)의 절필(絶筆)이 되었는데 우리나라의 고금(古今)의 대나무 그림들

을 보고자 청하였다. 상(上, 임금)께서는 나라 안에 널리 찾아서 보도록 명하였다. 김식이 힐끗 보고 말하기를 "모두 대나무가 아니오라 혹은 마(麻)이거나 혹은 갈대이옵니다. 청컨대 참된 대나무(그림)를 보고자 하옵니다."라고 하였다. 이 때 안견이 그림에 묘해서 곽희(郭熙)에 버금가고 중국의 명주를 쓰는 데도 신묘하였다. 상께서는 안견으로 하여금 일생의 필력을 다하여 약간 폭의 대나무 그림을 여러 가지 화풍으로 그리게 해서 바치게 하였다. 김식이 (이것을 보고) 말하기를 "이것이 비록 잘된 솜씨이기는 하지만 역시 대나무가 아니고 갈대이옵니다."라고 하였다. 상께서 평소에 화법을 아시므로 대나무 화분 하나를 올리게 하여 빽빽한 잎을 모두 따내고 성글게 하여 난간에 두게 하였다. 저녁이 되어 안견으로 하여금 모양에 따라 그리게 하여 시험 삼아 김식에게 보여주었다. 김식이 한번 보고 문득 놀라서 말하기를 "이것은 참으로 진짜 대나무이옵니다. 비록 중국의 묘화(妙畫)라 해도 이것과 더불어 가리기는 어려울 것이옵니다."라고 하였다. 상(上)께서 크게 기뻐하시고 이 때 상방(尙方)의 비단들을 꺼내어 김식에게 주고 그림을 그려 보관하게 하였다.

강감찬(姜邯贊)이 박연(朴淵)에서 용을 채찍질할 때 얻은 청룡의 비늘 1척 같은 것과 함께 지보(至寶)가 되어 문무루(文武樓) 위에 소장되었는데 후에 경복궁(景福宮)이 불탈 때 이 그림도 옛날의 보배들과 더불어 모두 타 버렸다.[92)]

이 기록에서는 안견의 소자(小字)를 '득수(得壽)', 호를 '현동(玄洞)'이라 했으나, 이것은 '得守'와 '玄洞子'의 오기(誤記)임이 분명하다. 그리고 안견이 그림만 잘 그린 것이 아니라 감식(鑑識)에도 성종과 마찬가지로 뛰어났었음을 밝히고 있어 흥미롭다.

김식은 자(字)를 본청(本淸), 호를 태수생(太嫂生), 고목거사(枯木居

士) 또는 후목거사(朽木居士)라 했으며, 절강성(浙江省) 영파(寧派) 출신으로 1441년에 거인(擧人)이 되었고, 서(書) · 죽(竹) · 석(石) · 쌍구죽(雙鉤竹) · 전각(篆刻) 등을 잘하였다. 위 기록에서 우리나라 대나무 그림이 그에게는 마나 갈대를 연상시켰음을 알 수 있다. 실제로 우리나라의 묵죽화(墨竹畵)들은 잎이 크고 긴 반면에 줄기는 몹시 가는 것이 사실이어서, 중국인에게는 마나 갈대처럼 보였을 가능성도 없지 않다. 또한 빽빽한 잎을 따내서 그리게 한 것이 김식(金湜)의 마음에 들었다고 하는 것은 결국 김식이 원말사대가(元末四大家) 이후의 죽화(竹畵)에 젖어 있었음을 시사한다고 볼 수 있다. 그리고 이 기록을 통하여 안견이 비록 타의에 의한 것이기는 해도 대나무 그림도 그렸었음을 알 수 있다.

그런데 김식이 우리나라에 명의 사신으로 온 것은 이 기록에 적혀 있는 것처럼 성종(1469~1494) 때가 아니라 세조연간(1455~1468)이었다. 즉 「세조실록」에 의해 김식이 우리나라에 왔던 것이 세조 10년 갑신세(甲申歲)(1464) 5월이었음을 알 수 있다. 「세조실록」의 그 관계 기록은 다음과 같다.

(명의) 정사(正使) 김식이 병풍에 대나무를 그리고 아울러 그 위에 시를 짓고 써서 박원형(朴元亨)에게 기증하였다. 상(上, 임금)께서는 화공에게 명하시어 그 그림을 모사하고 채색을 칠하게 하였다. 또한 문신(文臣)들에게 명하시어 운(韻)에 따라 시를 짓게 하였다. 김식은 시를 잘 짓고 또한 서화(書畵)에 공(工)하며 팔분전예(八分篆隷) 역시 잘 쓴다.

부사(副使) 장성(張珹)도 역시 시를 잘한다. 그러나 김식은 연로(年老)하고 욕심이 많고 비루하여 집에서 사용하는 유기나 동기그릇이라도 간청하지 않음이 없고 반드시 얻고야 만다. 장성도 욕심을 부리지만 김식에 비

하면 덜하다.[93)]

정사인 김식이나 부사인 장성이 모두 예능에 뛰어났고 물욕(物慾)이 많았던 인물들임을 알 수 있다. 또한 김식의 대나무 그림을 화공으로 하여금 모사하고 설채(設彩)했음이 주목된다.

『진휘속고』에 나오는 죽화(竹畵)와 관련하여 주목되는 기록이 역시 같은 「세조실록」에 보인다.

명나라 사신 김식이 푸른 바탕의 저사 30필(紵絲 30匹)을 진상하였다. …… 상(上, 임금)께서는 박원형을 시켜 김식에게 대나무 그림 족자를 주면서 말하기를 "대인(大人)이 그림을 좋아하고 시를 잘하므로 화공에게 대나무를 그리게 하고 문사들에게 시를 짓게 하였으니 한번 살펴보기를 바라오. 부사에게도 줄 것이오."라고 하였다. 김식과 장성(부사)이 함께 고마워하였다. 상께서 김식에게 말씀하시기를 "이 대나무는 대인의 대나무를 모(摹)한 것이오."라고 하였다. 김식이 미소지으며 말하기를 "제 그림은 흰데 이 그림은 녹색이어서 처음에는 깨닫지 못했사오나 다시 살펴보니 과연 제 그림이옵니다."라고 하였다.[94)]

김식의 대나무 그림을 화공을 시켜 모사하고 채색을 하게 했다는 앞의 「세조실록」의 기록과 이 기록을 종합해서 보면 대체적인 내용과 성격은 『진휘속고』의 것과 서로 비슷함을 알 수 있다. 그러므로 『진휘속고』의 기록이 믿을 만하다는 생각이 든다. 다만 세조 때의 일이 성종 때의 일로 되어 있는 것은 잘못되어 있음이 분명하다. 그러므로 『진휘속고』의 기록에 의거하여, 앞의 「세조실록」 기록에서 왕의 명에 따라 대나무를 그렸던 '화공'은 다른 사람 아닌 안견으로 보아도 지나친 비약은 아니라고 믿어진다.

이와 관련하여 또 하나 관심을 끄는 사례가 앞의 같은 기록에서 보인다. 즉, 1464년 5월 기묘(己卯)에 세조가 김식 등 중국 사신들에게 승지(承旨) 노사신(盧思愼)을 시켜 유연묵(油烟墨) 각 25홀(笏)을 비롯한 많은 선물과 함께 그림 족자(簇子) 각 4쌍(雙)을 주었는데 이 때 김식 등이 이 그림들을 보고 말하기를 "이것들은 절세지화(絶世之畵)로 곽희보다도 훨씬 낫사옵니다."라고 하였다는 것이다.[95] 앞에서 본 대나무 그림과 같은 때에 주어진 그림들로 곽희화풍과 관련이 깊은 작품들이었음이 주목된다. 또한 대단히 뛰어났던 그림들로 곽희보다 낫다는 평을 들었음이 유념된다. 이것들을 종합해서 고려하면 이 때 김식 등에게 주었던 그림들도 대나무 그림의 경우와 마찬가지로 안견의 작품들이었을 가능성이 크다고 믿어진다.

이렇게 본다면 안견은 이 일이 있던 1464년에 아직도 화원으로서 세조조에 기여하고 있었을 것으로 보여진다. 이것은 안평대군이 사사된 계유정란이 일어났던 해로부터 11년 뒤의 이야기이다. 안견이 이후로 얼마나 더 오래 살았는지는 분명치 않다. 그러나 그의 아들 안소희(安紹禧)에 관한 기록에 의거해서 어느 정도 추측은 가능하다.

안소희에 관해서 「성종실록」에 다음과 같은 기록이 보인다.

〔집의(執義) 김려석(金礪石)이〕 다시 아뢰어 말하기를 "안소희는 화공인 안견의 아들로 감찰(監察)이 되는 것은 불가하옵니다."라고 하였다. 상(임금)께서 "안소희는 이미 과거에 등제하였는데 감찰의 벼슬을 준들 어찌 거리끼겠는가?"라고 말씀하셨다. 예조판서(禮曹判書) 이승소(李承召)가 말하기를 "화공의 아들이 어찌 감찰이 될 수 있으오리까?"라고 하였다. 상께서 "그렇다면 안소희는 고쳐 쓰는 것이 좋겠다."고 하였다.[96]

이 기록에 의하여 안견에게는 소희라는 아들이 있었고, 또 화원의 아들임에도 불구하고 신분의 제한을 벗어나 대과(大科)인 문과(文科)에 급제하였음을 알 수 있다. 비록 반대에 부딪쳐 사헌부(司憲府)의 정6품관(正六品官)인 감찰은 되지 못했으나 문신이 아닌 화원으로서 문과를 칠 수 있었던 것부터가 예외에 속한다. 이 기록은 1479년의 것이다.

한편 조선시대의 문과 합격자들만을 실은 『국조문과방목(國朝文科榜目)』을 보면 안소희가 등제한 것은 성종 9년 무술세(戊戌歲)(1478) 12월 초3일에 실시된 친시(親試)에서이고, 이 때 그는 병과(丙科)에 들었으며, 전자(前資)는 승사(承仕)로 되어 있고, 자생(字生), 본관(本貫), 부명(父名), 거주지(居住地) 등은 모두 공란으로 되어 있다.[97] 다만 역관(歷官)란에는 전적(典籍)으로 되어 있어 그가 정6품직인 성균관(成均館)의 전적을 지냈음을 알 수 있다. 이로써 보면, 안소희는 문과를 칠 수 있었던 전자(前資)가 아버지인 안견의 오랜 봉직(奉職)에 있었음을 알 수 있다. 비록 화원의 아들이기 때문에 환로(宦路)에서 크게 출세하지는 못했지만 역설적이게도 아버지의 공적에 힘입어 원칙적으로 사대부 가문 출신에게만 열려 있던 문과의 벽을 넘어설 수 있었던 것이다. 이렇게 본다면 안견은 그의 아들이 등제하고 관직에 몸담게 되었던 1479년경까지 생존해 있었을 가능성이 높다고 하겠다.

그러니까 안견은 세종조에 화명(畵名)을 날리고 문종조(1451~1452), 단종조(1453~1455), 세조조(1455~1468)까지는 말할 것도 없고, 어쩌면 성종조(1469~1494)의 전반기까지 화원으로 활동을 했으리라고 추측된다. 그러나 아들 안소희가 등제했던 1478년 이전에 화원의 직책은 물러났을 것으로 보인다. 또한 안견이 만약 앞에서 필자가 추정한 것처럼 1400년을 전후해서 태어났다면 아들이 등제했을 때에는 70대 후반이 된다.

그런데 안견이 안평대군 및 그 주변 인물들이 크게 희생되었던 계유정란의 화를 어떻게 피했는가가 그의 생애를 이해하는 데에 대단히 중요하다고 볼 수 있다. 왜냐하면 안평대군이 죽은 이후에 안견은 몰락했거나 비참한 생활을 했으리라는 견해가 있었지만[98] 그와는 반대로 안견은 안전하게 목숨을 부지했을 뿐만 아니라 아들을 출세시킬 수 있을 정도로 무난하거나 영예로운 생을 누렸을 것으로 믿어진다. 그럴 수 있었던 것은 그가 계유정란을 피할 수 있었기 때문이다. 어떻게 안평대군과의 친교에도 불구하고 피할 수 있었을까? 이 궁금증은 윤휴(1617~1680)의 『백호전서(白湖全書)』에 의해 풀린다. 그 내용은 다음과 같다.

> 권성중(權聖中)이 그 집에 오랫동안 소장해 온 〈산수도〉 여덟 폭을 나에게 보여 주었는데 그것은 우리나라(조선왕조) 안견이 그린 것이다. 안견은 묵묘(墨妙)로써 우리나라에서 이름을 떨치던 사람으로서 특히 산수화에 뛰어났었다고 한다. 나는 그림을 모르지만 안견의 사람됨에 대하여는 일찍이 약간 들은 바 있는데 그 그림이 가애롭다는 것만은 아니다.
>
> 세조의 계유정란을 당하여 안평대군은 공자의 귀한 몸으로서, 문화(文華)를 크게 아끼고 한묵(閑墨)을 스스로 좋아하며 당대의 명류들과 널리 교유하여, 사람들은 그를 우러러 흠앙하고 부러워하며 뜻을 주지 않은 이가 없었다. 안견도 역시 화기(畵技) 때문에 부름을 받았는데, 그는 정말로 뛰어난 화가라서 안평대군이 특히 그를 아껴 잠시도 그 집 문 밖을 떠나지 못하게 하였다. 안견은 때가 위험스러움을 알고 스스로 안평대군으로부터 벗어나려 했으나 그럴 수가 없었다.

그러던 어느 날 안평대군이 북경(北京)의 저자에서 용매먹(龍煤墨丸)을 구입하였기로 안견을 급히 불러 그 먹을 적셔 그림을 그리게 하였다. 마침 안평대군이 일어나 안에 들어갔다가 돌아와 보니 그 용매먹이 간 곳 없었다. 안평대군이 종과 시비들을 다그치니 계집종들은 스스로 변명하며 안견에게 혐의를 두는 것이었다. 안견이 일어나 소매를 떨치며 스스로 밝히려 하였으나 먹이 홀연히 그의 품속에서 떨어지고 말았다. 안평대군이 별안간 노하여 그를 꾸짖어 내쫓고 다시는 집 근처에 얼씬도 못하게 하였다. 안견은 아무 말도 안 하고 묵묵히 있다가 달아나 물러간 후 집에 돌아가 숨어서 스스로 나타나지 않았다. 이 일이 드디어 떠들썩하게 일세에 전하여졌더니 조금 있다가 안평대군이 큰 화를 만나서 그의 집에 드나들던 사람들도 연루되어 죽지 않은 사람이 없었다. 안견만이 홀로 그 화를 모면하게 되었던 것이니 사람들이 비로소 이를 기이하게 여기게 되었다.

아! 덕을 품고도 행실은 더러워 스스로 세리(勢利)의 화섬(禍剡)을 면하였구나. 이것은 고인(古人)들도 하기 어려운 것인데 안견이 홀로 능히 하였다. 이것이 어찌 또한 일의 낌새를 알아차리고 괴이하게 홀로 행한 선비가 아니겠는가. 이러한 일을 내가 들으니 아마도 안견은 비단 그림에 대한 재주만 있었던 사람이 아니라 또한 높은 식견과 멀리 미치는 생각과 가볍게 볼 수 없는 뜻이 있었던 모양이다. 특히 이것으로써 이 세상에 놀고 그 예술에 몸담았던 것인지, 이것을 가히 알 수 없도다. 나는 진실로 그림을 알지 못하나 이 그림을 보니 그 수석(水石)이 푸르고 멀며 풍연(風煙)이 잔잔하고 희미하여 비록 간일(簡逸)하고 소탕(疎蕩)하지만 돌아보건대 스스로 사람들이 쉽게 엿볼 수 없는 것이 있으니 어찌 또한 그림의 형상도 그 그린 사람이 그러한 때문일까. 이것을 기록하여 여러 호사가들에게 전하는 바이다. 하촌(夏村)의 병우(病寓)에서 쓰다.[99]

이 기록은 비록 안견이 활동했던 시대보다 약 2세기 뒤의 것이지만 당시에 구전되고 있던 것을 적은 것으로 믿어진다. 단순히 꾸며진 이야기로만 보기에는 그 내용이 매우 구체적이고 짜임새가 있어서 신빙성이 강하게 느껴진다. 이 기록으로 보면 안견은 그림에만 뛰어났던 것이 아니라 세상을 내다보고 판단하는 식견을 지녔고 머리가 명석하고 두뇌의 회전이 빨랐던 것으로 판단된다. 이러한 기지와 빠른 판단이 자신을 계유정란에서 구하고 오래도록 영화를 누릴 수 있게 했던 것으로 보인다. 안견이 이처럼 머리가 좋고 기지가 뛰어났음은 뒤에서 보듯이 〈몽유도원도〉의 묘사에서도 엿보인다. 『백호전서』의 기록에서 또 한 가지 크게 유념되는 것은 안견이 그 일이 있기 전까지 안평대군과 얼마나 가까웠나 하는 것을 잘 묘사하고 있는 점이다. 이것을 통하여 안견은 안평대군의 후원에 힘입어 더욱 대성할 수 있었음을 엿볼 수 있다.

2) 충남 서산과의 관계

안견의 가계나 출신 배경은 그가 신분이 낮은 화원 출신이었고 그에 관한 기록이 엉성하기 때문에 그것에 관해 구체적으로 밝히는 것은 기대하기 어렵다. 그에게 안소희라는 아들이 있었다는 사실도 앞에서 본 것처럼 감찰 보직에 대한 논란이 일어났던 덕택에 밝혀지게 된 것이다. 그 말썽이 나지 않았다면 안소희가 안견의 아들이라는 것도 알 수 없었을 것이고 또한 안견의 활동 연대나 생애에 대한 우리의 이해의 폭도 더욱 제한되었을 것이다.

안견의 출신 배경과 관련하여 주목이 되는 것은 그가 지곡인(池谷人), 즉 본관이나 출신지가 지곡(池谷)인 안씨였다는 점이다. '지곡(池

谷)'은 〈몽유도원도〉의 관서(款署)에도 보이고 뒤에 소개할 일부 문헌과 전칭작품(傳稱作品)들에도 나타나 있다. 그런데 지곡(池谷)이 어디인가의 문제에 대해서, 일찍이 고유섭(高裕燮) 선생은 지곡은 곧 충청남도 서산의 지곡(地谷)일 것으로 추측한 바 있다.[100] 이 추측은 매우 타당한 것으로 믿어진다. 지곡(池谷)과 지곡(地谷)은 결국 같은 곳이라고 보아야 할 것 같다. 왜냐하면 '池'와 '地'는 발음이 같아서 서로 바뀌어 쓰일 수 있고, 지명관계 기록에 안씨와 관련되어 지곡(地谷)은 나와도 지곡(池谷)은 보이지 않기 때문이다.

1987년 9월 15일 서산의 향토사 연구자인 이은우(李殷佑) 씨에 의하여 『호산록(湖山錄)』이 발견되었는 바, 1619년에 서산 사람인 한여현(韓汝賢)에 의하여 쓰여진 이 문집(文集)에는 안견을 '본읍지곡인(本邑地谷人)'이라고 못박아 기록한 것이 보여 안견이 서산 출신일 가능성을 더욱 크게 하였다.[101] 특히 그냥 '지곡인(地谷人)'이라고 통상적인 관례에 따라서 적지 않고 그 앞에 '본읍(本邑)'이라는 말을 덧붙여 강조한 것은 한여현이 자신의 고장인 서산의 지곡을 안견의 고향으로 강조한 것으로 추정된다. 어쨌든 한여현의 문집에 실린 안견에 관한 이 기록의 대부분은 신숙주(申叔舟)의 『보한재집(保閑齋集)』의 「화기(畵記)」에 나오는 안견 기록과 똑같아서 그것을 베껴 쓴 것이 분명하나 안견의 출신지에 관한 언급은 『호산록』의 지리지적(地理志的)인 성격으로 보아 신빙성이 높다고 믿어진다.[102]

지곡(地谷)이라는 지명은 현재도 충남 서산군 지곡면에 남아 있다. 그런데 『신증동국여지승람(新增東國輿地勝覽)』의 충청도 서산군에 관한 기록을 보면, 성씨(姓氏)를 언급한 부분에 '(地谷) 安李文'이라 되어 있어 지곡(地谷)에 그곳을 본관으로 한 안씨 · 이씨 · 문씨의 삼성(三姓)이 있었음을 알 수 있다.[103] 이와 같은 내용의 기록은 「세종실록」의 「지리지(地理志)」에도 보인다. 이곳에는 '地谷姓三 安李文'이라 되어 있다.[104] 즉 '지곡에는 성이 셋이 있는데 안씨 · 이씨 · 문씨이다.'라고 적혀 있는 것이다. 또한 『증보문헌비고(增補文獻備考)』 권49의 「제계고십(帝系考十)」에도 순흥(順興), 광주(廣州), 죽산(竹山) 등의 대성(大姓) 안씨들에 이어 개성(開城) 안씨 등의 소성(小姓) 안씨들이 열거되어 있는데 이 중에 '지곡서산속현안씨(地谷瑞山屬懸安氏)'라는 기록이 보인다. 즉, 서산에 속해 있는 현(縣)인 지곡(地谷)의 안씨라는 의미가 되겠다. 이 세 가지 기록들이 똑같이 지곡(地谷) 안씨를 언급하고 있어서 조선시대에는 그곳을 본으로 하는 안씨가 있었음을 분명히 해준다. 따라서 안견은 현재의 충청남도 서산군 지곡면 출신이거나, 아니면 최소한 그곳을 본관으로 했던 인물일 것으로 믿어진다. 안씨는 본래 문헌상으로는 109본(本)이 있었던 것으로 보이나, 광주, 순흥, 죽산, 신죽산(新竹山), 탐진(耽津), 태원(太原)의 6본 이외에는 현재 알 수가 없다.[105]

그런데 지곡(地谷)은 『신증동국여지승람』의 서산군 「고적(古跡)」에 관한 기록에 의하면 이 책이 간행된 16세기에는 이미 폐현(廢縣)이 되었으며, 본래 백제시대에는 지육현(知六縣)이라고 했고, 통일신라는 이것을 고쳐 지육(地育)이라 했으며, 고려시대에 현재의 이름인 지곡(地谷)으로 바뀌어 조선시대로 이어졌던 것이 확인되고 있다.[106] 이로써 보면 이곳의 지명이 그곳을 점유하고 있던 나라와 시대에 따라 지육(知六)이 지육(地育)이 되고, 그것이 다시 지곡(地谷)으로 바뀌었음을 알 수 있다. 즉 이곳 지명의 기본 발음만 살리면서 이두식(吏讀式)으로 글자만 바뀌었던 것이다. 백제어로는 '知', '池', '地'는 모두 '뒤(後)' 또는 '북쪽'을 뜻하는 말이어서 '地'와 '池'는 흔히 바꾸어 쓸 수 있는 것이라고 한다.[107] 이 점을 감안하면 지곡(池谷)과 지곡(地谷)은 같은 곳으로 보아도 큰 잘못이 아닐 것이다. 또한 지곡(地谷)이 백제와 신라의 각축장이었음도 짐작이 된다.

이미 고인이 된 한문영(韓文影) 씨가 오래전에 충남 서산군 지곡면 사무소의 호상규(扈相圭) 씨에게 부탁하여 알아본 바에 의하면, 현재 지곡면에는 지곡(地谷) 안씨는 살고 있지 않으며, 오직 순흥 안씨들만이 살고 있고 옛날부터 지곡면 일대에는 그림을 잘 그렸던 인물이 있었다는 이야기가 지금도 구전(口傳)되어 오고 있다고 한다. 아마도 이러한 이야기로 미루어 볼 때 안견이 이곳 출신일 가능성이 있다고 생각되며 또한 지곡리에 살았던 지곡 안씨들은 어떠한 이유에서인지 순흥 안씨로 본관을 바꾼 것이 아닌가 추측된다.

이와 관련하여 특별히 주목하지 않을 수 없는 것이 근년에 서산의 안상환(安相煥) 씨에 의해 발견된 『죽계사적(竹溪事蹟)』이다. 이 책에 안견에 관한 기록이 보이기 때문이다(그림 13). 우리나라에 유학을 처음 전래한 안향(安珦, 1243~1306)과 몇몇 순흥 안씨 인물들에 관한 기록들을 모은 이 책의 편자는 표기되어 있지 않지만 봉림대군(鳳林大君, 1619~1659)의 사부였던 안응창(安應昌, ?~?)이 여러 사람의 글들을 모아 17세기 중엽에 성책했을 가능성이 높다.[108]

그런데 이 『죽계사적』에 안견에 관한 기록이 보여 주목된다. 먼저 순흥 안씨 인물들에 관한 기록들만 올라 있는 이 책에 어떻게 안견에 관한 기록이 함께 올라 있을 수 있는가. 이는 안견을 순흥 안씨로 보았기 때문에 생길 수 있는 일이다. 만약 그를 순흥 안씨가 아니라고 보았다면 이 『죽계사적』에 게재될 수가 없었을 것이다. 그렇다면 안견의 본관으로 알려진 '지곡' 안씨라는 것은 결국 '순흥' 안씨라는 얘기로 귀착된다. 아무튼 이 문집에 의거하여 보면 안견의 본관은 '순흥'이고 '지곡'은 그가 태어나 자랐던 고향을 의미하는 것으로 볼 수 있다. 이는 전혀 새로운 얘기인 것이다. 이와 관련하여 앞에서 소개한 한여현의 『호산록(湖山錄)』에서 안견을 '본읍지곡인(本邑地谷人)'이라고 단정하였고, 『죽계사적』의 안견 조에서도 마찬가지로 '본읍지곡인(本邑地谷人)'이라고 못박았다. '지'자가 '地'와 '智'로 다를 뿐 지곡 출신임을 강조함에 있어서는 차이가 없다. 그렇다면 신숙주의 『보한재집』 권14의 「화기」에 적혀 있는 '본지곡인(本池谷人)'이라는 구절도 '본디 지곡사람이다', 즉 태어나고 자란 고향이 지곡이라는 뜻으로 풀이될 수도 있을 듯하다. 그렇다면 신숙주의 『보한재집』, 한여현의 『호산록』, 안응창의 『죽계사적』 등, 이 세 가지 문집들이 한결같이 안견의 고향이 충청남도 서산군 지곡면임을 기록하였다고 볼 수 있다. 안견에게 있어서 '지곡'이란 그의 생장지, 출신지, 고향을 의미하는 것으로 보아도 무방하지 않을까 여겨진다. 그러나 그의 본관은 『죽계사적』에서 보듯이 본래는 '순흥'이었을 것으로 여겨진다. 만약 안견이 『죽계사적』의 발견자인 안상환 씨의 주장대로 본래 원종공신이자 호조판서를 역임하고 태종 16년(1416)에 노비를 사급받아 지곡에 정착했던 안우세(安遇世, 1342~?)의 손자로서 그림을 잘 그려 집안에서 쫓겨났다는 그 집안에 전해 내려오는 속설이 사실이라면 안견이 양반 가문의 명예를 지키기 위해 본래의 본관인 '순흥'을 숨기고 '지곡'을 대신 본관으로 내세웠을 가능성도 없지 않다고 여겨진다.

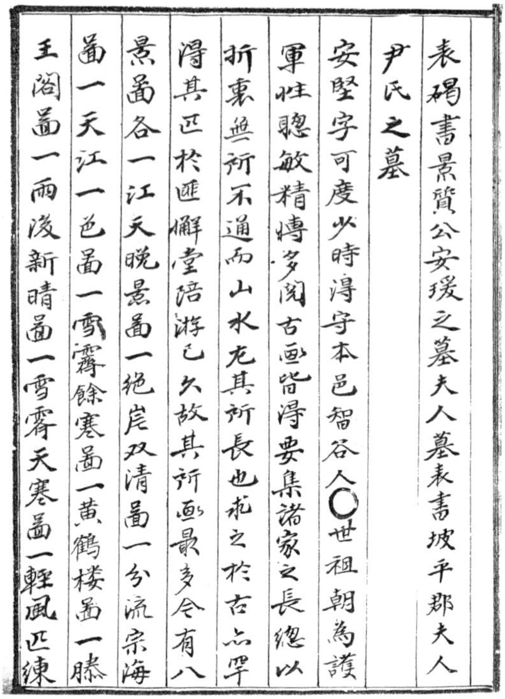
表碣書景質公安瑗之墓夫人墓表書坡平郡夫人
尹氏之墓
安堅字可度少時得守本邑智谷人○世祖朝為護
軍性聰敏精傳多閱古画皆得要集諸家之長總以
折衷無所不通而山水尤其所長也求之於古亦罕
得其匹於匪懈堂陪游已久故其所画最多今有八
景畫各一江天晩景畫一絶岸双清畫一分流宗海
畫一天江一色畫一雪霽餘寒畫一黃鶴楼畫一滕
王閣畫一雨後新晴畫一雪霽天寒畫一輕風匹練

그림 13. 안향과 몇몇 순흥 안씨 인물들에 관한 기록들을 모은 안응창의 『죽계사적竹溪事蹟』, 17세기

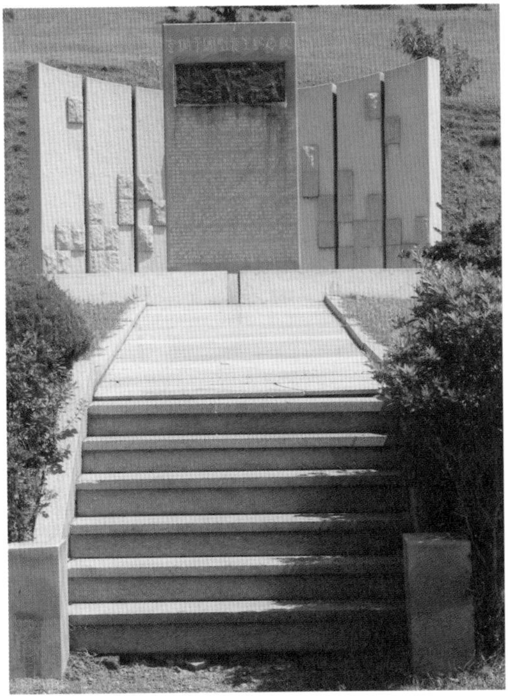

그림 14. 충청남도 서산군 지곡면에 세워진 「현동자 안견선생 기념비」 (출처: 안견기념관)

그런데 『죽계사적』에 보이는 안견에 관한 기록은 한여현의 『호산록』의 경우와 마찬가지로 신숙주의 「화기」를 토대로 압축한 것으로서 지곡을 '智谷'으로 표기하고 안견의 활동연대를 세종조가 아닌 세조조에 적은 점이 차이이다. 그리고 말미에 『호산록』과 마찬가지로 "噫, 安堅豈獨畫云哉 所謂得於胸中造化之妙者 必大有異於人而無傳於後世惜也(아, 안견은 어찌하여 혼자서만 그림을 잘했는가. 소위 가슴 속에 조화의 묘를 얻은 자는 반드시 보통 사람들과 크게 다르게 마련인데 후세에 전해지는 것이 없으니 애석하다)"라고 적혀 있어 관심을 끈다.

한편 서산군청과 서산의 안견기념사업회(安堅記念事業會, 당시의 회장 조규선 씨〔曹圭善 氏〕)는 1990년 1월 6일에 〈현동자 안견선생 기념비(玄洞子 安堅先生 紀念碑)〉(그림 14)를 서산군 지곡면에 세웠는 바 안휘준(安輝濬)이 지은 비문의 내용은 다음과 같다.

현동자 안견선생은 한국적 산수화풍을 창출한 조선시대 최대의 거장(巨匠)이자 신라의 솔거(率居), 고려의 이녕(李寧)과 함께 우리나라 회화사상(繪畫史上) 삼대가(三大家)로 손꼽히는 발군의 인물이다. 세종대왕과 안평대군의 아낌을 받으며 대성했던 선생은 이미 그의 시대에 입신(入神)한 독보적 화가로 평가되었고 동국(東國)의 고개지(顧愷之)와 오도자(吳道子)로 지칭되기도 하였다. 이 때문에 세상 사람들이 선생(先生)의 그림을 금

(金)과 옥(玉)처럼 아끼고 보존하였다고 전해진다. 선생은 호를 현동자 또는 주경이라 하였으며 자를 가도 혹은 득수라 하였다. 옛 기록들에는 선생이 지곡(池谷)사람이라고 전해지고 있는 바 지곡(池谷)은 바로 현재의 충청남도 서산군 지곡면이다. 옛 서산의 학자인 한여현이 그의 저서 『호산록』에서 안견선생을 '본읍지곡인(本邑地谷人)'이라고 못 박아 기록한 것은 현대의 우리에게 값진 전거(典據)가 된다. 안견선생은 세종조에 가장 뛰어난 화원으로 성장하였으며 그 후에도 문종, 단종, 세조, 성종 등 여러 현왕(賢王)을 섬기며 활약하였다. 도화서(圖畵署)의 선화(善畵)를 거쳐 화원으로서는 처음으로 정사품(正四品) 호군(護軍)의 벼슬에 이르렀다. 또한 선생의 아들인 소희는 성종 9년(1478)에 친시(親試) 문과에 급제하여 성균관의 전적(典籍)을 지내기도 하였다.

안견선생은 성(性)이 총민(聰敏)하고 정전(精傳)하였으며, 옛 그림을 많이 보아 그 요체(要諦)를 터득하고 여러 대가들의 좋은 점을 총합하여 자성일가(自成一家)하였다고 전해진다. 선생은 산수화에 특히 뛰어났으나 그밖에 초상(肖像), 화훼(花卉), 노안(蘆雁), 누각(樓閣), 말(馬), 의장(儀仗) 등에 이르기까지 폭넓게 그렸으니 선생의 기량(技倆)이 광범하게 미쳤으며 조야(朝野)의 요청(要請)이 다대(多大)하였음을 알겠다.

선생은 〈청산백운도(靑山白雲圖)〉를 비롯한 수많은 득의작(得意作)을 창출하였으나 오늘날에는 오직 〈몽유도원도〉만이 일본 텐리대학교(天理大學校) 중앙도서관에 전해지고 있을 뿐이다. 〈몽유도원도〉는 안평대군이 꿈에 본 도원의 세계를 그린 것으로 세종 29년(1447) 4월 20일에 착수하여 3일 만에 완성을 본 작품이다.

이 작품은 안견선생의 그림과 함께 안평대군의 발문(跋文), 고득종(高得宗), 강석덕(姜碩德), 정인지(鄭麟趾), 박연(朴堧), 김종서(金宗瑞), 이적(李迹), 최항(崔恒), 신숙주(申叔舟), 이개(李塏), 하연(河演), 송처관(宋處寬),

김담(金淡), 박팽년(朴彭年), 윤자운(尹子雲), 이예(李芮), 이현로(李賢老), 서거정(徐居正), 성삼문(成三問), 김수온(金守溫), 석만우(釋卍雨), 최수(崔脩) 등 혜성같은 당대 명사(名士)들의 시문(詩文)들이 각기 자필(自筆)로 쓰여져 있어 시서화 삼절(三絶)을 이룬 기념비적 걸작(傑作)이다.

안견선생의 예명(藝名)은 자자하여 당대(當代)는 물론 후대(後代)의 수많은 화가들에게도 감화를 주었다. 석경(石敬), 양팽손(梁彭孫), 신사임당(申師任堂), 정세광(鄭世光), 이정근(李正根), 이흥효(李興孝), 윤의립(尹毅立), 이징(李澄), 김명국(金明國) 등을 비롯한 수다한 사대부화가(士大夫畵家)와 화원들이 선생의 화풍(畵風)을 다투어 추종하였다. 이러한 거장이 우리나라에서 배출되었음은 더없이 자랑스러운 일이며 그 위업을 기리는 기념비가 뜻있는 후인들에 의하여 서산군 지곡에 세워지게 됨은 비록 만시지탄(晩時之歎)의 감(感)은 있으나 지극히 다행스러운 일이 아닐 수 없다. 이제 이 현창사업(顯彰事業)을 계기로 하여 선생의 위업이 더욱 널리 이해되고 빛을 발하여 훌륭한 새 문화를 일구어 가는 데 큰 보탬이 될 것을 기대하여 마지않는다.

비문은 서울대학교 교수 안휘준이 짓고 국전초대작가(國展招待作家) 황석봉(黃晳捧)이 썼으며, 조각은 차상권(車相權) 초대작가(招待作家)가 제작하였다. 서산군수(瑞山郡守) 박융화(朴隆和)가 안견선생의 위업을 기리고 전통문화의 계승발전을 도모하기 위하여 군민(郡民)과 뜻있는 분들의 정성을 모아 이 기념비를 세운다.

3) 정4품의 화원

안견이 어떻게 해서 화원이 되었으며 또 누구에게서 그림 수업을 받았는지도 전혀 알려져 있지 않다. 오직 안견의 실력과 성향에 관해서만 기록들에 언급이 되어 있을 뿐이다. 화가로서의 안견에 관해서 언급한 대표적인 기록은 앞에서 언급한 신숙주의 『보한재집』 권14의 「화기」, 성현의 『용재총화』, 김안로(金安老)의 『용천담적기(龍泉談寂記)』 등이다. 우선, 안평대군과는 물론 안견과도 친분이 있었을 것이 분명한 신숙주의 「화기」에 적힌 기록이 주목된다. 이 「화기」는 안평대군의 소장품에 관해서 적은 것인데 그 중에서 안견에 관한 기록은 다음과 같다.

우리 조정에는 (유명한 화가) 한 사람이 있는데 안견이라 한다. 자를 가도(可度), 소자(小字)는 득수(得守)이며 본래 지곡(池谷) 사람이다. 지금은 호군(護軍)이 되었다. 성이 총민하고 정박(精博)하며 옛 그림을 많이 보아 그 요체를 모두 얻고 여러 대가들의 좋은 점을 모아 총합하고 절충하였다. 못 그리는 것이 없었지만 산수화가 특히 그가 잘 그리는 분야였다. 옛것으로부터 빌었지만 그와 필적할 만한 사람은 얻기 어렵다. 비해당(안평대군)에 배유(陪遊)한 지 이미 오래되었으므로 (안평대군 소장에) 그의 그림이 가장 많다. 지금 (그 소장품 중에) 〈팔경도(八景圖)〉 각기 1점씩, 〈강천만색도(江天晩色圖)〉 1점, 〈절안쌍청도(絶岸雙清圖)〉 1점, 〈분류종해도(奔流宗海圖)〉 1점, 〈강천일색도(江天一色圖)〉 1점, 〈설제천한도(雪霽天寒圖)〉 1점, 〈황학루(黃鶴樓)〉 1점, 〈등왕각(滕王閣)〉 1점, 〈우후신청도(雨後新晴圖)〉 1점, 〈설제여한도(雪霽餘寒圖)〉 1점, 〈경람필련도(輕嵐匹練圖)〉 1점, 〈제설포어도(霽雪鋪漁圖)〉 1점, 〈수국경람도(水國輕嵐圖)〉 1점, 〈강향원취도(江鄕遠翠圖)〉 1점, 〈기속생화도(起粟生花圖)〉 1점, 〈춘운출곡도(春雲出谷圖)〉 1점, 〈유운만학도(幽雲滿壑圖)〉 1점, 〈광풍급우도(狂風急雨圖)〉 1점, 〈규룡반주도(虯龍反走圖)〉 1점, 〈장림세로도(長林細路圖)〉 1점, 〈은하도괘도(銀河倒掛圖)〉 1점, 〈절벽도(絶壁圖)〉 1점, 〈묵매죽(墨梅竹)〉 1점, 〈수묵백운도

(水墨白雲圖)〉 1점, 〈산수도〉 2점, 〈노안도(蘆雁圖)〉 1점, 〈화목도(花木圖)〉 2점, 〈장송도(長松圖)〉 1점이 있다.[109]

이 「화기」의 끝에는 '정통을축맹추상한유일(正統乙丑孟秋上澣有日)'의 연기가 적혀 있어 1445년, 그러니까 〈몽유도원도〉가 제작되기 2년 전에 쓰여졌음을 알 수 있다. 이 기록에서 우리는 다음과 같은 중요한 사실들을 확인할 수 있다.

① 1445년 당시에 안견이 이미 정4품인 호군이 되어 있었다.
② 사람됨이 총민하고 정박했다.
③ 옛날 그림들을 많이 보고 공부해서 좋은 점을 취하고 절충하여 자기 화풍을 이룩했다.
④ 1445년 당시에 벌써 필적할 만한 사람이 없는 산수화의 일인자(一人者)가 되어 있었다.
⑤ 안평대군을 배유한 지가 1445년 당시에 이미 오래되었다.
⑥ 산수화를 주로 그렸지만 못 그리는 것이 없었고, 당시에 이미 30점의 작품이 안평대군 소장품 속에 들어가 있었으며, 여기에는 산수화 이외에 묵죽 · 묵매 · 장송 · 노안도 등도 포함되어 있었다.

이처럼 안견은 1445년 훨씬 이전부터 안평대군을 배종하게 되었음을 알 수 있으나 그것이 언제부터인지는 분명치 않다. 안견이 안평대군의 25세 때의 초상화를 그렸던 것이 두 사람의 관계를 말해 주는 사례 중에서 현재까지 알려진 바로는 제일 오래된 것이다.[110] 그러므로 안견은 늦어도 안평대군이 25세(만 24세)였던 1442년에는 벌써 배유하게 되었음이 분명하다. 이 〈비해당이십오세진(匪懈堂二十五歲

眞)〉을 그린 뒤 5년 만에 〈몽유도원도〉를 그렸던 것이다.

안견은 본래 도화원(圖畫院)의 종6품직인 선화(善畵)였으나 그 후 정4품인 호군으로 승직이 되었던 것인데 그것이 언제 된 것인지는 확실치 않다. 다만 이 「화기」의 '금위호군(今爲護軍)'이라는 기록에 의해 이것이 쓰여진 1445년 이전이었던 것만은 분명하다. 안견이 만약 앞에서 추정한 바와 같이 1400년경을 전후해서 태어났다고 본다면 그는 40대에 화원으로서는 최고의 출세를 하였다고 볼 수 있다. 호군 벼슬은 물론 도화원의 직책이 아닌 서반체아직(西班遞兒職)이었을 것이지만 화원이 정4품까지 올라간 것은 조선왕조가 건국된 이후 최초의 일인 것이다. 물론 안견 이후에도 최경(崔涇)과 안귀생(安貴生)이 이미 살펴보았듯이 당상관(堂上官)에 제수되었다가 취소된 일이 있지만 안견이 이들보다 앞서 6품의 한계를 처음으로 벗어났던 것은 틀림없는 사실이다. 이것은 안견이 당시 조정에서 얼마나 높이 평가되고 아낌을 받았는지를 말해 주는 좋은 증거라 하겠다. 안견이 총민하고 정박하며 여러 대가들의 좋은 점을 따서 총합하고 절충했다는 점은 앞에서 살펴본 문헌들 이외에도 〈몽유도원도〉의 화풍상의 여러 가지 특징들에 의해서도 입증이 된다. 이 점에 관해서는 뒤에 〈몽유도원도〉를 고찰하면서 좀더 구체적으로 소개하고자 한다.

4) 청산백운도

「화기」에 이어 안견에 관한 기록으로 관심을 끄는 것은 성현의 『용재총화』에 적힌 다음과 같은 내용이다.

본조(本朝)에 이르러 고인(顧仁)이라는 사람이 있었는데 중국으로부터

왔고 인물을 잘 그렸다. 그 후 안견과 최경이 이름을 같이하였다. 안견은 산수에, 최경은 인물에 모두 신묘(神妙)한 경지에 들어섰다. 요즘 사람들이 안견의 그림을 금과 옥처럼 아끼고 보존한다. 승지가 되어 궁궐에 소장되어 있는 〈청산백운도〉를 보았는데 진실로 더 없는 보배이다. 안견이 늘 말하기를 "평생의 정력이 이것에 있다."고 하였다 한다. 최경도 만년에 역시 산수와 고목(古木)을 그렸지만 당연히 안견에게는 양보해야 할 것이다.[111)]

이 기록에 보이는 고인(顧仁)에 관해서는 더 이상 알아볼 길이 없으나 안견보다 연대가 올라가는 인물이었음은 확실하다. 최경은 도화원의 안견 후배격이 되지만 두 사람이 각기 산수와 인물에서 이름을 날렸음을 알 수 있다. 그리고 안견의 작품이 얼마나 높이 평가되고 애호를 받았는지도 분명하다. 이 밖에 〈청산백운도〉는 중국에서는 물론 우리나라에서도 고려시대부터 조선시대에 걸쳐 종종 그려졌다.[112)]

〈청산백운도〉와 관련하여 관심을 끄는 기록이 「성종실록」에 보여 흥미를 끈다. 즉, 성종 10년(1479) 2월에 왕실 소장품 중에서 〈설경도(雪景圖)〉와 〈청산백운도〉를 꺼내어 신하들로 하여금 시를 짓게 하였던 것이다.[113)] 특히 〈청산백운도〉에 관해서는 승정원(承政院)과 홍문관(弘文館)에 명하여 율시(律詩)를 짓게 하였는데 이 시문의 내용이 안견의 화풍과 관계가 깊게 느껴져 관심을 끈다. 그 중에서도 "가히 양공〔良工, 훌륭한 화공(畵工)〕의 모사 교묘한데, 누가 이경(異景, 신비한 경지) 옮겨 그리기가 어렵다 했나."라고 읊은 구절이나 "비부(秘府)에 신품(神品)이 전한다고 들은 지 오래되었네."라고 한 구절 등은[114)] 이 〈청산백운도〉가 바로 안견이 평생의 정력을 기울였다고 했던 그 작품일 가능성이 높음을 말해 준다. 성현의 형인 성임(成任, 1421~

1484)이 성종의 명을 받아 그 위에 시문을 썼던 것도 관심을 끈다. 이때 내놓았던 〈설경도〉도 안견 작품이었을 것으로 추측된다. 이 밖에 안견의 〈청산백운도〉에 관해서는 남아 있는 작품도 없고 다른 문헌에서 찾아볼 것도 없어서 더 이상 구체적인 얘기를 하기가 어렵다.

안견에 관한 기록으로서 또한 흥미를 끄는 것은 김안로(金安老)의 『용천담적기(龍泉談寂記)』이다.

> 본조(本朝)의 안견은 자가 가도, 소자가 득수였고 지곡인(池谷人)이었다. 옛 그림을 널리 보고 그 용의(用意)한 깊은 곳을 얻어, 곽희식으로 그리면 곽희가 되고, 이필(李弼)식으로 그리면 이필이 되었으며, 유융(劉融)이나 마원(馬遠)도 마찬가지였다. 뜻대로 못 그리는 것이 없었지만 산수를 가장 잘하였다.[115)]

신숙주와 성현의 기록들을 많이 참조한 느낌을 주지만 안견의 화풍이 곽희, 이필, 유융, 마원 등과 관계가 있었던 것처럼 서술하고 있어 흥미롭다. 〈몽유도원도〉와 그 외에 안견의 전칭작품들에서 볼 수 있는 바와 같이 안견이 곽희의 화풍을 많이 참조했던 것은 분명하다. 〈사시팔경도(四時八景圖)〉(그림 Ⅶ~ⅩⅣ)를 비롯한 전칭작들의 토파묘법(土坡描法)과 넓은 공간개념(空間槪念) 등에 마하파〔馬夏派, 마원 · 하규(馬遠 · 夏珪)〕의 영향이 감지되고 있는 점도 어느 정도 수긍이 간다. 그러나 이필이나 유융은 원대(元代)에 활동했던 화가들로 그들의 작품은 안평대군 소장품 속에도 들어 있었으나 화풍에 관해서는 구체적으로 알 수 없다. 즉, 앞에서도 언급한 신숙주가 쓴 안평대군 관계의 「화기」에 다음과 같이 적혀 있다.

백희(伯熙, 유융)는 필세가 호건(豪建)하고 기암(奇巖)과 노수(老樹)를 잘 그렸는데(안평대군의 소장품 속에는) 지금 〈강정설제도(江亭雪霽圖)〉 1점, 〈장림설만도(長林雪滿圖)〉 1점, 〈춘효연람도(春曉烟嵐圖)〉 1점, 〈장강도(長江圖)〉 1점이 있다. 이필은 필세가 꼼꼼하며 누각인물(樓閣人物)에 뛰어났는데 현재 〈등왕각도(滕王閣圖)〉 1점, 〈화청궁도(華淸宮圖)〉 1점, 〈소상팔경도(瀟湘八景圖)〉 각각 1점씩, 〈이십사효도(二十四孝圖)〉 12점, 〈고목도(古木圖)〉 1점, 〈현애준각도(懸崖峻閣圖)〉 1점이 있다.[116]

이처럼 유융과 이필의 작품은 당시 우리나라에서 인기가 있었고 또 여러 폭의 작품들이 안평대군 컬렉션 속에 수집되어 있었던 것을 알 수 있다. 안견과 안평대군의 긴밀한 관계, 안견이 고화(古畵)를 널리 보았던 사실 등을 염두에 두면 안견이 안평대군의 이 소장품들을 보아 잘 알고 있었고, 어쩌면 자신의 화풍 창출에 원용했을지도 모른다는 생각이 쉽게 든다. 그러므로 김안로의 상기한 기록이 전혀 근거 없거나 단순히 열거를 하기 위한 문투 때문이었으리라고만 보기는 어려운 측면이 있다. 안견이 여러 대가들의 좋은 점을 취하고 자기식으로 재창출하는 과정에서 유융과 이필도 참고가 되었을 가능성이 높다고 추측될 뿐이다.

5) 시와의 만남

안견은 그의 작품목록에서도 짐작이 되듯이 많은 작품을 남겼으리라고 믿어진다(표 2. 안견 작품목록 참조). 이 목록에 실려 있는 작품들은 이런저런 문헌에 나타나는 것이고, 보다 많은 숫자의 작품들은 기록에 오르지 못한 채 인멸되었으리라고 생각된다. 또한 안견보다 후대

표 2. 안견 작품목록

제작 연월일	제 목	비 고
1442.	〈비해당이십오세진(匪懈堂二十五歲眞)〉	『보한재집(保閑齋集)』 권16
1442. 8.	〈소상팔경도(瀟湘八景圖)〉	『보한재집』 권10, 『비해당소상팔경시첩』(문화재청, 2008)
1443. 4.	〈이사마산수도(李司馬山水圖)〉	「삼절시서(三絶詩序)」(『육선생유고(六先生遺稿)』 권1)
1445 이전(以前)	〈팔경도(八景圖)〉	「화기」(『보한재집』 권14)
1445 이전	〈강천만색도(江天晩色圖)〉	「화기」(『보한재집』 권14)
1445 이전	〈절안쌍청도(絶岸雙淸圖)〉	「화기」(『보한재집』 권14)
1445 이전	〈분류종해도(奔流宗海圖)〉	「화기」(『보한재집』 권14)
1445 이전	〈강천일색도(江天一色圖)〉	「화기」(『보한재집』 권14)
1445 이전	〈설제천한도(雪霽天寒圖)〉	「화기」(『보한재집』 권14)
1445 이전	〈황학루(黃鶴樓)〉	「화기」(『보한재집』 권14)
1445 이전	〈등왕각(滕王閣)〉	「화기」(『보한재집』 권14)
1445 이전	〈우후신청도(雨後新晴圖)〉	「화기」(『보한재집』 권14)
1445 이전	〈설제여한도(雪霽餘寒圖)〉	「화기」(『보한재집』 권14)
1445 이전	〈경람필련도(輕嵐匹練圖)〉	「화기」(『보한재집』 권14)
1445 이전	〈제설포어도(霽雪鋪漁圖)〉	「화기」(『보한재집』 권14)
1445 이전	〈일수도(一水圖)〉	「화기」(『보한재집』 권14)
1445 이전	〈경람도(輕嵐圖)〉	「화기」(『보한재집』 권14)
1445 이전	〈강향원취도(江鄕遠翠圖)〉	「화기」(『보한재집』 권14)
1445 이전	〈기속생화도(起粟生花圖)〉	「화기」(『보한재집』 권14)
1445 이전	〈춘운출곡도(春雲出谷圖)〉	「화기」(『보한재집』 권14)
1445 이전	〈유운만학도(幽雲滿壑圖)〉	「화기」(『보한재집』 권14)
1445 이전	〈광풍급우도(狂風急雨圖)〉	「화기」(『보한재집』 권14)
1445 이전	〈규룡반주도(虯龍反走圖)〉	「화기」(『보한재집』 권14)
1445 이전	〈장림세로도(長林細路圖)〉	「화기」(『보한재집』 권14)
1445 이전	〈은하도괘도(銀河倒掛圖)〉	「화기」(『보한재집』 권14)
1445 이전	〈절벽도(絶壁圖)〉	「화기」(『보한재집』 권14)
1445 이전	〈묵매죽(墨梅竹)〉	「화기」(『보한재집』 권14)
1445 이전	〈수묵백운도(水墨白雲圖)〉	「화기」(『보한재집』 권14)
1445 이전	〈산수도(山水圖)〉 2점	「화기」(『보한재집』 권14)
1445 이전	〈노안도(蘆雁圖)〉	「화기」(『보한재집』 권14)
1445 이전	〈화목도(花木圖)〉	「화기」(『보한재집』 권14)

제작 연월일	제 목	비 고
1445 이전	〈장송도(長松圖)〉	「화기」(『보한재집』 권14)
1446 겨울(冬)	〈팔준도(八駿圖)〉	「박선생유고(朴先生遺稿)」(『육선생유고』 제1책)
1447 이전	〈임강완월도(臨江翫月圖)〉	『보한재집』 권15
1447.	〈팔준도(八駿圖)〉	「박선생유고」(『육선생유고』 제1책)
1447. 4. 23	〈몽유도원도(夢遊桃源圖)〉	天理大學 중앙도서관 소장
1448. 3. 25	〈대소가의장도(大小駕儀仗圖)〉	「세종실록」 권119
1448. 3. 25	〈동궁의장도(東宮儀仗圖)〉	「세종실록」 권119
1464. 5.	〈묵죽도(墨竹圖)〉	『진휘속고(震彙續攷)』·「세조실록」 권33
제작연대 미상	〈청산백운도(青山白雲圖)〉	『보한재집』〔신숙주(申叔舟)〕, 『용재총화』〔성현(成俔)〕
제작연대 미상	〈산수도(山水圖)〉 (8폭)	『사가집(四佳集)』〔서거정(徐居正)〕
제작연대 미상	〈산수도(山水圖)〉〔도쿄(冬景)〕	『사가집』(서거정)
제작연대 미상	〈만학쟁류도(萬壑爭流圖)〉	『사가집』(서거정)
제작연대 미상	〈목도(木圖)〉	『사가집』(서거정)
제작연대 미상	〈추학창연도(秋壑蒼烟圖)〉	『진산세고(晋山世稿)』· 중면(仲冕) 詩, 인재(仁齋) 書
제작연대 미상	〈수묵삼매족(水墨三昧簇)〉	『점필재집(佔畢齋集)』〔김종직(金宗直)〕, 이국이(李國耳) 所藏
제작연대 미상	〈산수도(山水圖)〉〔첩(帖)〕	『퇴계문집속집(退溪文集續集)』〔이황(李滉)〕
제작연대 미상	10폭 단병(十幅 短屛)	『남명집(南冥集)』〔조식(曹植)〕
제작연대 미상	〈산수도(山水圖)〉 소폭(小幅)	『간이당집(簡易堂集)』〔최립(崔岦)〕
제작연대 미상	〈산수도(山水圖)〉〔사시팔경(四時八景)〕	『기언(記言)』〔허목(許穆)〕, 권지부(權地部) 소장
제작연대 미상	〈산수도(山水圖)〉	『기언』(허목), 낭선군(朗善君) 所藏
제작연대 미상	〈설경도(雪景圖)〉	『호음집(湖陰集)』〔정사룡(鄭士龍)〕
제작연대 미상	〈산수도(山水圖)〉	『급고유고(汲古遺稿)』〔이홍남(李洪男)〕
제작연대 미상	〈해청도(海靑圖)〉	『관포집(灌圃集)』〔어득강(魚得江)〕
제작연대 미상	〈경작도(耕作圖)〉 (3폭)	『고화비고(古畵備考)』〔아사오카 고테이(朝岡興禎)〕

의 문헌에 실린 것들은 진작(眞作) 여부에 대한 확증을 얻을 수 없으므로 그냥 믿는 수밖에 없다.

기록에 보이는 안견의 작품을 약간 소개하여 세종조 당시의 분위기와 풍류를 잠시 느껴 보고자 한다. 이곳에 소개하는 작품들은 기록에만 실려 있고 실제로 전해지지는 않지만 시서화가 어울리고, 또 안견과 안평대군 및 세종조의 학자들이 함께 참여한 사례이기 때문에 중요하다고 믿어진다.

이러한 예로 먼저 주목되는 것은 〈이사마산수도(李司馬山水圖)〉이다. 이 작품은, 정통(正統) 8년(1443) 음력 4월 세종대왕의 명으로 두자미〔杜子美, (甫)〕의 시들을 모아 시취산(時鷲山)에서 주해하게 했을 때 제작된 것이다. 이 때 여섯 사람이 그것을 위한 속관(屬官)이 되었는데 안평대군이 이 일을 총괄하였다. 이 경위에 대하여 박팽년은 「삼절시서(三絶詩序)」라는 글에서 다음과 같이 설명하고 있다.[117)]

(이 때) 어느날 비해당(안평대군)이 화사(畵師) 안견에게 명하여 〈이사마산수도〉를 그리게 하고, 왼편에 그 시(두보의 시)를 손수 써 넣어서 승지공(丞旨公, 강석덕으로 판단됨)에게 주었는데 공(公)은 이를 보배처럼 아꼈다. 장차 가시(歌詩)로써 이를 꾸미고자 나(박팽년)에게 그 실마리를 적도록 위촉하였다. 내가 이 그림을 보니 진실로 옛날의 소위 삼절(三絶)이로다. …… 안견은 그림을 그렸고, 자미(子美, 두보)는 시를 지었으며 비해당은 또한 글씨를 썼다. 대저 자미는 시에 있어서의 천자(天子)로 그의 시는 더불어 견주고 가릴 것이 없고, 비해당의 글씨는 왕우군〔王右軍, 희지(羲之)〕의 필법을 얻어 용이 천문(天門)으로 뛰어오르는 듯, 호랑이가 봉각(鳳閣)에 누워 있는 듯 양소(羊蕭) 이하는 이빨 사이에 두기에도 부족하다. 안견은 역시 이 시대의 그림에 묘한 사람으로 그 높게 이는 물결과 험준한 산의 모습, 연운(煙雲)이 넓고 깊은 모양 등 가히 입신(入神)했다고 할 만하다. …… 그런즉 이 그림은 여러 아름다움을 모아 하나로 합쳐 놓은 고금의 묘절(妙絶)한 것이다.

즉, 옛날 두보의 시에 당시 안평대군의 글씨와 안견의 그림이 한데 어우러진 작품이 이루어진 것이다. 이처럼 시서화의 세 가지 예술이 삼절을 이루게 하는 행위가 세종조에는 안평대군을 중심으로 하고 안견과 기타 학자들의 동참하에 종종 이루어졌던 것이다. 앞으로 검토할 〈몽유도원도〉도 이와 유사한 배경하에서 이루어진 것이다.

〈이사마산수도〉와 대비할 만한 예로는 〈임강완월도(臨江翫月圖)〉를 들 수 있다. 〈임강완월도〉는 세종대왕이 양화도변(楊花渡邊)에 있던 희우정(喜雨亭)에 가행(駕幸)했을 때 안평대군이 성삼문, 임광준(任光濬) 등과 더불어 강가에 앉아 술을 마시면서 달을 감상했을 때 이루어진 것이다. 이 때 동궁(東宮, 후의 문종)이 동정귤(洞庭橘)을 한 소반 하사하였는데 소반 안에 시구(詩句)가 있어 모두 시를 지어 바치게 하였다. 이 일을 안평대군이 쓰고 안견이 그림으로 그렸는데 명사들이 이어서 시를 지은 사람이 심히 많았다. 이 그림에 관해서는 신숙주가 '성수찬삼문임강완월도시서(成修撰三問臨江翫月圖詩序)'라는 글에서 비교적 실감나게 묘사하였다. 그 중의 일부를 풀어서 적어 보면 다음과 같다.[118]

> 정통(正統) 정묘년(丁卯年, 1447) 중하(仲夏, 음력 5월) 기망(旣望, 음력 16일)에 창녕 근보씨(성삼문, 1418~1456)가 소매에서 두루마리 하나를 꺼내서 나에게 보여주었는데 그 앞의 부분에 그림이 있었다. …… 내가 자세히 보니 산은 높고 물은 조용한데 밝은 달이 높이 걸려 있고 고인(高人)이 손님을 맞이하고 있다. 강에 임하여 두 손님이 앉아 막 술잔을 들어 달을 가리키고 있다. 기러기 떼가 있어 서북쪽을 따라 오는데 유유히 날아 내리려 한다. 먼 것은 작고 가까운 것은 커서 일일이 셀 수가 있다. 모래섬은 조요하고 바람과 이슬은 서늘하여 기상변화가 다함이 없다. 한 폭의 작

은 화폭에 강호 만리가 아득하구나. …… 근보씨(성삼문)가 (두루마리를) 말면서 웃으며 말하기를 "옛날에 내가 희우정으로 호종할 때 임광준 씨도 함께하였네. 비해당(안평대군)을 따라 강가에 앉아 달을 보며 술을 마셨는데 (이 때) 동궁이 내수(內竪, 궁중의 낮은 벼슬아치)에게 명하여 시를 거두게 하였네. 이에 (동궁이) 귤을 한 소반 하사하였는데 귤이 다 없어지니 시가 보였었네. 일생 놀랍고 또 영광스러운 일이지. 각자 시 한 편씩을 지어 바쳤네." 이제 그 때의 일을 그림으로 그리고 시로 적었네.

당시의 시적이고 풍류에 넘치는 분위기를 이 〈임강완월도〉의 예에서 잘 엿볼 수 있다. 이러한 분위기 때문에 세종조의 시서화가 크게 발전하게 되었고, 특히 안견이 산수화를 적극적으로 그리게 되었다고도 볼 수 있다. 사실상 이러한 환경에서는 안견도 산수화를 자주 그릴 수밖에 없었으리라고 느껴진다. 안견이 산수화가로 대성하게 되었던 배경을 이 사례만 보아도 어느 정도 짐작할 수 있을 듯하다.

이 밖에 안견은 궁중의 중요한 회사(繪事)를 맡아 완수하였다. 1446년과 1447년의 두 차례에 걸쳐 태조(太祖)가 탔던 여덟 필의 말을 그린 〈팔준도(八駿圖)〉를 완성했고, 1448년에 〈대소가의장도(大小駕儀仗圖)〉를 제작했던 일은 그 좋은 예이다.[119] 이와 같이 안견은 궁중의 중요한 회사를 도맡아 했으며, 또 산수화에만 국한하지 않고 인물, 화훼, 매죽, 노안, 누각, 경작, 말, 해청(海青) 등 여러 가지 소재의 그림을 요구될 때마다 그렸음도 알 수 있다.

2. 평가

1) 15~16세기의 평가

안견에 대한 평가가 조선 초기부터 후기에 걸쳐 어떠했는지를 잠시 알아보는 것은 그 나름대로 흥미롭고 참고가 될 수 있을 것이다. 기록의 연대순을 따라 살펴봄으로써 안견에 대한 평가가 어떻게 변화했었는지를 알아보기로 하겠다. 우선 안견과 동시대인이었던 박팽년과 서거정의 기록을 보기로 하겠다.

박팽년은 안평대군이 꿈속에서 함께 도원을 여행했을 만큼 대단히 친밀했고, 〈몽유도원도〉에도 찬시를 썼다. 안평대군과 이처럼 친숙했기 때문에 박팽년은 안견과도 매우 가까웠을 것임은 물론이다. 그러므로 박팽년의 평가는 특히 주목을 요한다. 앞에서 이미 소개한 바와 같이 박팽년은 안견의 〈이사마산수도〉에 관한 「삼절시서」에서 안견은 '가히 입신했다고 할 만하다.'고 평했던 것이다. 이러한 평가는 당시에 보편화되어 있던 것으로 믿어진다. 역시 〈몽유도원도〉에 찬시를 쓴 서거정도 안견의 「만학쟁류도(萬壑爭流圖)」에 대하여 쓴 시 속에서 "안견의 필법은 천하에 (다시) 없고 (여러 화풍을) 혼합해 수묵화를 일신시켰네."[120)]라고 읊었던 것이다. 즉, 안견의 필법의 뛰어남과 여러 가지 화풍을 혼합하여 하나로 조화시키고 수묵화의 세계를 일신시켰음을 적은 것이라 하겠다. 안견이 1442년에 그린 것이 확실한 〈소상팔경도〉를 보고 지은 시문들에서는 육조시대의 3대가였던 고개지와 육탐미, 남종문인화의 개조인 당대의 왕유, 남조 송나라의 종병(宗炳) 등 중국 최고의 화가들과 비교한 구절들이 보이고, 5년 뒤인 1447년에 그려진 〈몽유도원도〉의 찬시들 중에서도 최항, 이현로, 서거정, 최수 등의 시들은 한결같이 안견이 고개지나 왕유와 대등하거나 혹은 보다 낫다고 읊었다. 즉 최항은 안견을 빗대어 "호두(고개지)가 이내 서릿발 같은 비단 위에 붓 놀렸네(虎頭仍遣掃霜紈)"라고, 이현로는 "호두(고개지) 솜씨 빌어 그려내고(煩虎頭以鋪張兮)"라고, 서거정은 "신의를 전한다는 고개지 솜씨런가(賴是傳神顧愷之)"라고, 최수는 "호두가 살아 있다면 어깨 나란히 하기를 부끄러이 여길 것이네(虎頭如在愧齊肩) …(중략)… 왕유가 묘사한 망천의 아름다움을 월등 뛰어넘었네(絶勝王維灑輞川)"라고 읊었다.[121] 이러한 사례들을 보면 비록 시문에 있어서의 과장법을 고려해도, 안견이 세종조의 집현전 학사들을 포함한 사대부들 사이에서 지극히 높이 평가되고 있었음은 분명한 사실이라 하겠다.

이러한 평가는 다음 세대에도 이어졌음이 확실하다. 성현이 앞에 소개한 『용재총화』의 기록에서 안견은 산수화에 있어서 '신묘한 경지에 들어섰다.'고 하고, 이어서 '요즘 사람들이 안견의 그림을 금과 옥처럼 아끼고 보존한다.'고 한 것이 이와 관련하여 상기된다. 「성종실록」에 '세종조의 안견은 그림 잘 그리기로 당시 제일이었으나 불과 4품이었다.'고 한 기록도 같은 맥락에서 이해된다.[122]

이와 같은 평가는 16세기에도 마찬가지였다. 정사룡(1491~1570)이 상진(尙震, 1493~1564) 소장의 〈설경도(雪景圖)〉에 대한 시 속에서 '뭇 화원들 가도(안견) 앞에 있기 어렵네'라고 한 것이나 조식(曹植)(1501~1572)이 한훤당(寒暄堂) 김굉필(金宏弼, 1454~1504)이 소장했던 안견의 10폭짜리 단병(短屛, 키 작은 병풍) 그림을 보고 '안견은 전신법(傳神法)이 있어서 우리나라의 오도자가 되었다.'고 한 것은 16세기에 있어서의 안견에 대한 평가를 엿보는 데 크게 참고가 된다.[123] 당대(唐代) 최고의 화가로서 평자들에 의해 신품지상(神品之

上)으로 꼽히던 오도자에 안견을 비유한 것은 16세기의 평가를 단적으로 말해 준다. 이 밖에 김종직(金宗直, 1431~1492)이나 이홍남(李洪男, 1515~?) 같은 문사들이 안견의 그림을 삼매(三昧)에 들어간 것으로 본 것도 같은 맥락에서 이해된다.[124]

2) 17~18세기의 평가

15~16세기에 있어서 이처럼 절대적인 평가를 받았던 안견도 조선 후기에 이르면 윤두서(尹斗緖, 1668~1715) 같은 화가에 의해 평가가 절하되었던 것이 흥미를 끈다. 즉, 윤두서는 그의 저술인 『기졸(記拙)』에서 여러 화가들을 평하면서 안견에 관하여 다음과 같이 적었다.

> 넓으면서도 광활하지 않고, 강하면서도 빳빳하지 않으며 산에는 기복이 없고 나무의 면배는 적으나 그 고고(高古)한 곳은 한허(寒虛)한 소시(小市)와 같다. 오래된 집과 위험스러운 다리, 소나무가지는 바늘을 한데 모아 놓은 것 같고, 바위 주름은 구름이 뭉게뭉게 솟아오르는 것 같으며 빽빽한 것도 같고 아스름한 것도 같은 것이 가히 (누구나) 미칠 수 있는 바가 아니다. 아마 동방의 거벽으로 김시(金禔)의 다음은 간다.[125]

여기에서 윤두서가 안견을, 조선 중기의 대표적 화가로 안견파화풍과 절파화풍을 구사했던 김시보다 못한 화가로 평가한 것이 특히 주목을 끈다. 김시는 절파화풍을 조선 중기에 풍미케 한 장본인으로 믿어지는데, 윤두서는 바로 조선 중기의 전통을 계승하였던 조선 후기의 대표적 화가였다.[126] 아마도 이러한 배경과 안견의 시대로부터 멀리 떨어져 있었기 때문에 안견을 김시보다 못하게 평가했던 것이 아닐까 믿어진다. 또한 윤두서가 우수한 안견의 진작을 본 적이나 있는지도 분명치 않다. 이 『기졸』의 기록을 읽어 보면 그가 안견파화풍을 알고 있었던 것은 분명하나 그것이 안견의 진작을 검토한 결과인지는 확실치 않다. '산에는 기복이 없다'라고 한 것을 보면 전(傳) 양팽손(梁彭孫)의 〈산수도〉(그림 15)를 위시한 16세기 이후의 안견파화풍을 보고 한 말인 듯한 느낌이 강하게 든다. 또한 강효동(姜孝同)의 그림을 평한 것 중에 '묵법이 너무 진한데 대개 안견으로부터 배운 사람은 모두 이런 병이 있다.'라고 한 말도 수긍이 안 간다.[127] 묵법이 너무 진한 것은 오히려 윤두서가 추종했던 절파계의 화풍에서 보편적으로 볼 수 있는 현상이다. 아마도 절파화풍과 절충된 조선 중기의 안견파화풍을 보고 한 말일지도 모른다. 이러한 점들을 고려해 넣으면 윤두서가 안견의 진면목을 보여주는 진작을 실제로 보았을까 의문이 든다. 조선 중기의 대란(大亂)들을 겪고 난 후였기 때문에 윤두서의 시대에는 이미 안견의 진작을 접하는 것이 그리 쉬운 일은 아니었을 것으로 보인다. 아마도 안견의 전칭작품을 보고 한 평이었을 가능성이 없지 않다.

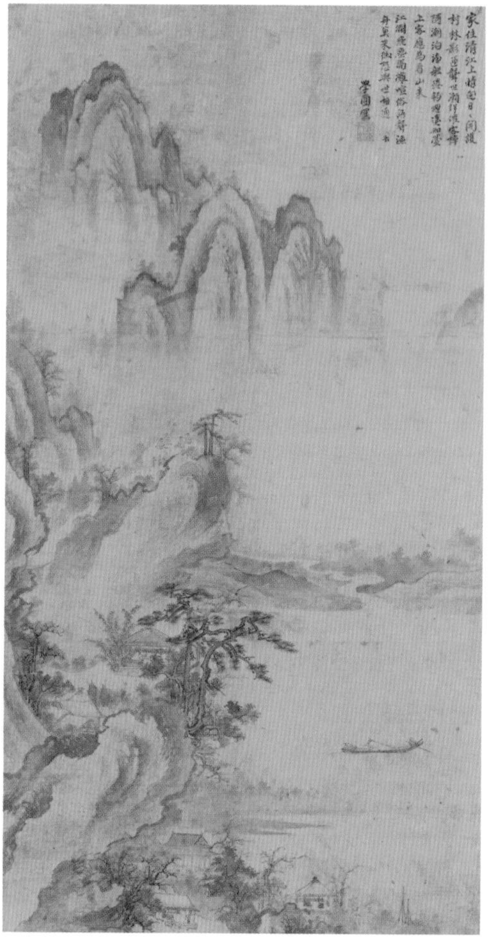

그림 15. 전 양팽손 筆 〈산수도山水圖〉, 16세기 전반, 지본수묵, 88.2×46.5cm, 국립중앙박물관 소장

『기졸』에 적힌 윤두서의 화가들에 대한 평을 보면 조선 중기의 절파계 화가들에 관한 평가가 대체로 매우 높은 것도 그의 평이 보여주

는 성향과 관련하여 유념된다. 아무튼 안견에 대한 종래의 절대적인 평가가 조선 후기에 이르러 윤두서에 의해 대폭 절하된 것이 흥미롭다. 그러나 조선 후기의 다른 화가나 평자들이 안견을 어떻게 보았는지를 알 수 없어 윤두서의 평이 당시의 화단에서 얼마나 받아들여졌는지는 확인할 수 없다. 어쩌면 윤두서만의 평이고 견해였을지도 모른다.

앞에서 알아본 안견에 대한 조선시대의 높은 평가만치나 안견의 화풍은 후대에 많은 영향을 미쳤다. 조선 초기(1392~약 1550)는 물론 조선 중기(약 1550~약 1700)에도 안견의 화풍이 여전히 계승되어 변천하였던 사실에서 이를 단적으로 엿볼 수 있다. 기록이나 작품을 통하여 안견의 화풍을 따른 것으로 확인되는 화가는 석경 · 양팽손 · 정세광 · 신사임당 · 김시(金禔) · 이정근(李正根) · 이흥효(李興孝) · 이정(李禎) · 이징(李澄) · 김명국(金明國) · 이성길(李成吉) 등을 꼽을 수 있다(그림 15~20). 이들에 관하여 이곳에서 자세하게 소개할 입장은 아니다. 다만, 이들 중에서 김시 · 이징 · 김명국 등은 안견파화풍과 함께 절파화풍도 따라서 그렸다.[128] 이 밖에 고유섭 선생은 조직(趙溭)과 회은(淮隱)도 안견을 조(祖)로 했다고 보았다.[129] 그리고 윤두서가 앞에서도 언급한 『기졸』에서 정세광과 이정근 이외에 이상좌(李上佐), 이불해(李不害), 강효동도 안견을 따른 것으로 기록하고 있어 관심을 끈다. 이상좌에 대해서 '안견의 정밀함은 얻었으나 안견의 밝고 상쾌함에는 약소하다', 이불해에 대해서는 '해박하고 공교하며 치밀

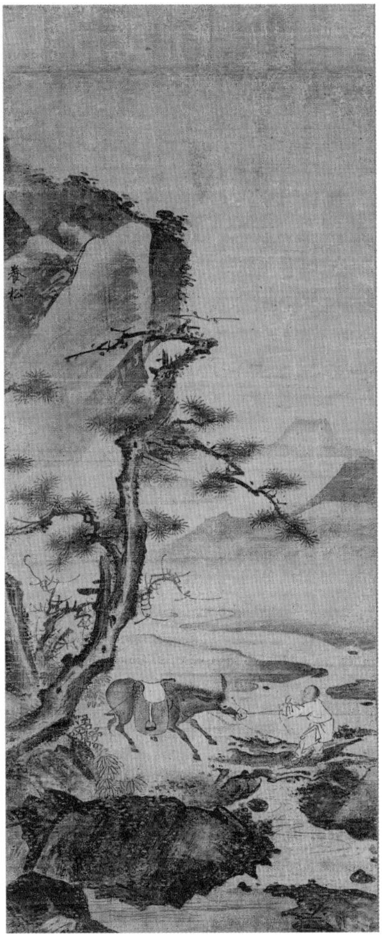

그림 16. 김시 筆 〈동자견려도童子牽驢圖〉, 16세기 후반, 견본담채, 111×46cm, 삼성미술관 리움 소장

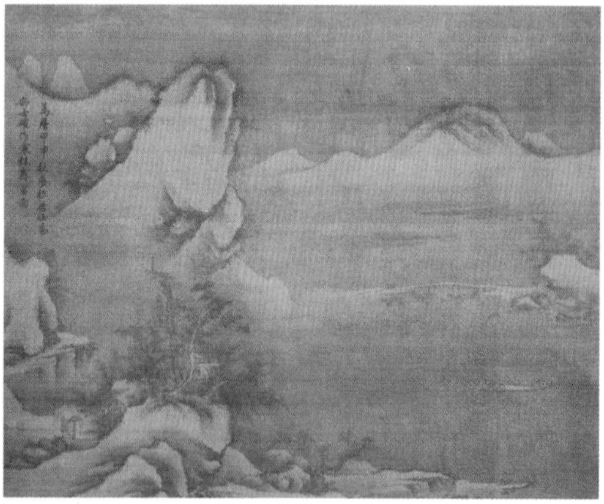

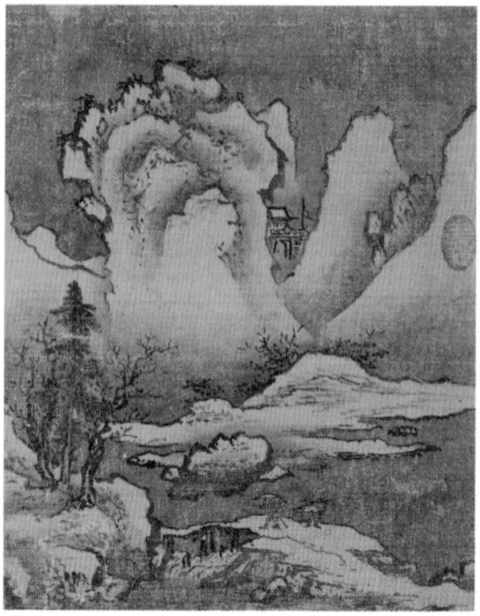

그림 17. 김시 筆 〈한림제설도寒林霽雪圖〉, 1584년, 견본담채, 53×62.2cm, 일본 개인 소장

그림 18. 이정근 筆 〈설경산수도雪景山水圖〉, 16세기 후반, 견본담채, 19.6×15.8cm, 국립중앙박물관 소장[중박 200909-410]

함이 안견의 다음 가지만 개활함에 있어서는 낫다', 그리고 강효동에 관해서는 '산과 물, 숲과 나무 모두 안견을 조(祖)로 삼고 있으나 필법은 미치지 못한다. 다만 묵법이 너무 진한데 대개 안견으로부터 배운 사람은 모두 이런 병이 있다.'라고 평하였다.[130] 이불해와 강효동에 관해서는 더 이상 알 수가 없으나 이상좌가 안견화풍과 관계가 있다고 본 것은 의외여서 약간 언급을 요한다. 저자도 윤두서의 『기졸』을 후손인 윤형식(尹亨植) 씨 댁에서 발견하기(1982. 3.) 5년 전에 절파에 관한 논문을 쓰면서 이상좌의 아들 이흥효와 손자인 이정의 안견파화풍에 의거하여 반추해 볼 때 이상좌가 통념대로 마하파화풍만을 따르고 안견파화풍을 외면했을까 강한 의문을 제기한 바 있다.[131] 확실하게 믿을 수 있는 이상좌의 산수화가 전하고 있지 않아 단정할 수는 없지만 꼭 유념할 사항이라 믿어진다.

앞에서 거명한 화가들 이외에도 훨씬 많은 수의 화가들이 안견의 화풍을 따랐음이 분명하다. 이 점은 관서(款署)와 도인(圖印)을 결여

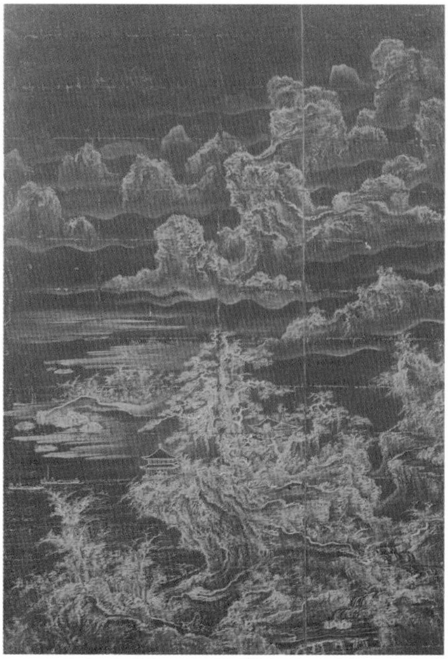

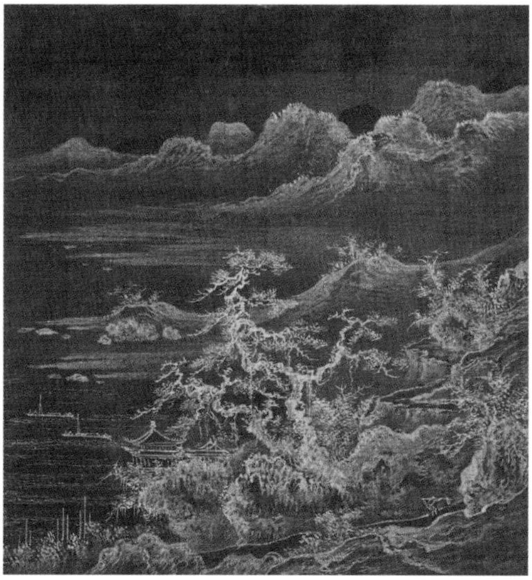

그림 19. 이징 筆 〈니금산수도泥金山水圖〉, 17세기 전반, 견본금니, 87.8×61.2cm, 국립중앙박물관 소장[중박 200909-410]

그림 20. 김명국 筆 〈니금산수도泥金山水圖〉, 1662년, 견본금니, 27.1×25.7cm, 국립중앙박물관 소장

하고 있지만 안견의 화풍을 따른 산수화 작품들이 국내와 일본에 상당수 전하고 있는 사실에서 확인된다. 그리고 화원들은 말할 것도 없고 양팽손이나 신사임당 등과 같이 사대부 가문 출신의 문인화가들도 신분에 구애됨이 없이 안견의 화풍을 따랐음이 유념된다. 이 점만 보아도 안견의 영향력이 지극히 컸던 것임을 확인할 수 있다. 이처럼 유명 · 무명의 화가들이 안견의 화풍을 따르며 많은 작품을 남겼다. 이러한 화가들과 작품들을 합쳐서 우리는 안견파 또는 안견파화풍이라고 부를 수 있다. 〈몽유도원도〉는 이러한 안견파화풍의 핵심이자 진수인 것이다.

Ⅳ. 〈몽유도원도〉의 체일내력

안견은 위에서도 본 바와 같이 많은 작품을 남겼음이 확인되나 논란의 여지가 전혀 없는 진작은 오직 〈몽유도원도〉 한 점만이 남아 있다. 이 〈몽유도원도〉는 우리나라의 회화작품으로는 국내외를 막론하고 가장 널리 알려져 있다. 현재 일본의 텐리대학(天理大學) 중앙도서관에 소장되어 있고, 1986년에 8월 21일 국립중앙박물관이 중앙청으로 이전 · 개관 했을 때, 고 한병삼(韓炳三) 관장의 노력에 힘입어 국내의 관람객들에게 처음으로 선을 보일 수 있었다. 그 이후 10년 4개월 만인 1996년 12월 14일에 개막한 호암갤러리 주최의 '조선전기 국보전'에 〈몽유도원도〉가 두 번째로 서울에서 국민들과 만나게 되었었다. 이제 세 번째로, 용산에 이러한 국립중앙박물관이 주최하는 '한국 박물관 개관 100주년 기념전'에 출품되어 2009년 9월 28일부터 열흘 동안 전시되게 되었다. 여간 다행스러운 일이 아닐 수 없다. 이 세 번째 전시가 끝나면 이 작품은 또 다시 그 제목대로 꿈속의 여행이나 하듯 일본으로 되돌아갈 예정이다.

이 〈몽유도원도〉가 언제 어떠한 경로를 따라 일본으로 건너가게 되었는지는 확실치 않다. 이 문제는 쉽게 판명될 것 같지 않다. 다만

〈몽유도원도〉가 일본의 학계에 알려지기 시작하면서부터 현재의 소장처인 텐리대학(天理大學)에 들어가기까지의 경과와 경위에 관해서는 텐리대학의 스즈키 오사무(鈴木治) 교수가 열심히 추적하여, 동(同)대학 도서관보(圖書館報)인 『비브리아(ビブリア)』에 두 차례에 걸쳐 이 작품에 대한 종합적인 고찰과 함께 발표한 바 있어서 크게 참고가 된다.[132] 그의 논문은 일본에 있어서의 〈몽유도원도〉의 소장사(所藏史)를 이해하는 데 크게 참고가 되므로 연대순으로 정리하여 소개할 필요가 있다.

지금까지 추적이 가능한 범위 내에서 확인된 바로 〈몽유도원도〉를 소장했던 일본에서 제일 오래된 소장가는 큐슈(九州) 가고시마(鹿兒島) 출신의 시마즈 히사요시(島津久徵, 1819. 4. 13~?)이다. 이 점은 현재 텐리대학 도서관이 보관하고 있는 〈몽유도원도〉의 부속문서 「감사증(鑑查證)」에 의해 확인된다. 메이지(明治) 26년(1893) 11월 2일부로 발부된 이 「감사증」에는 소유자가 시마즈 히사요시(島津久徵)로 되어 있고, '우(右) 미술상(美術上)의 참고가 될 수 있는 것으로 인정함'이라고 되어 있다고 한다. 시마즈 히사요시는 1819년생으로 1851년부터 1869년까지 사츠마번(薩摩藩)의 가로직(家老職)을 지낸 인물이다. 「감사증」은 임시전국보물조사위원장(臨時全國寶物調查委員長)이자 제실박물관(帝室博物館) 총장이었던 구키 류이치(九鬼隆一)·야마나 요시토루(山名義貫)·가와바타 교쿠쇼(川端玉章)·가아사키 가즈토라(川崎千虎)·오카쿠라 카쿠조(岡倉覺三)·가와다 오카(川田剛, 일본은행 총재)의 연서(連署)로 발행된 공식문서이다. 임시전국보물조사위원회는 에펠탑을 낳게 한 제2회 만국박람회(萬國博覽會, 1900)의 개최에 대비하기 위하여 조직된 것으로 일본 국보제도(國寶制度)의 선구였다고 한다. 이로 보아 〈몽유도원도〉는 이미 늦어도 1900년 이전에, 더 정확하게 말해서 「감사증」이 발부된 1893년 11월 2일 이전에 이미 일본에 건너가 있었음이 확인된다. 그러나 시마즈 히사요시가 언제 어떻게 이 작품을 소장하게 되었으며 그 이전에는 누가 소유하고 있었는지에 관해서는 알 길이 없다.

그 후 시마즈 히사요시의 맏아들인 시마즈 시게오(島津繁雄) 남작(男爵)이 3,000엔의 담보로 가고시마 거주의 업자인 후지타 데이조(藤田禎三)에게 맡겼고, 이것을 쇼와(昭和) 초년(아마도 1926~1929)에 후지타가 소노다 사이지(園田才治)에게 팔았다. 소노다 사이지(園田才治)는 1873년생으로 가고시마현의 사족(士族)이었던 소노다 사이조(園田才助)의 장남이며, 1929년 당시 오사카(大阪)에서 전화소독기(電話消毒器)를 제조하여 판매하던 합자회사(合資會社) 반바상회(浪花商會)의 대표역원(代表役員)이었다. 소노다 사이지(園田才治)는 이 작품을 교토의 학자들에게 가지고 다니며 보여서 유명해졌다고 한다. 아마도 이것이 계기가 되어 〈몽유도원도〉에 관한 최초의 간략한 논문이 나이토 고난(內藤湖南)에 의해 1929년에 발표되게 되었던 듯하다.[133] 소노다 사이지에게 〈몽유도원도〉를 판 후지타 데이조(藤田禎三)는 스즈키 오사무 교수가 논문을 썼던 1977년 당시에 80세를 넘어 건재하고 있었다고 한다. 후지타가 시마즈로부터 맡았다가 소노다에게 팔기 전까지는 〈몽유도원도〉를 조선총독부(朝鮮總督府)나 우리나라 조정〔朝廷, 이왕직(李王職)〕으로부터 달라고 하는 요청이 누누이 있었지만 거절했다고 한다.

1930년 3월부터 7월에 걸쳐, 조선총독부 토지조사국(土地調査局)의 측량기사였던 마츠다(松田甲, 필명: 學鷗漁夫)가 총독부 간행의 『조선(朝鮮)』이라는 잡지에(2호~4호) 「安堅の夢遊桃源圖」라는 논문을 나이토 고난에 이어 발표하였다. 마츠다는 나이토가 조선수사회(朝鮮

修史會)의 이나바 기미야마(稻葉君山)에 증정한 사진에 의거하여 연구를 했다고 한다.

1933년에는 일본의 중요미술품(重要美術品)으로 지정되었다. 그리고 이듬해인 1934년 3월에는 조선총독부 간행의 『조선고적도보(朝鮮古蹟圖譜)』 14책에 이 작품이 실렸다. 이 때의 소장가는 소노다 사이지로 그림의 크기는 종(縱)이 1척 2촌 7분 8리, 횡(橫)이 3척 5촌으로 되어 있다.

1939년에 소노다 사이지가 〈몽유도원도〉를 일본의 국보로 지정받고 싶어하여 그 명의인(名義人)을 맏아들인 소노다 준(園田淳)으로 하여 지정을 받았다. 소노다 준은 스즈키 오사무 교수가 〈몽유도원도〉에 대한 논문을 썼던 1977년 당시 살아 있었다고 한다. 「昭和 14年 5月 27日 告示, 國寶指定の際の說明書」라는 문서의 존재가 알려져 있는 바로 보아 〈몽유도원도〉가 일본 국보로 지정된 것은 1939년 5월 27일 이후였다고 믿어진다.

1947년에 이르러 도쿄 류우센도(龍泉堂)의 마유야마 준기치(繭山順吉)가 〈몽유도원도〉를 구입했다. 그와 오랫동안 사귄 동업자 후쿠다(福田)가 그와 후지타와의 사이에 서서 중개인 역할을 했다고 한다. 당시에는 기차여행도 곤란한 시대였으므로 마유야마는 가고시마의 구마모토(態本)까지 가기가 어려워 큐슈의 벳부(別府)에서 후지타를 만나 작품을 넘겨받았다고 한다. 당시에 〈몽유도원도〉의 그림은 편액(扁額)으로 되어 있었고, 시문들은 별도의 기다란 두루마리로 혼잡하게 흐트러져 높게 포개져 있었다고 한다. 마유야마는 1m 정도의 편액을 만원 열차에 싣고 도쿄로 돌아가 곧 하라(原)라는 표구사에 의뢰하여 현재 상태대로 표구를 하였다고 한다. 편액의 그림을 감색(紺色) 바탕의 비단에 주서(朱書)로 쓰여진 안평대군의 시(〈몽유도원도〉보다 3년 뒤에 쓰여진 것) 다음에 배치한 것도 이 때이다.

아마도 이 무렵에 〈몽유도원도〉는 일본 내에서 매물(賣物, 팔 물건)로 알려지게 되었던 듯하다. 국립중앙박물관의 초대 관장이었던 김재원(金載元) 박사가 1946~1947년 무렵에 일본에 갔을 때 일본의 미술사가(美術史家) 구마가이 노부오(熊谷宣夫)로부터 〈몽유도원도〉의 구입이 가능하다는 얘기를 들었다고 한다. 그러나 그때의 우리나라 경제적 실정이 하도 어려워 당시 수천 달러를 호가하는 그 명작을 살 엄두를 낼 수 없었다고 한다.

〈몽유도원도〉가 현 소장처인 텐리대학으로 들어가게 된 것은 1950년대 초로 믿어진다. 텐리대학은 대금을 분할하여 지불했는데 그것이 완료된 것은 1955년이었다. 텐리대학으로 이 걸작이 넘어가기 전에 우리나라에 왔었던 일이 있다고 한다. 문화재 관계자들에 의하면 1950년에 장석구(張錫九)라는 우리나라 사람이 이 작품을 국내에서 팔기 위해 부산에 가져왔었으며, 당시에 고 손재형(故 孫在馨), 고 길용배(故 吉勇培), 이영섭〔李英燮, 재미(在美)〕 제씨가 실견(實見)했다는 얘기를 들었다고 한다. 이 점에 관하여는 신기한 씨도 그의 글에서 언급한 바 있다. 그에 의하면 장석구 씨가 8·15 후, 5년에 접어드는 어느 날 〈몽유도원도〉를 가지고 찾아와 "아우님, 내게 일본으로부터 가져온 우리나라 보배 중의 보배가 하나가 있는데 이것을 어떻게 한국인에게 처분할 길이 없겠소."하고 요청하므로 국립박물관, '모호한 수장가', 중간 상인인 한용우, 유종염 등과도 교섭하였으나 모두 허사였다고 한다.[134] 당시에 김걸 씨(문화재 분야)도 학생으로서 독일 대사였던 헬츠 박사 댁에서 이 작품을 같이 본 바 있으며, 이 밖에도 육당 최남선(六堂 崔南善), 춘원 이광수(春園 李光洙), 창랑 장택상(滄浪 張擇相) 등이 보았다고 한다(1988년 4월 15일, 금요일, 저자의 연구실에서 김걸 씨 증언). 이처럼 꽤 많은 사람들이 이 걸작을 보았으면서도 이런저런 어려움 때문에 국내에 잡아놓지 못했으니 참으로 안타까운 일이 아닐 수 없다. 이런 일이 있은 후에 텐리대학에 들어가게 된 듯하다.

〈몽유도원도〉는 일본의 국보였다가 법령의 개정에 따라 중요문화재로 변경되었는데 그 일도 텐리대학에 들어간 이후라고 믿어진다.

V. 〈몽유도원도〉의 현상

1. 뒤바뀐 찬시의 순서

〈몽유도원도〉가 현재의 상태대로, 상·하 2개의 두루마리로 표구된 것은 1947년 도쿄의 류우센도의 마유야마 손에 들어간 직후였음은 이미 언급하였다. 이 두루마리들의 크기는, 각 권 모두 높이가 같은 41cm인 반면 길이는 상권(上卷)이 8.57m, 하권(下卷)이 11.12m로 총 연장 길이는 19.69m, 근 20m나 되는 장권(長卷)이다. 실제 그림의 크기는 38.6×106.2cm이다〔현 국립중앙박물관 이원복(李源福) 학예연구실장이 확인한 것임〕.

이 두루마리의 바깥은 녹색 바탕에 보상당초문(寶相唐草文)이 있는 비단으로 되어 있고, 안쪽에는 첫머리에 〈몽유도원도〉라고 쓰여진 38.6×6cm 크기의 제첨(題簽)이 붙어 있다. 그 다음에는, 폭 25cm의 푸른색 비단 바탕에 6행의 글이 주서(朱書)로 쓰여 있다. 이 주서의 글은 안평대군이 1450년, 즉 〈몽유도원도〉가 완성된 3년 뒤에 쓴 것으로 제첨의 서체(書體)와 일치한다. 따라서 왕희지(王羲之)의 행서체(行書體)를 연상시키는 제첨의 '夢遊桃源圖'라는 발군의 글씨도 안평

대군의 것임에 의심의 여지가 없다. 푸른색 비단에 주서로 쓰여진 글은 다음과 같이 판독된다.[135)]

世間何處夢桃源 野服山冠尙宛然
著畵看來定好事 自多千載擬相傳

이라는 4행으로 쓰여진 칠언절구(七言絶句)의 시에 이어 '後三年正月一夜/在致知亭 因披閱有作 淸之'라는 두 줄의 글이 쓰여 있다. 현재는 글씨가 많이 지워져서 알아보기 힘들며, 특히 '청지(淸之, 안평대군의 字)'의 두 글자는 더욱 보이지 않는다. 어쨌든 이 시문과 관서(款署)를 통하여 이것은 안평대군이 도원을 꿈꾸고 〈몽유도원도〉가 완성된 지 3년째의 정월 초하룻날 밤에 3년 전의 일을 회상하며 치지정(致知亭)에서 쓴 것임을 알 수 있다. 이 시문의 내용은 아래와 같다.[136)]

"이 세상 어느 곳을 도원으로 꿈꾸었나.
은자(隱者)들의 옷차림새 아직도 눈에 선하거늘,
그림으로 그려 놓고 보니 참으로 좋을씨고,
천년을 이대로 전하여 봄 직하지 않은가."

(도원을 꿈꾼 지) 삼년 뒤 정월 초하룻날 밤에,
치지정에서 다시 이를 펼쳐 보고서 짓는다.
청지(안평대군) 씀

이 시문 중에서 둘째 행의 "야복산관(野服山冠)"이라는 구절은 뒤에서 소개하듯이 안평대군이 꿈속에서 박팽년과 말을 타고 가다가 만났던 산관야복(山冠野服)을 한 사람을 말하고 있음이 분명하다. 즉 꿈속에서 안평대군과 박팽년이 두 갈래 길에 이르러 어느 쪽으로 갈지를 몰라서 망설이고 있을 때 산관야복을 한 사람이 나타나서 "이 길을 따라서 북쪽으로 계속 가시면 골짜기에 들어서시게 되는데 그곳이 곧 도원입니다."라고 일러주었다는 것이다. 이 산관야복을 한 사람이 늘 완연하다는 것으로 보면 꿈속에서 본 도원의 정경이 항상 안평대군의 머릿속에 맴돌고 있었음을 알 수 있다. 그리고 "자다천재의상전(自多千載擬相傳)"이라는 넷째 행의 내용은 앞에서 소개했듯이 그가 신숙주에게 소장품들을 보여주면서, "물건의 이루어지고 무너짐이 때가 있으며 그 모여지고 흩어짐이 운수가 있으니 대저 오늘의 이룸이 다시 내일의 무너짐이 되고 그 모음과 흩어짐이 또한 어쩔 수 없게 될는지 어찌 알랴."라고 했던 말과 상통한다. 아마도 안평대군은 이처럼 자기가 애써서 모은 귀중한 서화들이 언젠가 흩어지고 전하지 못하게 될지도 모른다는 불안하고 불길한 생각을 늘 했던 모양이다. 사실상 그의 불길한 생각대로 그의 모든 소장품들이 산일되었음에도 이 〈몽유도원도〉 한 점만은 온전하게 현재까지 전해지고 있어서 그를 위해서나 우리 모두를 위해서 여간 다행이 아니다. 이 넷째 행의 내용은 따라서 안평대군이 〈몽유도원도〉를 얼마나 소중하게 생각했는지를 말해 준다고도 볼 수 있을 것이다.

이 시문에 이어서 38.6×106.2cm 크기의 그림이 있고, 그 다음에 안평대군의 발문(跋文)이 붙어 있다. 그리고 그 뒤를 이어 세종조의 대표적 인물들 21명의 찬시가 실려 있다. 그러므로 〈몽유도원도〉 두 루마리에는 두 편의 안평대군의 글을 포함하여 모두 22명, 23편의 글이 실려 있다. 그림의 내용과 특징, 안평대군 발문의 내용 등에 관해서는 우선 잠시 뒤로 미루고 시문(詩文)들의 배열 순서에 대하여 먼저 알아보기로 하겠다.

현재는 상권에 안평대군의 제사(題詞)에 이어서 ① 신숙주(申叔舟, 1417~1475), ② 이개(李塏, 1417~1456), ③ 하연(河演, 1376~1453), ④ 송처관(宋處寬), ⑤ 김담(金淡, 1416~1464), ⑥ 고득종(高得宗), ⑦ 강석덕(姜碩德, 1395~1459), ⑧ 정인지(鄭麟趾, 1396~1478), ⑨ 박연(朴堧, 1378~1458)의 시가 실려 있으며, 하권에는 ⑩ 김종서(金宗瑞, 1390~1453), ⑪ 이적(李迹), ⑫ 최항(崔恒, 1409~1474), ⑬ 박팽년(朴彭年, 1417~1456), ⑭ 윤자운(尹子雲, 1416~1478), ⑮ 이예(李芮, 1419~1480), ⑯ 이현로(李賢老, ?~1453), ⑰ 서거정(徐居正, 1420~1483), ⑱ 성삼문(成三問, 1418~1456), ⑲ 김수온(金守溫, 1409~1481), ⑳ 만우〔卍雨, 천봉(千峰), 1357~1477?〕, ㉑ 최수(崔脩)의 찬시가 적혀 있다.[137)]

그런데 현재 ① 신숙주의 찬시로부터 시작되어 ㉑ 최수의 시로 끝나는 순서는 본래의 순서와는 다르게 된 것이 분명하다. 〈몽유도원도〉가 일본학계에 알려지면서 1929년 처음으로 학술적으로 소개했던 나이토 고난(內藤湖南)의 논문을 보면 현재의 순서와는 달리 ⑥ 고득종부터 ⑫ 최항까지가 앞에, 그리고 그 뒤를 이어 ① 신숙주부터 ⑤ 김담까지의 시가 붙어 있었던 것이다. ⑬ 박팽년부터 ㉑ 최수까지는 그 다음에 실려 있었다고 보인다. 현재의 순서로 표구된 것은 마유야마(繭山)가 1947년 〈몽유도원도〉를 사서 도쿄로 가져와 표구한 때였으므로 1929년 나이토가 논문을 썼을 때는 본래의 순서대로였다고 믿어진다. 사실상 시문들 중에서 고득종의 것이 가장 마멸이 심한데 이것은, 그림은 별도의 편액(扁額)으로 되어 있었고 시문 두루마리 중에서는 본래 맨 앞에 있었기 때문에 훼손을 제일 쉽게 그리고 많이 받지 않을 수 없었던 데에 원인이 있다고 믿어진다.[138)] 또한 신숙주의 시가 21명 중 맨 앞에 가도록 표구된 것은 그가 『해동제국기(海東諸國記)』의 저자로 그들 중에서 일본에 가장 널리 알려졌던 인물이기 때문으로 믿어진다.[139)]

나이토의 논문에 나오는 본래대로의 순서에 따라 다시 번호를 부여하여 적어 보면 다음과 같은 순서가 되겠다.

① 고득종, ② 강석덕, ③ 정인지, ④ 박연, ⑤ 김종서, ⑥ 이적, ⑦ 최항, ⑧ 신숙주, ⑨ 이개, ⑩ 하연, ⑪ 송처관, ⑫ 김담, ⑬ 박팽년, ⑭ 윤자운, ⑮ 이예, ⑯ 이현로, ⑰ 서거정, ⑱ 성삼문, ⑲ 김수온, ⑳ 만우, ㉑ 최수

만우를 비롯하여 늦게 참여했다고 믿어지는 일부 사람을 빼놓고는 앞의 복원된 순서가 당시 참가자들의 관계(官階)나 연치(年齒)로 보아 현재 표구되어 있는 순서보다 훨씬 합리적이라고 믿어진다.

찬시를 쓴 21명의 면면을 보면 행적을 알 수 없는 한두 사람을 빼고는 대부분이 당시 이름을 날리던 명유문사(名儒文士)들임을 알 수 있다. 정인지 · 김종서 · 하연과 같은 명경(名卿), 강석덕 · 이현로와 같은 시문서화(詩文書畵)에 통달한 풍류(風流), 박팽년 · 성삼문 · 이개 · 신숙주 · 서거정 · 윤자운 · 최항 · 김담 · 이예 · 송처관 등의 젊고 뛰어난 집현전학사(集賢殿學士)들, 음악의 대가인 박연, 당시 불교계 최대의 시인 천봉 등 혜성 같은 존재들이다. 20대 후반~30대 초반의 집현전학사들이 주류를 이루면서도 실력 있는 원로중진(元老重鎭)들이 동참하고 있어 1447년 당시 안평대군의 영향력과 세력을 짐작케 한다. 또한 만우(卍雨)가 만 90세의 노령으로 참여한 것도 당시 궁실에 있어서의 호불(好佛) 분위기를 시사해 주고 있어 눈길을 끈다. 그

리고 계유정란(癸酉靖難)에 피살된 김종서와 이현로, 그리고 박팽년 · 성삼문 · 이개 등의 사육신(死六臣)이 끼어 있는 반면에 정인지 · 신숙주 등과 같이 세조를 위해 적극 기여했던 인물들도 보여 현대를 사는 우리에게도 만감을 느끼게 한다.

2. 재료

이들의 찬시는 황색, 도색(桃色, 연한 붉은색), 연한 남색(藍色), 흰색, 쥐색 등의 여러 가지 물들인 종이나 금박소편(金箔小片)들로 장식된 종이에 각기 자필로 쓰여져 있어 당시의 시문학(詩文學)과 서예는 물론, 종이 연구에도 크게 도움이 된다(표 3. 안견의 〈몽유도원도〉 실측표 참조).[140]

특히 이 작품이 일본에 있기 때문이기도 하지만 상기 22명 23편의 시와 서예작품은 세종조의 시와 서예의 연구에 더없이 귀중한 자료임에도 불구하고 그 가치나 의의가 우리나라에서 충분히 논의되지 못했다.[141] 오직 회화에 대해서만 적극적인 고찰이 이루어졌을 뿐이다. 이 시들에 대한 번역도 1987년에 이르러서야 비로소 이병한 교수에 의해 처음으로 이루어지게 되었다.[142] 비록 만시지탄의 감은 있으나 앞으로의 우리나라 시문(詩文)연구를 위하여 대단히 다행스러운 일이 아닐 수 없다.

〈몽유도원도〉 권(卷)의 그림 부분은 현재 38.6×106.2cm의 크기이지만 본래는 약간 더 컸을 것으로 믿어진다. 왜냐하면 상하좌우변이 조금씩 잘려나갔기 때문이다. 편액으로 꾸며졌을 때와 다시 현재의 상태로 표구될 때 네 주위가 조금씩 잘렸던 것이 아닐까 짐작된다.

표 3. 안견의 〈몽유도원도〉 실측표 (鈴木治, 논문(2), p.79에서 인용)

上卷				下卷			
		紙色	길이(cm)			紙色	길이(cm)
	면지(面紙)	金箔	34.1		면지(面紙)	金箔	34.1
	裝布	牡丹紋	10.3		裝布		10.1
	題箋	白絶	8.9	10	金宗瑞	白	114.9
	朱字序	紺倚	41.5	11	李迹		
	畵面	絹布	106.3	12	崔恒	白	76.5
	安天大居 自序	茶絹	70.5	13	朴彭年	짙은황색	85.7
1	申叔舟	桃色	108.6	14	尹子雲	桃色	96.8
2	李塏	짙은황색	120.2	15	李芮		
3	河演			16	李賢老	桃色	123.6
4	宋處寬	白	122.6			짙은황색	76
5	金淡			17	徐居正		116.5
6	高得宗	짙은황색	123.3	18	成三問	짙은황색	104.1
7	姜碩德	白	31.8	19	金守溫		
8	鄭麟趾	桃色	115.4	20	釋卍雨	桃色	114.4
9	朴堧			21	崔脩		
	면지(面紙)	짙은황색	74.8		면지(面紙)	짙은황색	152.5
			計 968.3			全長 1~21 (文章부분)	計 1111.2 2079.5 1530.4

『조선고적도보(朝鮮古蹟圖譜)』에 실린 옛날 사진을 보면 상태가 별로 좋지 않았는데 현재는 훌륭한 표구와 신중한 보관에 힘입어 상태가 괜찮은 편이다. 또한 부분에 따라서는 약간씩 붓으로 손질이 되어 있다. 그리고 그림의 우측 가장자리에 '池谷可度作'이라고 단정하게 쓰여진 관서(款署)와 그 밑에 찍힌 '가도(可度)'라는 주문방인(朱文方印)이 있어 안견의 작품임을 분명히 해 준다. 이것들은 물론 제작 당시에 된 것이다.

그림은 올이 고운 비단 바탕에 수묵을 위주로 하여 그려졌으나 도원 부분의 복사꽃들은 화려한 색채로 극도로 섬세하게 묘사되었다.

표 4. 안견의 〈몽유도원도〉 제찬 실측, (최인숙, 「몽유도원도 권축(卷軸)」 관견(管見), pp.6~7 소인)

번호	題贊者					형식	紙色	길이(cm)	비고
	이름	자	호	생존 연대	지위				
	李瑢	清之	匪懈堂 琅玕居士	1418~1453(30세)	(安平)大君		흰색	8.9	題簽(行書)
1	李瑢	同上	同上	同上	同上	칠언절구(題詩)	감색	41.5	朱字
	安堅	池谷·可度	玄洞子·朱耕	太宗~世祖年間	護軍		絹希	106.3	畫面
2	李瑢	同上	同上	同上	同上	記(題跋)	짙은황색비단	70.5	
3	申叔舟	泛翁	保閒齋·希賢堂	1417~1475(31세)	集賢殿學士	칠언절구(20편)	桃色	108.6	
4	李塏	淸甫·伯高	白玉軒	1417~1456(31세)	集賢殿學士	칠언율시	짙은황색	120.2	死六臣
5	河演	淵亮	敬齋·新希翁	1376~1453(72세)	左議政	칠언고시	짙은황색		
6	宋處寬	栗甫	淸城	1409~1477(39세)	集賢殿學士	칠언고시	흰색	122.6	
7	金淡	巨源	撫松軒	1416~1464(49세)	吏曹正郎	칠언절구(5편)	흰색		
8	高得宗	子傳	靈谷	1414년 莊元	漢城府判尹	칠언고시	짙은황색	123.3	해독불능
9	姜碩德	子明	玩易齋	1395~1459(53세)	刑曹參判	칠언고시	흰색	31.8	
10	鄭麟趾	伯睢	學易齋	1396~1478(52세)	禮曹參判	칠언고시	桃色	115.4	
11	朴堧	坦夫	蘭溪	1378~1458(70세)	藝文館大提學	칠언고시	桃色		
12	金宗瑞	國卿	節齋	1390~1453(58세)	右參贊	오언고시	흰색	114.9	
13	李迹	素夫	負暄堂(居士)	?	?	오언고시	흰색		
14	崔恒	貞父	太虛亭·幢梁	1409~1474(39세)	集賢殿學士	칠언고시	흰색	76.5	
15	朴彭年	仁叟	醉琴軒	1417~1456(31세)	集賢殿學士	序	짙은황색	85.7	死六臣
16	尹子雲	望之	樂閒翁	1416~1478(32세)	檢閱	오언고시	桃色	96.8	
17	李芮	可成	訥齋	1419~1480(29세)	集賢殿學士	칠언고시	桃色		
18	李賢老			?~1453	兵曹正郎	賦	桃色·짙은황색	123.6	初名은 善老
19	徐居正	剛中	四佳亭	1420~1488(28세)	集賢殿學士	칠언율시(10편)	짙은황색	11.5	
20	成三問	謹甫·訥翁	梅竹軒	1418~1456(30세)	集賢殿學士	記	짙은황색	104.4	
21	金守溫	文良	乖崖·拭疣	1409~1481(39세)	承文院校里	칠언율시(2편)	짙은황색		
22	釋卍雨		千峰	1358~1447(90세)	승려	칠언율시	桃色	114.4	
23	崔脩			?(69세)	成均司藝	칠언절구(16편)	桃色		

꽃잎은 빨간색과 담홍색으로, 꽃술은 황색과 금니(金泥)로, 그리고 새로 돋아나는 어린 잎들은 파란색과 초록색으로 영롱하게 표현되었다. 금니는 대개가 떨어져 흔적만 엿보인다. 복사꽃들은 확대경으로 보면 볼수록 표현의 정확함과 섬세함, 색채와 분위기의 영롱함에 찬탄을 금할 수가 없다. 색채는 크게 변색된 편은 아니다. 그런데 이 그림 부분의 바탕을 이룬 비단은 중국 당 · 송대의 고화(古畵)에서 흔히 볼 수 있는 완염법(浣染法)으로 처리되었다고 믿어진다.[143] 즉 갈색을 비단의 뒤쪽에서부터 칠하여 표면에 그 효과가 나타나게 처리한 후에 그 바탕에 먹과 채색을 써서 그림을 그린 것이다.

Ⅵ. 〈몽유도원도〉의 사상적 배경

〈몽유도원도〉는 앞에서도 지적한 바가 있듯이 안평대군이 세종 29년(1447) 음력 4월 20일에 꿈속에서 도원을 여행하고 그 속에서 본 바를 안견에게 설명해주고 그리게 한 것으로 3일 만인 4월 23일에 완성을 본 것이다. 그 자세한 내용은 안평대군의 제기(題記) 속에 잘 밝혀져 있다. 그런데 이 발문은 모두 26행으로 되어 있고 한 행은 17자로 구성되어 있다. 가느다란 먹선으로 가로 26칸, 세로 18칸을 긋고, 한 행에 맨 위 한 칸만 비우고 17자를 써 넣었다. 한 행에 17자를 쓰는 것은 사경(寫經)에서 흔히 보이는 전통으로 안평대군의 호불(好佛)과 사경 경험을 반영하고 있다 하겠다. 이 발문의 내용을 보면 다음과 같다. 좀 긴 편이지만 〈몽유도원도〉를 이해하는 데 꼭 필요하므로 적어보기로 하겠다.

정묘년(丁卯年) 4월 20일 밤에 바야흐로 자리에 누우니, 정신이 아른하여 잠이 깊이 들므로 꿈도 꾸게 되었다. 그래서 인수(仁叟, 박팽년)와 더불어 한 곳 산 아래에 당도하니, 층층의 묏부리가 우뚝 솟아나고, 깊은 골짜기가 그윽한 채 아름다우며, 복숭아나무 수십 그루가 있고, 오솔길이 숲

밖에 다다르자, 여러 갈래가 나서 서성대며 어디로 갈 바를 몰랐었다. 한 사람을 만나니 산관야복으로 길이 읍하며 나한테 이르기를 "이 길을 따라서 북쪽으로 휘어져 골짜기에 들어가면 도원이외다." 하므로 나는 인수와 함께 말을 채찍질하여 찾아가니, 산벼랑이 울뚝불뚝하고 나무숲이 빽빽하며, 시냇길은 돌고 돌아서 거의 백 굽이로 휘어져 사람을 홀리게 한다.

그 골짜기에 들어가니 마을이 넓게 트여 2, 3리쯤 될 듯하며, 사방의 산이 바람벽처럼 치솟고, 구름과 안개가 자욱한데, 멀고 가까운 도화숲이 어리비치어 붉은 놀이 떠오르고, 또 대나무숲과 초가집이 있는데 싸리문은 반쯤 닫히고 흙담은 이미 무너졌으며 닭과 개와 소와 말은 없고, 앞 시내에 오직 조각배가 있어 물결을 따라 오락가락하니, 정경이 소슬하여 신선의 마음과 같았다. 이에 주저하며 둘러보기를 오래 하고 인수한테 이르기를 "'바위에다 서까래를 걸치고 골짜기를 뚫어 집을 지었다'더니, 어찌 이를 두고 이름이 아니겠는가, 정말로 도원동이다."라고 하였다. 곁에 두어 사람이 있으니 바로 정부(貞父, 최항) · 범옹(泛翁, 신숙주) 등인데, 함께 시운을 지은 자들이다. 서로 짚신감발을 하고 오르내리며 실컷 구경하다가 문득 깨었다.

아아! 통도(通都)와 대읍(大邑)은 진실로 번화한 벼슬아치의 노니는 곳이오, 깊은 골짜기와 깎아지른 언덕은 유잠(幽潛)한 은자의 깃드는 곳이다. 이러므로 몸에 청자(青紫)가 얽힌 자는 족적이 산림에 다다를 수 없고, 천석(泉石)으로 성정을 도야하는 자는 꿈에도 조정을 그리지 않나니. 대개 정적하고 조급함이 길이 다른 것은 이치의 필연이다. 옛 사람의 말에 "낮에 한 일이 밤에 꿈이 된다."라고 하였으니, 나는 대궐 안에 몸을 의탁하여 밤낮으로 왕사에 종사하고 있는데 어찌 꿈이 산림에 이르렀으며, 나의 좋아하는 친구가 하도 많은데 어찌 반드시 도원에 노닐면서 이 두어 사람만 동행하게 되었는가. 아마도 그 천성이 유벽한 것을 즐겨 본시 천석의 회포를 지녔고, 또 이 두어 분과 더불어 사귐이 특히 두터웠던 까닭에 이렇게 된 것인 듯하다.

이제 가도(可度, 안견)로 하여금 그림을 그리게 하였으나, 다만 옛날 말한 그 도원도 역시 이와 같았는지는 모르겠다. 훗날 보는 자가 옛 그림을 구해서 내 꿈과 비교한다면 반드시 가부의 말이 있을 것이다. 꿈 깬 뒤 3일 만에 그림이 완성되었기로 비해당(匪懈堂)의 매죽헌(梅竹軒)에서 이 글을 쓴다.[144)]

이 발문의 끝에는 '낭간(琅玕)'이라는 주문방인(朱文方印)과 같은 크기의 청월지인(淸越之印)이라는 백문방인(白文方印)이 상하로 찍혀 있다.

발문의 내용에서 중요한 점들을 요약해 보면,

① 꿈은 4월 20일 밤에 꾸었고 그림은 3일 만에 안견에 의해 완성이 되었다.

② 꿈속에서의 여행은 처음에 박팽년과 함께 말을 타고 시작했는데, 뒤에 신숙주와 최항 등이 동참하였다.

③ 갈림길에서 어디로 갈 바를 모를 때 산관야복을 한 사람이 나타나 북쪽을 따라가도록 일러주었다.

④ 주변의 경치는 기이하고 아름다웠다.

⑤ 도원은 2, 3리쯤 되는 넓고 트인 곳으로 사방은 산으로 둘러싸여 있었다.

⑥ 도원에는 연운이 자욱하고 대나무숲과 초가집이 있으나 가축들은 없고 오직 조각배만이 보였다.

⑦ 도원이 신선의 마을과 같아 보였다.

이 내용들에 관해서는 뒤에 화풍을 고찰하면서 관련지어 필요할 경우마다 언급을 하기로 하겠다.

이 발문은 안평대군이 만 29세 때에 짓고 쓴 것이다. 문장의 내용이나 서체의 격조가 수준 높고 세련되어 그가 20대 말인 당시에 이미 책잡기 어려운 예술의 심오한 경지에 도달해 있었음을 위에서 이미 소개한 여러 기록들의 내용과 함께 재확인하게 된다. 글씨는 조맹부(趙孟頫)의 송설체(松雪體)를 토대로 했지만 청출어람(靑出於藍)의 경지를 보여준다.

그런데 이 발문의 내용에서 쉽게 짐작이 되듯이 이 글은 도잠(陶潛, 연명: 365~427)의 「도화원기(桃花源記)」와 밀접한 연관이 있다. 그 내용을 소개하면 다음과 같다.

동진(東晋)의 태원 연간(太元年間, 376~396)에 무릉(武陵)의 어떤 사람이 고기를 잡아 생활을 했는데 (어느 날) 내를 따라 가다가 길을 잃게 되었다. (이 때) 갑자기 복숭아꽃나무숲을 만났다. 냇물의 좌우 양안(兩岸) 수백 보에 걸쳐 (복숭아나무 이외에는) 잡나무가 (일체) 없고 향기로운 풀들만이 산뜻하고 아름다우며 떨어지는 꽃잎들이 펄펄 날리고 있었다.

어부가 이것을 매우 이상히 여기며 다시 앞으로 나아가 그 복사꽃 숲이 끝나는 곳까지 가보고자 하였다. 숲이 다 하는 곳에 물이 흐르고 문득 산 하나가 나타났다. 산에는 조그마한 구멍이 있는데 마치 빛이 있는 듯하였다. 곧 배를 버리고 구멍을 따라 들어갔다. 처음은 아주 좁아서 사람이 겨우 들어갈 수 있을 정도였다. 다시 수십 보를 가니 확 뚫리며 밝아졌다. 땅은 평평하고 넓으며, 집들은 엄연하고, 좋은 밭과 예쁜 연못과 줄지은 뽕나무와 대나무 등이 있었다. 길은 사방으로 뚫려 있고, 닭이 울고 개가 짖는 소리가 들렸다. 그 가운데 (사람들이) 왔다갔다하며 씨를 뿌리고 농사를 짓고 있었다. 남녀의 옷 입는 것은 모두 밖의 사람들(세상 사람들)과 같았고, 노인이나 어린이들은 다같이 기쁘게 즐거워하였다. 어부를 보고 크게 놀라 어떻게 왔는가를 물었다. 갖추어 답하니 당장에 초청하여 술을 빚고 닭을 잡아 식사를 대접하였다.

이 어부가 왔다는 얘기를 듣고 마을 사람들이 모두 찾아와 캐물었다. 그들 스스로 말하기를 "선세에 진(秦)나라 때의 난을 피하여 처자와 읍인(邑人)들을 이끌고 이 절경(絶境)에 와서 다시 나가지 않았소. (그래서) 드디어 바깥 사람들과 떨어지게 되고 말았소."라고 말하면서 "요즘은 어떤 세상이오?"라고 묻는 것이었다. 한(漢)나라가 있는 것도 모르고 위진(魏晋)은 말할 것도 없었다. 이 어부가 일일이 들은 바를 말하니 모두들 놀라고 탄식하였다. 다른 사람들도 각기 다시 자기 집에 그를 끌고 가 모두 술과 음식을 내었다. 여러 날 묵고 사양하며 떠났다. 이들 중에 어떤 사람이 말하기를 "다른 사람들에게는 얘기하지 마시오."라고 하였다. 밖으로 나와 배를 찾아서 먼저 길을 오며 곳곳에 표시를 했다. 군(郡)에 이르러 태수(太守)를 만나 이처럼 설명하였다. 태수는 곧 사람들을 보내 그를 따라가서 표시한 바를 찾도록 했지만 다시 그 길을 찾지 못하였다. 하남성(河南省) 남양현(南陽縣)의 유자기〔劉子驥, 이름은 인지(麟之)〕는 고상한 선비였다. 이 이야기를 듣고 흔연히 가볼 계획을 세웠으나 이루지 못하고 멀지 않아 병으로 죽었다. 그 후로는 마침내 그 길을 묻는 사람이 없었다.[145)]

이 「도화원기」에서 주목이 되는 요점들은

① 도원을 발견한 사람은 배를 타고 가던 어부였다.

② 어부는 무릉〔호남성 상덕현(常德縣)〕 출신이며 그가 도원을 발견했던 연대는 기원후 4세기 후반이었다. 즉 구체적인 장소와 시대를 명기하여 도원이 실재(實在)하는 것으로 서술되어 있다.

③ 도원은 바깥 세상과 산으로 차단되어 있을 뿐 그곳에 사는 사람

들은 이 세상의 보통 사람들과 마찬가지의 옷을 입고 생업에 종사하고 있었다. 즉, 신선들이 아니다.

④ 도원은 사방이 산으로 둘러싸여 있으면서도 평평하고 넓었다. 그리고 그 속에는 밭 · 연못 · 뽕나무와 대나무 등이 있었다.

⑤ 도원의 입구에는 복사꽃나무와 예쁜 풀들만이 있었고 잡나무들은 없었다.

안평대군의 발문과 이 「도화원기」를 비교해 보면 둘 사이에 불가분의 관계가 있음을 쉽게 알 수 있다. 즉 안평대군이 도잠의 「도화원기」를 읽어 늘 마음속에 되새기고 있다가 꿈을 꾸게 되었고, 꿈속의 정경도 그가 읽었던 글의 내용과 비슷하게 나타났던 것이다. 안평대군은 꿈속에서 박팽년과 함께 여행했고 뒤에는 신숙주와 최항이 동참하였던 것이 어부 혼자서 발견한 「도화원기」의 내용과 크게 차이나는 점이라 하겠다. 안평대군은 중국의 어부가 발견한 도원을 다시 꿈속에서 발견한 셈이다. 그러므로 〈몽유도원도〉는 안평대군의 꿈을 재현하고 있을 뿐만 아니라 도잠의 「도화원기」의 세계까지 관련을 반영하고 있는 것이다.

두 기록에서 지엽적인 차이를 찾아볼 수 있다면 「도화원기」에서는 어부가 단독으로 발견했고, 안평대군의 경우에는 산관야복을 한 사람이 일러주었다는 점, 전자에서는 마을 사람들과 가축들이 등장하는 반면 후자의 기록에서는 마을 사람들에 대한 언급이 없고 '닭, 개, 소, 말이 없었다.'고 밝힌 점 정도이다. 안평대군의 꿈속에서는 자신과 박팽년, 신숙주, 최항만이 그곳에 있었고 마을 사람들은 보이지 않았던 모양이다. 그러나 대나무로 둘러싸인 초가집이 있었다든가, 앞 냇가에 조각배가 물결에 따라 일렁이고 있었다고 언급한 것은 도연명의 「도화원기」와의 끊을 수 없는 연관성을 시사한다.

「도화원기」는 중국의 대표적 전원시인(田園詩人)으로서의 도잠의 정신세계를 잘 반영하고 있다고 하겠다.[146] 즉 현실세계보다 살기 좋은 곳으로 보는 이상향(理想鄕)으로서의 측면과 현실세계로부터 자유로워지고 싶어하는 도가적(道家的) 측면을 함께 지니고 있다고 볼 수 있겠다. 아마도 이러한 두 가지 측면이 중국 및 우리나라의 옛 선비들에게는 큰 공감대를 형성하게 하고 영향을 미치게 되었던 것이 아닐까 생각한다. 특히 세종 말년의 안평대군에게 있어서는 더욱 강하게 작용했을 것으로 보인다. 즉 적극적으로 현실에 참여하고 주도하면서도 오히려 거기에서 오는 갈등과 눈에 보이지 않는 마찰이 그로 하여금 현실을 벗어나고 싶어하게 했을 가능성이 높고, 이러한 상황이 그를 홀연히 도원의 세계를 꿈속에서 여행하게 했을 가능성이 높다. 그러기에 안평대군은 그의 발문 후반부에서 '나는 대궐 안에 몸을 의탁하여 밤낮으로 왕사에 종사하고 있는데 어찌 꿈이 산림에 이르렀는가.'라고 시사했던 것이라고 생각된다.

「도화원기」를 보면 도원은 우리와 다름없는 인간들이 사는 곳이며 그곳의 사람들도 신선이 아닌 평범한 인간임을 분명히 하고 있다. 다만 외부세계와 차단이 되어 있을 뿐인 것이다. 그러나 세월이 흐르면서 도원은 마치 신선이 사는 곳인 것처럼 인식되는 경향이 대두되었던 모양이다. 〈몽유도원도〉의 찬시 중에 도원을 신선이 사는 방호(方壺)로 비유한 구절들이 보이는 것은 그 좋은 예이다. 아마도 안평대군과 그 밖의 세종조의 동참 문사들은 도원을 일종의 동굴낙원으로 간주했던 듯하다. 즉 사방이 산으로 둘러싸여 있을 뿐만 아니라 일부는 바위가 하늘을 덮은 모습으로 연상되었던 모양이다. 그래서 안평대군의 발문에서 도원에 들어서니 사방이 2, 3리나 되는 '동(洞)'이 나타났다고 하고 집들은 골짜기를 파내고 지은 것 같다고 말한 것으로 믿어진다. 이 점은 안견의 〈몽유도원도〉에 그대로 나타나 있다. 즉 도원이 사방은 산으로 둘러싸여 있고 한쪽에는 고드름 같은 바위들이 동굴처럼 매달려 있는 모습으로 표현되어 있다. 발문의 내용과 그림의 내용이 일치하고 있는 것이다.

도원은 중국에서 일찍부터 시인과 화가들에게 관심의 대상이 되었던 것이 분명하다. 그러기에 당(唐)의 이백(李白)은 「산중답속인(山中答俗人)」이라는 시에서 "도화유수(桃花流水)는 그대로 흘러서 가버리지만 인간처(人間處) 아닌 곳에 별천지(別天地)가 있네."라고 노래했고, 송(宋)의 소식(蘇軾)은 왕진경(王晋卿)의 〈연강첩장도(煙江疊嶂圖)〉를 노래한 시에서 "도화유수는 이 세상에 있는 것을, 무릉이 어찌 반드시 신선만 사는 곳이리오."라고 읊었던 것이다.[147] 이백과 소식이 우리나라에 가장 널리 알려졌던 시인들임을 고려하면 이들의 작품들을 통하여 우리나라 시인들에게도 일찍부터 도원이 알려졌을 것임을 짐작할 수 있다.

비단 시만이 아니라 회화에 있어서도 중국에서는 당 · 송 · 원 · 명 · 청 대에 걸쳐 자주 그려졌음을 알 수 있다. 당대의 오도자(吳道子), 남송(南宋)의 유송년(劉松年), 원대(元代)의 전선(錢選) · 조맹부(趙孟頫) · 상기(商琦), 명대(明代)의 심주(沈周)와 문가(文嘉), 청대(淸代)의 석도〔石濤, 도제(道濟)〕 등은 도원도를 직접 그리거나 시를 지은 대표적 인물들이다.[148] 그러나 안견의 〈몽유도원도〉와 비교될 만한 작품은 전해지지 않는 것으로 믿어진다. 안견의 〈몽유도원도〉권은 도원을 직접 그림과 시로써 표현한 가장 훌륭하고 최고의 작품인 것이다.

도원이 언제 처음으로 우리나라에 알려졌는지는 분명치 않다. 여러 가지 문화적 상황으로 보아 삼국시대나 통일신라시대에 이미 알려졌을 가능성이 있다고 믿어지지만, 현재로서는 고려시대 이전의 증거를 찾을 수가 없다. 고려시대에는 진화(陳澕, 1200년 문과급제)가 도원을 소재로 「도원가(桃源歌)」라는 시를 지었고, 이인로〔李仁老(1152~1220)〕는 지리산의 청학동(靑鶴洞)을 도원과 다르지 않은 곳으로 비유하였다.[149] 이러한 기록들은 늦어도 12세기 이전에 도원이 우리나라에 잘 소개되어 있었음을 증명해 준다.

고려시대에 이어 조선시대에 들어와 도원은 더욱 문인들의 가슴에 굳게 자리했었던 것이다. 이 점은 〈몽유도원도〉에 제기와 찬문을 썼던 22명의 인물들 이외에도 서거정(徐居正)의 스승 유방선(柳方善, 1388~1443) · 성현(成俔, 1439~1504) · 김상한(金翔漢) · 권오복(權五福, 1467~1498) · 정사룡(鄭士龍, 1491~1570) · 김여진(金汝振) · 이홍남(李洪男, 1515~?) · 황준량(黃俊良, 1517~1563) · 석휴정(釋休靜, 1520~1604) · 허목(許穆, 1595~1682) · 이종휘(李種徽) · 정약용(丁若鏞, 1762~1836) 등 여러 사람들이 도원에 관한 여러 가지 형식의 글들을 썼으며, 대부분의 학자들이 도원을 긍정적으로 노래한 반면에 황준량 같은 일부 학자들은 이를 부정적으로 보았던 것 같다.[150]

한편 정약용(1762~1836)은, 도원은 중국이 아닌 남월(南越)에 있을 것으로 보았다. 즉 정약용은 「제강표암도화원도(題姜豹菴桃花源圖)」라는 글에서 다음과 같이 적었다.

> 무릉은 남월의 한 군(郡)으로 영릉군(零陵郡) 및 계양현(桂陽縣)과 더불어 서로 접하고 있다. 즉 도화원(桃花源)은 남쪽 오랑캐의 땅에 있고 중국의 땅은 아니다. 도원량(陶元亮, 연명)이 이곳으로 남도(南渡)했었고 뒷사람들이 이런 연고로 남토(南土)로부터 들어서 배우게 되었다. 또한 도간(陶侃, 259~334)도 일찍이 황주자사(黃州刺史)가 되었었는데 황주 남쪽 사람들 사이에 퍼져 있던 설을 필경 전해 들은 바가 있었을 것이다. (그러

므로) 전혀 꾸며진 말만인 것은 아니다. 옛날 남월왕 위타(尉佗)도 본래는 진정한 세족[대대로 작록(爵祿)을 세습하던 집안]이었는데 진의 월 지역으로의 남진(南進)을 피하여 결국 월나라 사람, 즉 도원의 백성이 되고 말았다. 어찌 위타와 같은 부류가 아니라고 알랴. 오랑캐의 땅은 산들이 첩첩 겹치고 천번 만번 이리 돌고 저리 굽어져 있어 그 가운데 도원이 있다 한들 이상한 일이 아니다. 도연명이 「도화원기」를 적은 뜻은 곧 공자가 구이(九夷, 미개한 나라)에서 살고 싶어하던 뜻이 있었기 때문이리라.[151]

정약용의 이 주장은 매우 특이하다. 중국에서는 도원이 있던 무릉을 호남성의 상덕현 또는 도원현 등지로 보고 있는데 비하여[152] 정약용은 중국 땅이 아닌 오랑캐의 땅 남월로 보았던 것이다. 남월은 진의 시황(始皇) 때, 위타[성(姓)은 조씨(趙氏)]가 세운 나라인데, 뒤에 한에 복속되어 5대 93년 동안 존속했으며 그 위치는 현재의 광동성(廣東省)과 광서성(廣西省) 지역으로 보고 있다.[153] 정약용이 이러한 남월 지역에 도원이 있었다고 본 것이 흥미롭다. 그가 도원을 오랑캐의 땅에 있었다고 주장한 근거는 그곳이 지세가 험준하고 또 한족(漢族)의 공격을 피해 간 곳으로 본 데에 있는 듯하다. 아무튼 그가 도원이 그러한 곳에 실제로 존재할 수 있을 것이고 또 그러한 이야기가 도간이나 도잠 등 남쪽을 다녀온 사람들에 의하여 중국 본토에 전해졌다고 본 견해는 매우 특이하다. 그의 이 설이 전대의 어떤 다른 학자의 설에 의거한 것인지 아니면 완전히 독창적인 견해인지 현재로서는 단정하기 어렵다.

그런데 정약용이 굳이 도원을 중국땅이 아닌 오랑캐의 땅에 있었다고 주장한 이유는 무엇일까? 그렇게 함으로써 도원이 별 곳이 아니라는 것으로 보고 싶었던 것은 아닐까 추측되기도 하지만 확인할 수 없다. 너무 많은 사람들이 도원을 이상적인 곳으로 인식하는 데 대하여, 그곳은 신비로운 곳도 이상적인 곳도 아니며 실재할 뿐만 아니라 미개한 오랑캐의 땅에 있다고 봄으로써 세상 사람들의 허망한 생각을 바로잡고 싶어했던 것은 아닐지 모르겠다. 그래서 도간이나 도잠의 남도(南渡)의 예를 들어 한층 더 구체적인 논증을 하려 했던 듯하기도 하다. 역시 실학자(實學者)다운 면모를 여기에서도 엿볼 수 있다. 만약 이렇게 본다면 조선 후기에 이르러 일부 실학자들 사이에서는 도원을 종래와 달리 보는 경향이 있었을 가능성이 엿보인다고 하겠다. 이는 앞에 소개한 황준량의 견해와 맥을 같이한다고 볼 수도 있을 듯하다.

도원도(桃源圖)는 안견 이후에도 우리나라 화가들 사이에서 종종 그려졌음이 확실하다. 인조조(仁祖朝) 최고의 화원이었던 이징(李澄, 1581~1645 이후), 18세기 남종화가였던 이하곤(李夏坤, 1677~1724)과 강세황(姜世晃, 1713~1791), 근대의 안중식(安中植, 1861~1919) 등은 도원도를 그렸던 대표적 인물들이다.

이명곤(李明坤, 하곤의 동생)이 소장했던 이징의 〈도원도〉 장자(障子)는 험한 낭떠러지와 깊은 골짜기, 사나운 폭포와 어두운 연운, 긴 수염을 늘어뜨린 서너 명의 노인 등을 생동감 있게 표현한 득의작이었다고 하나 현재 전하지 않고 있다.[154] 안견파화가였던 이징의 이 작품은 안견화풍의 전통을 따랐을 가능성이 높으나 인물을 생동감 있게 표현했던 점이 〈몽유도원도〉와 크게 달라진 점이라 하겠다.

한편 정약용의 「제가장화첩(題家藏畵帖)」이라는 글을 보면 강세황이 그렸던 앞에서 언급한 도원도는 어떤 권신(權臣)을 위하여 그린 것으로 8첩(疊) 병풍이었으며, 닭과 개들이 털오라기를 셀 수 있을 정도로 자세하게 그려졌음이 확인된다.[155] 이처럼 강세황의 〈도원도〉는 안

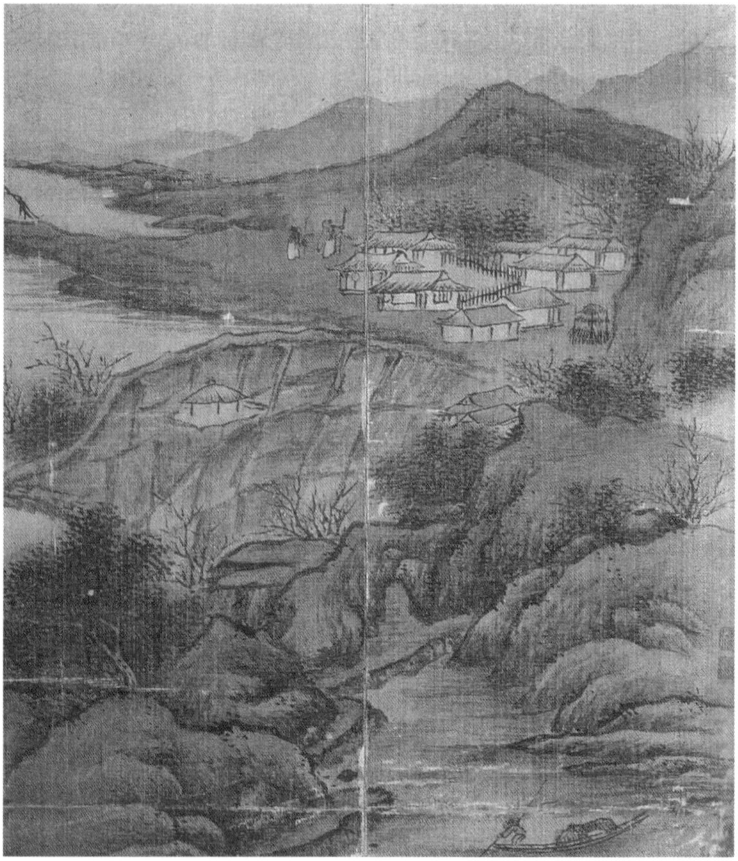

그림 21. 이하곤 筆 〈도원문진도桃源問津圖〉, 18세기 전반, 견본담채, 28.5×25.8cm, 간송미술관 소장

견의 〈몽유도원도〉와는 현저한 차이를 지녔던 것으로 볼 수 있다. 현재 전해지고 있는 18세기의 도원도는 이하곤이 그린 〈도원문진도(桃源問津圖)〉가 주목된다(그림 21). 간송미술관 소장의 이 작품은 안견의 〈몽유도원도〉와는 판이한 모습을 보여준다. 나지막한 산들, 옹기종기 모여 있는 집들, 여기저기 서 있는 복사꽃, 물과 논밭 등이 어설퍼 보이는 포치 속에 남종화법으로 묘사되어 있다. 멀리 동네 언저리에 마주 서 있는 인물들이 보여 문진(問津)을 나타내었다. 또한 근경에는 어부를 연상시키는 배의 모습이 보이고, 중거(中距)에는 좁은 구멍이

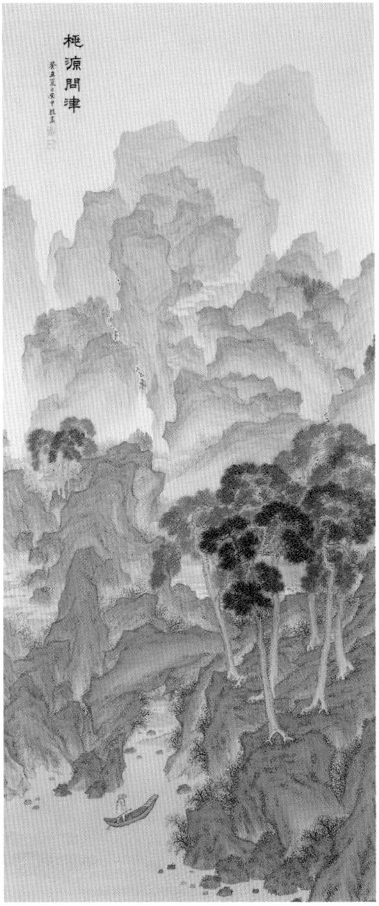

그림 22. 안중식 筆 〈도원문진도桃源問津圖〉 1913년, 견본채색, 164.4×70.4cm, 삼성미술관 리움 소장

나타나 있다. 도원을 상징하는 복사꽃, 배, 좁은 구멍, 마을과 논밭, 인물 등이 고루 갖추어져 있으나 방호와는 무관해 보인다. 안견의 〈몽유도원도〉의 구성과는 아무런 연관성도 엿볼 수 없다.

이러한 시대적 변모는 안중식의 〈도원문진도〉(그림 22)에서는 엿볼 수 있다. 청록으로 묘사된 이 작품은 각이 심하게 진 산들이 첩첩이 쌓인 고원경(高遠景)을 보여준다. 기이한 형태의 산들, 푸른색이 자아내는 특이한 분위기, 골짜기마다 만발한 복사꽃, 원경의 골짜기에 내비치는 도원의 마을, 이를 향하여 배를 저어가는 근경의 어부 등이 어우러진 이 작품은 전혀 또 다른 구성과 개념을 제시해 준다. 각진 암산(岩山)들이 이루는 심산유곡과 깊이감, 산의 높이가 자아내는 상승감과 웅장감이 두드러져 보인다.

이처럼 도원에 대한 개념이나 도원도의 표현방법은 시대에 따라 변화했지만 도원 그 자체에 대한 관심과 흥미는 현대의 우리에게까지 면면이 이어지고 있음을 부인할 수 없다.

Ⅶ. 〈몽유도원도〉의 화풍

1. 화풍의 특징

안견이 옛 그림들을 많이 보고 또 옛 대가들의 좋은 점들을 따서 종합하고 절충하여 자기 자신의 화풍을 형성했다는 점은 앞에서 몇 가지 문헌들을 통하여 확인한 바 있다. 따라서 안견의 〈몽유도원도〉도 당연히 그러한 점을 내포하고 있다고 볼 수 있을 것이다. 〈몽유도원도〉에 관하여 최초로 논문을 쓴 일본인 학자 나이토 고난(內藤湖南)이 "그 화풍은 곽희(郭熙)를 배운 것 같아 참으로 북송인(北宋人)의 골법(骨法)을 득(得)하고 있으며, 거의 일필(一筆)도 남송화원(南宋畵院) 이하의 풍(風)에 떨어지지 않는다."라고 언급했던 이래[156] 몇 편의 논문들이 쓰여졌지만(참고문헌 참고) 안견과 〈몽유도원도〉의 화풍에 관하여 충분한 규명이 이루어졌다고 보기는 어렵다. 아직도 좀더 철저한 화풍의 분석과 양식(樣式)의 비교 고찰이 필요한 상황에 있다.[157]

〈몽유도원도〉에는 여러 가지 화풍상 또는 양식상의 특징들이 보인다. 이것들을 하나씩 알아보기로 하겠다. 먼저 횡권(橫卷) 또는 수권(手卷, 두루마리) 그림의 경우, 이야기가 오른쪽에서 왼쪽으로 전개되는 게 상례인 동양화의 전통과는 달리 안견의 이 〈몽유도원도〉에서는 그와 반대로 왼편 하단부에서 시작하여 오른편 상단부로 이야기가 이어지고 있는 것이 눈길을 끈다. 이 때문에 '池谷可度 作'이라는 관서(款署)와 '可度'라는 주문방인(朱文方印)이 통상과는 달리 왼쪽이 아닌, 이야기가 끝나는 우측 가장자리에 되어 있다. 또한 왼편 하단부에서 오른편 상단부로 대각선 또는 사선(斜線)을 따라서 보는 이의 시선이 감상의 여행을 하면서 점진적으로 시각적인 절정에 도달하도록 되어 있다. 이 점은 앞으로 보게 되는 다른 여러 가지 특징들과 함께 안견이 신숙주(申叔舟)가 지적했던 것처럼 대단히 총민했음을 확실하게 말해 준다.

〈몽유도원도〉는 이러한 사선을 따라서 네 무더기의 커다란 경군(景群)으로 짜여져 있음이 주목된다(그림 23).[158] 왼편으로부터 볼 때 첫번째 경군은 나지막한 야산들이다. 이 야산들은 토산(土山)으로 우리나라의 중부 지방에서는 어디에서나 쉽게 볼 수 있는 평범하고 사실적인 산들로서 나머지 도원으로 이어지는 다른 바위산들과는 달리 현실세계를 나타낸다. 왼편 하단부의 구석에서 두 갈래의 길이 나와, 한 갈래는 이 야산을 끼고 복숭아나무들을 따라 이어져 있으며, 다른 한 갈래는 두번째 경군의 바위산 허리를 휘감아 돌고 있다. 따라서 왼편 하단부의 구석은, 안평대군이 그의 발문에서 밝힌 바와 같이 어디로 갈 바를 몰라 주저하고 있을 때 "이 길을 따라서 북쪽으로 휘어져 골짜기에 들어가면 도원이외다."라고 일러준 산관야복(山冠野服)을 한 사람을 만났던 곳으로 볼 수 있다. 그러므로 이 그림의 사변이 약간씩 잘려나가기 전에는 이 왼편 하단부의 구석에 두 갈래 길이 갈라져 있는 모습이 좀더 분명하게 그려져 있었을 가능성이 높다고 보여진다. 어쨌든 이 부분은 안평대군의 꿈속에서 현실세계와 꿈의 세

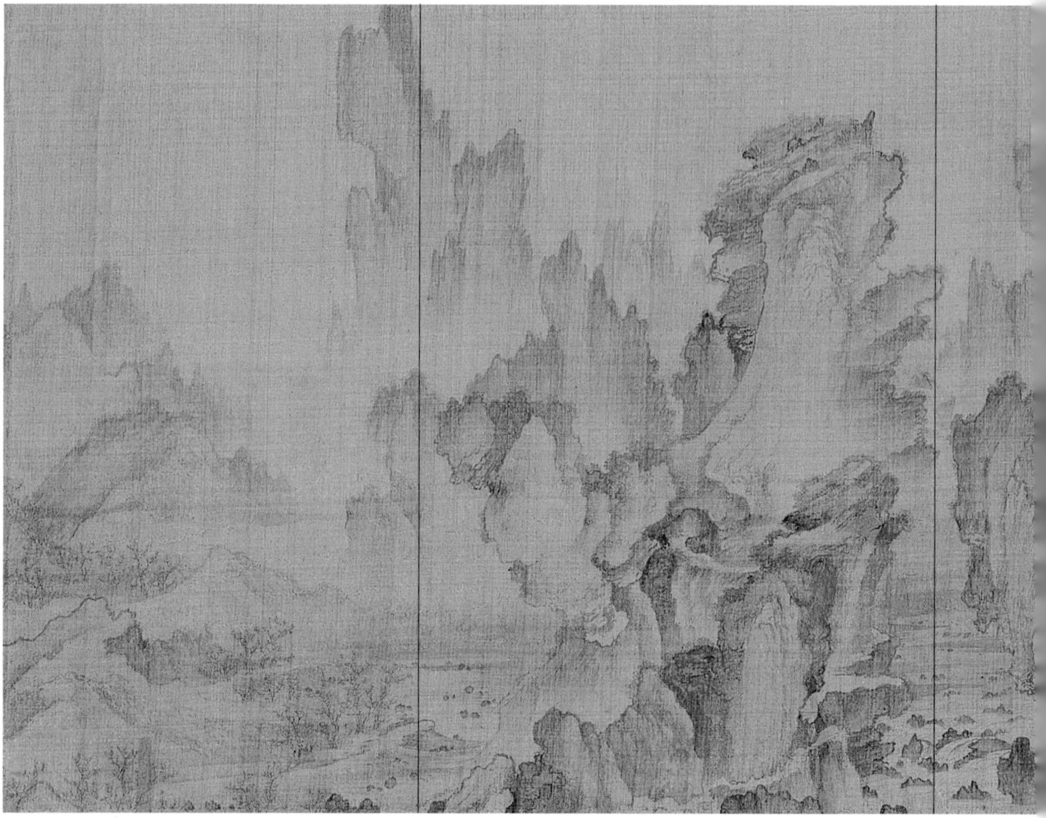

그림 23. 안견 筆 〈몽유도원도夢遊桃源圖〉의 네 경군(景群)

계, 즉 도원의 세계가 구분지어지기 시작한 곳으로 볼 수가 있다.

두 번째 경군은 도원으로 접근되는 외곽지역, 즉 도원의 바깥쪽 입구로 볼 수 있다. 이곳의 산들을 휘감듯이 길이 나 있고, 뱀처럼 꿈틀대며 멀어지는 이 기암절벽의 산길을 따라 우리의 눈은 점점 더 멀고 깊은 곳으로 끌려 들어간다. 즉 이 길을 따라 우리는 원근감(遠近感)과 오행감(奧行感)을 강하게 느낄 수 있다. 또한 길이 멀어지고 깊어질수록 이곳의 산들은 조금씩 높아지며 형태도 다양한 모습을 띤다. 이 길이 터널처럼 생긴 굴 속으로 사라지는 곳의 산은 가장 높고 기

Ⅲ群 Ⅳ群

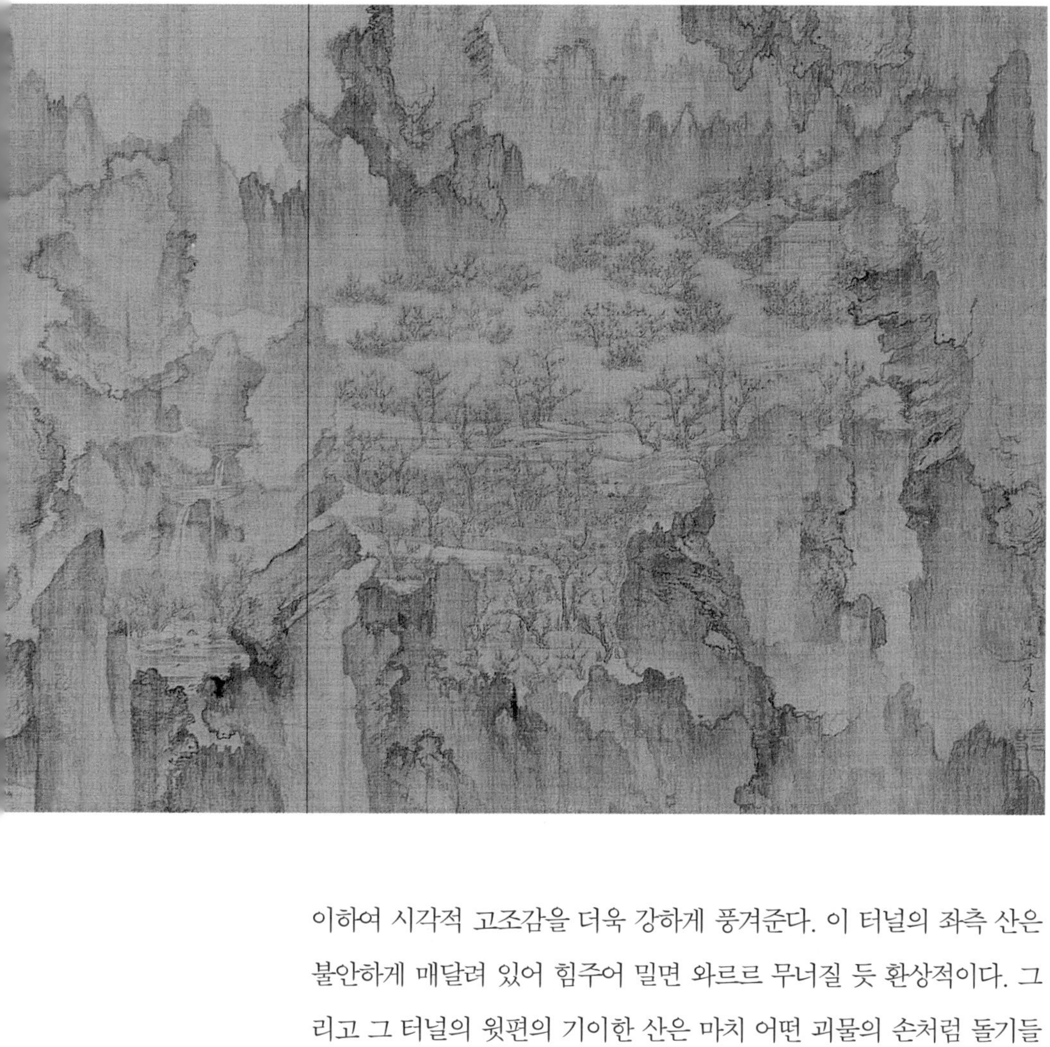

이하여 시각적 고조감을 더욱 강하게 풍겨준다. 이 터널의 좌측 산은 불안하게 매달려 있어 힘주어 밀면 와르르 무너질 듯 환상적이다. 그리고 그 터널의 윗편의 기이한 산은 마치 어떤 괴물의 손처럼 돌기들이 뻗쳐 있다. 뒤의 먼 산들은 뾰족뾰족 솟아 있어 환상적인 분위기를 고조시켜준다.

이 터널 밑으로 사라졌던 산길은 다시 세 번째 경군의 산허리를 따라 또다시 나타난다. 이 길은, 싸리버섯처럼 퍼지고 좁은 다리로 불안하게 서 있는 암괴(巖塊)의 뒤편에 좁게 나타나 중거(中距)의 소라

껍질 같은 납작한 산 밑을 감돌아 다시 자취를 감추며 시선을 옆의 넓은 도원으로 이끈다. 이곳의 산들은 도원의 안쪽 입구를 형성하며, 여기에 보이는 산을 비집듯이 나타난 길목이 바로 도연명의 「도화원기(桃花源記)」에서 어부가 간신히 들어간 구멍이라고 볼 수 있을 것이다. 이곳의 산길 우측(을 향하여)에 단을 이루며 흘러내리는 폭포가 더욱 절경의 맛을 돋운다.

마지막 네 번째의 경군은 이 그림의 핵심인 도원의 경치를 보여준다. 도원은 사방이 산으로 둘러싸여 있으며 윗편에는 바위들이 고드름처럼 매달려 있어 일종의 동굴과도 비슷한 모습을 시사한다. 도원의 끝부분에는 대나무 숲에 싸인 초가집들이 보이고, 도원의 중거(中距) 못 미치는 곳의 물가에 안평대군이 꿈에 본 배를 묘사하고 있는데, 이는 앞에서도 언급했듯이 도연명의 「도화원기」에 나오는 어부가 타고 갔던 배를 상징하고 있다고 하겠다. 이곳의 복숭아꽃들은 이미 소개한 바와 같이 빨간색 · 연분홍색으로 표현되어 있고 꽃심은 노랑색과 금채(金彩)로 묘사되어 있었음이 분명하다. 그리고 새잎은 파랑 · 초록 · 연초록 등의 색채로 그려져 있다. 이러한 색채들이 어울려 영롱한 분위기를 자아낸다. 도화(桃花) 사이를 짙은 연운이 감싸고 있어 봄날의 나른하고 아득한 느낌을 고조시켜 준다.

〈몽유도원도〉는 이처럼 크게 보아 네 개의 경군(景群)들이 조화를 이루며 짜여져 하나의 통합된 장면을 드러내고 있다. 이 하나하나의 경군은 유기적인 측면에서 보면 각기 따로따로 떨어져 있는 듯 하면서도 시각적으로 잘 조화되어 있다. 이러한 특징들은 안견파의 다른 산수화 작품들에서도 보편적으로 간취된다. 또한 각 경군들 사이에는 평원(平遠)과 심원(深遠)이 두드러져 고원(高遠)의 산들과 훌륭한 조화를 이루면서 웅장감을 더욱 두드러지게 해 준다.

〈몽유도원도〉의 좌반부는 정면에서 본 것으로 표현되어 있는 데 반하여 오른쪽 반은 위쪽에서 내려다본 것처럼 부감법(俯瞰法)을 써서 묘사했다. 이것은 산으로 둘러싸인 도원을 효율적으로 표현하기 위한 하나의 방책이었다고 볼 수 있다. 도연명의 「도화원기」에 나오는 도원도 넓고 평평하다고 되어 있고, 안평대군이 꿈에 본 도원도 2~3리 정도의 넓은 곳으로 기록되어 있다. 그런데 사방이 산으로 둘러싸여 있으면서 이처럼 넓은 곳을 표현한다는 것은 화가에게는 대단히 어려운 일이다. 이러한 두 가지 조건을 좁은 화면 안에서 함께 충족시키는 일은 성공보다는 실패하기가 쉬운 것이다. 사방이 산으로 둘러싸이게 표현하면 그 속의 도원은 좁아 보이게 되며, 도원의 넓이에 신경을 쓰다보면 주위의 산들이 볼품없이 보이게 되기 쉽다. 안견은 이 어려움을 두 가지 방법을 활용하여 교묘하게 해결하였던 것이다. 즉 도원을 부감법을 써서 비탈진 것처럼 표현하고 도원을 둘러싼 산들 중에서 시각적으로 보는 사람에게 가장 가까운 산의 높이를 대폭 낮춤으로써 도원의 넓이가 더욱 넓어 보이게 처리하였다. 이처럼 교묘한 해결능력을 보면 안견은 과연 총민한 사람이었음을 알 수 있다. 앞에서 이미 소개한 것처럼 그가 기지를 발휘하여 스스로 안평대군으로부터 출입을 금지당함으로써 계유정란(癸酉靖難)을 피할 수 있었던 뛰어난 두뇌 회전을 여기서도 엿볼 수 있다.

복숭아꽃과 잎들을 제외하고는 담묵(淡墨)을 위주로 하여 표현되어 있다. 구륵(鉤勒)과 기타의 일부분에만 농묵(濃墨)을 꼭 필요한 만치만 썼다. 그리고 필법은 지극히 섬세하면서도 힘차고 기(氣)가 들어가 있다. 대개 붓을 잇대어 써서 대부분의 경우 붓자국이 일일이 드러나지 않는 것이 보편적이다.[159] 필선이 드러나게 그린 경우에는 명주실처럼 가늘면서도 곱슬거리는 모습을 띠고 있다. 이러한 필묵법에 힘

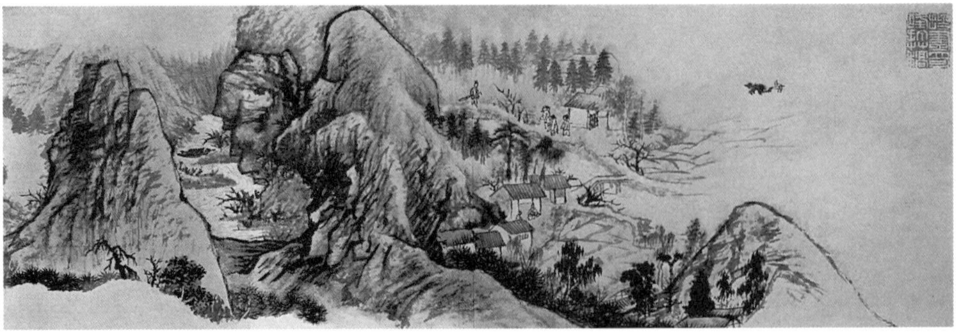

입어 화면 전체가 기운생동(氣韻生動)하는 분위기에 충만해 있다.

왼편의 첫 번째 경군인 현실세계의 산들을 제외하면 나머지 대부분의 산들은 기이한 형태와 얹히고 받쳐진 불안정한 모습을 띠고 있다. 이러한 산들은 화면이 매우 적막하고 고요한 분위기와 어울려서 한없는 환상의 세계를 펼쳐 보여준다.[160] 그야말로 꿈에서나 볼 수 있는 환상의 세계를 유감없이 묘파하였다.

그림 24. 석도 筆 〈무릉도원도武陵桃源圖〉(부분), 중국 · 청, 17세기 후반~18세기 초, 지본채색, 25×157.8cm, 미국 프리어 갤러리 소장

이러한 환상의 느낌은 텅빈 도원의 모습에서 가장 고조된다. 도연명의 「도화원기」에서 이미 보았듯이 도원에는 개가 짖고 닭이 울며 농부들이 농사를 짓고 있었다. 또한 안평대군도 꿈에 박팽년과 함께 도원으로 여행을 했고 그곳에 도착한 후에는 신숙주와 최항도 함께 어울려 놀았다. 그러므로 어느 경우에든 도원에 사람들이 있었음을 알 수 있다. 그래서 청대 도제(道濟)의 〈무릉도원도(武陵桃源圖)〉(그림 24)에서 보듯이 중국의 도원도에는 대개 사람들의 모습이 표현되는 게 상례였다. 도제의 이 그림에는 도원의 사람들이 어부를 맞이하는 장면과 한 농부가 소를 몰아 논을 갈고 있는 장면이 묘사되어 있다. 이와는 대조적으로 안견의 〈몽유도원도〉에서는 전혀 사람의 모습을 찾아볼 수 없다. 안평대군의 모습은 물론 박팽년 · 신숙주 · 최항도, 도원에 살고 있는 사람들조차도 그림에 표현되어 있지 않다. 왜 단

한 사람의 모습도 표현하지 않았을까? 그리고 그것은 안평대군의 요청에 따른 것일까, 아니면 안견이 독자적으로 취한 조처였을까? 이러한 의문들을 시원하게 풀 길은 없다. 다만 속된 인간을 신성한 도원의 세계에 표현하고 싶지 않았던 것은 아닐까 추측될 뿐이다.

2. 화풍의 비교

〈몽유도원도〉에 북송의 대표적인 화원이었던 곽희의 화풍이 수용되어 있다는 점은 나이토 고난(內藤湖南)의 논문이 발표된 이래 논자들에 의해 반복적으로 언급되었다 그러나 구체적으로 어떠한 점에서 곽희의 영향을 받았다고 볼 수 있는지에 관해서는 별로 논급이 없었다. 곽희화풍의 영향을 받은 것은 사실이나 그 영향은 붓을 잇대어 써서 그 흔적이 일일이 나타나지 않도록 한 필법, 산의 밑둥에 표현된 빛의 조광효과(照光效果), 해조묘(蟹爪描)를 연상시켜 주는 수지법(樹枝法), 변화를 반영하는 구륵법(鉤勒法), 산을 구름처럼 표현한 운두준법(雲頭皴法) 등의 기법 면에서 곽희화풍의 소극적인 수용을 감지할 수 있다. 그러나 곽희의 대표작인 〈조춘도(早春圖)〉(그림 25)나 그의 작품으로 전해지는 미국 프리어 갤러리 소장의 〈계산추제도(溪山秋霽圖)〉(그림 26) 등과 비교해 보면 그 차이가 대단히 큼이 자명해진다.[161)]

곽희가 1072년에 그린 〈조춘도〉는 횡권(橫卷)이 아닌 축(軸)이므로 〈몽유도원도〉와 비교하기에 약간 부적당하게 보일 수 있으나 곽희와 안견 사이의 화풍의 차이를 알아보는 데에는 별 지장이 없으리라고 생각된다. 황토지대의 침식된 산수를 소재로 한 〈조춘도〉는 근경의 언덕에서 시작하여 중경을 거쳐 후경의 주산(主山)에 이르기까지 산

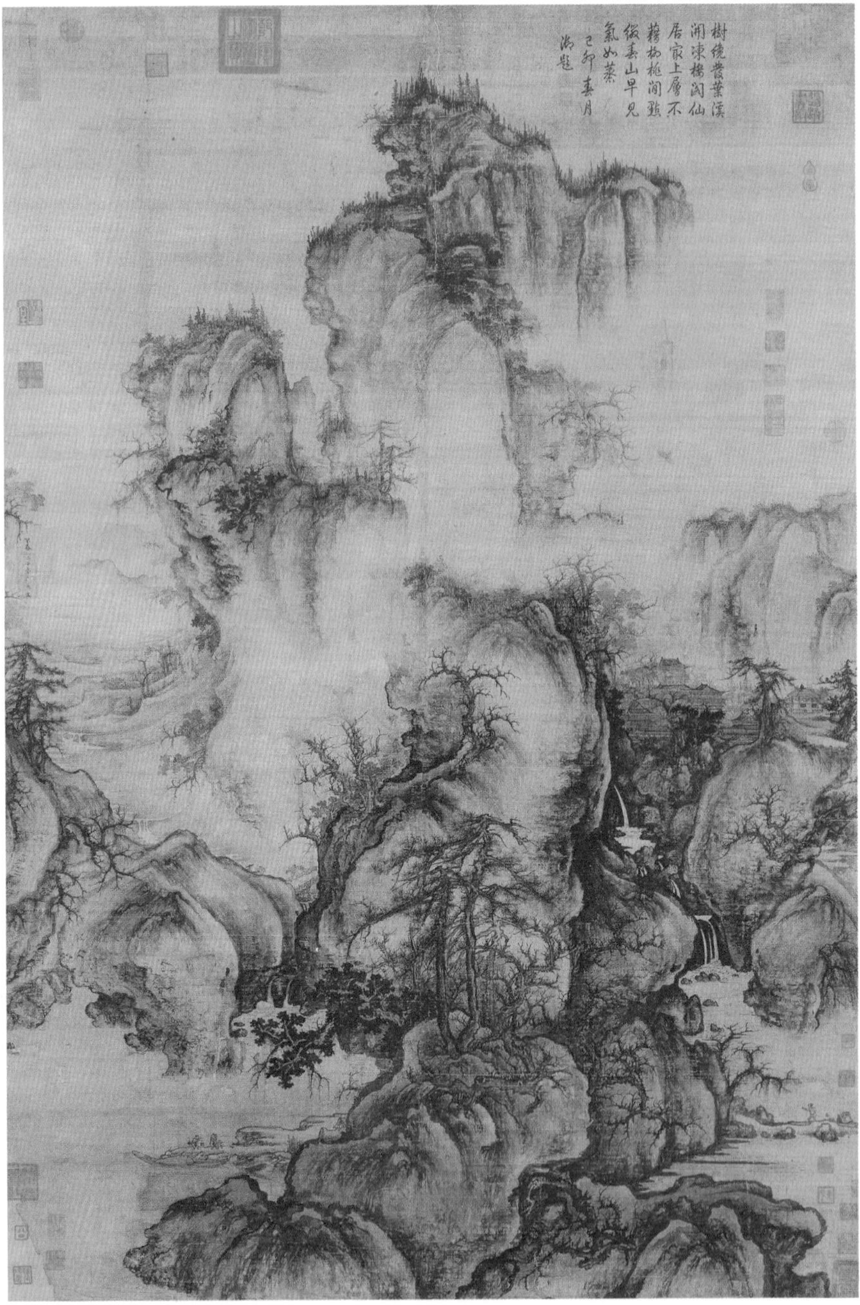

그림 25. 곽희 筆 〈조춘도早春圖〉, 중국 · 북송, 1072년, 견본담채, 158×108.5cm, 대만 고궁박물원 소장

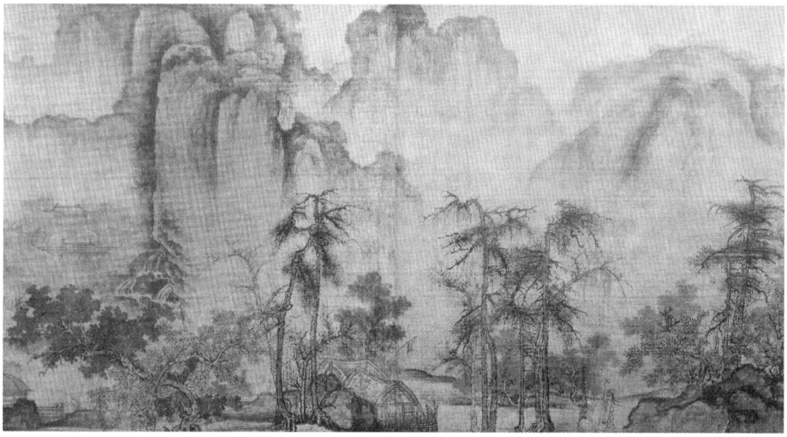

그림 26. 전 곽희 筆 〈계산추제도溪山秋霽圖〉(부분), 중국 · 북송, 견본담채, 26×206cm, 미국 프리어 갤러리 소장

들이 지그재그로 용틀임하듯 꿈틀대며 원경으로 물러나면서 높아지고 있다. 모든 경물들이 중앙 중심적이면서 좌우가 대칭을 이루는 구도 속에 유기적으로 연결되어 있으며, 산들의 형태는 대개 운두준에 힘입어 둥글둥글한 모습이다. 근경의 바위들은 마치 양파처럼 둥글게 생겼다. 〈조춘도〉에 보이는 이러한 구도 및 형태상의 특징은 〈몽유도원도〉나 기타 안견의 전칭작품들과 두드러진 차이를 드러낸다.

이러한 산들의 형태상의 차이는 〈몽유도원도〉와 〈계산추제도〉에서도 비슷하게 엿보인다. 전자의 산들이 암산(巖山)으로 좀더 뾰족뾰족하고 날카롭고 환상적인 반면에 후자의 산들은 황토지대의 전형적인 토산으로 〈조춘도〉의 산들과 마찬가지로 구름기둥처럼 둥글둥글하며 좀더 부드러운 느낌을 준다.

구도상으로 보면 〈몽유도원도〉와 〈계산추제도〉 사이에는 유사점과 차이점이 공존함을 확인하게 된다. 먼저 두 작품 모두, 오른쪽 부분에 역점을 두고, 중간 부분에 두드러진 산군(山群)을 배치하여 고원(高遠)과 평원(平遠)을 대조시키며, 왼편에 나지막한 야산을 묘사하여 시각적 이완(弛緩)을 도모한 점에서 서로 일맥이 상통함을 보여준다. 그러나 〈몽유도원도〉는 이야기가 왼편에서 오른편으로 이어지며, 이 이야기의 진행방향에 따라 독립되어 보이는 경군들이 보태지듯이 조화되며 통일을 이루는 데 반하여 〈계산추제도〉에서는 통상적인 방법대로 우측에서 좌측으로 이어지며 모든 경물들이 유기적이면서 합리적인 방법으로 간단없이 연결되어 있다. 따라서 원근향배(遠近向背)가 〈몽유도원도〉에서는 드라마틱하고 환상적인 느낌을 주는 데 비하여 〈계산추제도〉의 경우에는 좀더 이성적이고 사실적인 전개를 보여준다. 이러한 차이는 공간의 구성에서도 마찬가지로 엿보인다. 이처럼 안견은 기법적인 측면에서 곽희화풍의 영향을 받았으면서 대국적인 측면에서는 그것을 탈피하여 자신의 세계를 구축했던 것이다.

곽희의 화풍은 이미 11세기에 고려에 전래되었고, 일반 회화는 물론 불교회화에서도 적극 수용이 되었던 것으로 보인다.[162] 그러므로 안견 이전에 이미 고려시대에 곽희화풍을 토대로 한 한국적인 화풍이 성립되어 있었다고 볼 수 있으나 안견이 고려시대의 화풍에 얼마나 신세를 졌는지는 그 시대의 화적이 극히 드물어 규명할 수 없다. 이러한 여건 때문에 〈몽유도원도〉를 고려시대의 회화와 비교 고찰해 보는 일은 자연 어렵다.[163]

〈몽유도원도〉에는 앞에서 본 대로 북송대 곽희화풍과의 관계를 말해주는 요소들이 보이고 또 대단히 고전적인 측면을 지니고 있다.[164] 이 때문에 〈몽유도원도〉는 북송대 이후의 화풍과는 전혀 무관한 것으로 보기 쉽다. 그러나 이 작품에는 여러 가지 다양한 후대적인 요소들도 포함되어 있다고 볼 수 있다.

북송대 이후의 곽희파화풍의 작품 중에서 〈몽유도원도〉와 가장 잘 비교되는 것은 원대의 이승(李升, 14세기 중엽에 활동)이 그린 〈불도오비구도(佛度五比丘圖)〉라 하겠다(그림 27).[165]

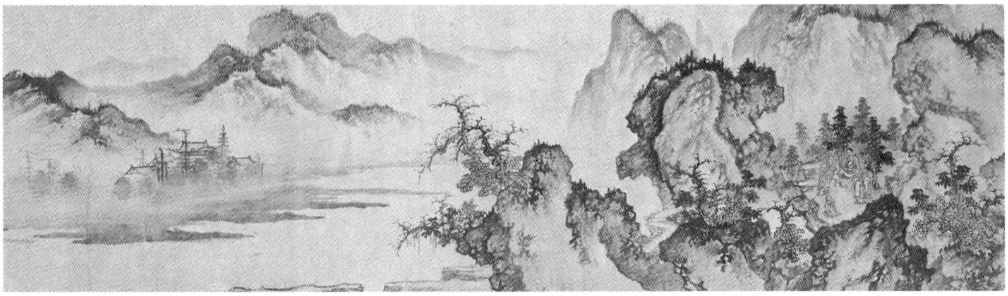

그림 27. 이승 筆 〈불도오비구도佛度五比丘圖〉, 중국 · 원, 지본수묵, 29.2×110.5cm, 미국 개인 소장

이 이승의 작품에서 우반부에는 산들이 둘러싼 공간에 불타(佛陀)와 다섯 명의 비구가 앉아 있고, 좌반부에는 야산과 수면이 멀어지는 모습으로 그려져 있다. 따라서 전체적인 구도상의 개념은 두 작품이 서로 유사하다고 볼 수 있다. 만약 이승의 작품에 보이는 우반부의 산으로 둘러싸인 공간이 훨씬 넓다면 안견과 이승의 그림 사이에는 좀더 강한 유사성이 느껴질지도 모른다. 구도면에서 이승의 이 작품이 곽희의 작품으로 전해지는 앞의 〈계산추제도〉보다 〈몽유도원도〉에 더 가까워 보인다. 또한 이승의 작품에 보이는 산들의 다소 매너리스틱한 과장된 형태도 곽희의 부드럽고 둥글둥글한 산들보다 안견의 바위산들에 가깝다. 그리고 산의 윤곽선 주변에 더덕더덕 붙어 있고 크고 기이한 모습의 돌기(突起)들도 안견과 이승의 작품들에서 모두 간취되는데 이러한 특징은 원말명초(元末明初)의 매너리스틱한 중국회화에서 엿볼 수 있다.

〈몽유도원도〉의 일부 산들은 금대(金代)의 이산(李山)의 작품으로 전해지는 〈산수도(山水圖)〉(그림 28)나 필자미상의 〈민산청설도(岷山晴雪圖)〉(그림 29) 등에 보이는 산들과도 비교된다.[166] 즉 〈몽유도원도〉에서 왼편으로부터 두 번째 경군 중의 터널 앞에 있는 삼각형의 납작한 산은 이산의 작품으로 전해지는 〈산수도〉의 삼각형 산들과 유관해 보인다. 그리고 도원의 전면에 보이는 산들은 〈민산청설도〉의

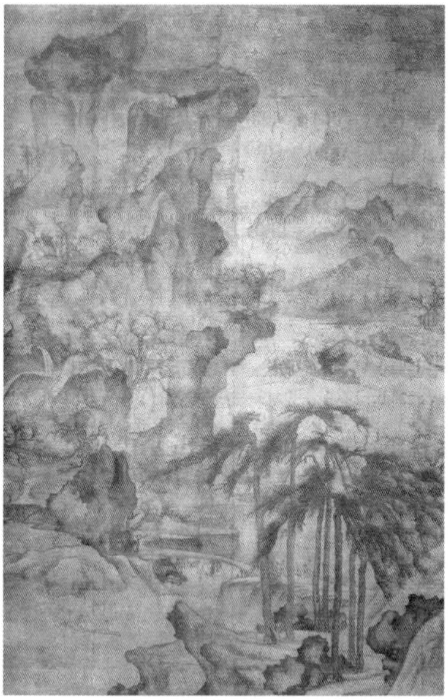

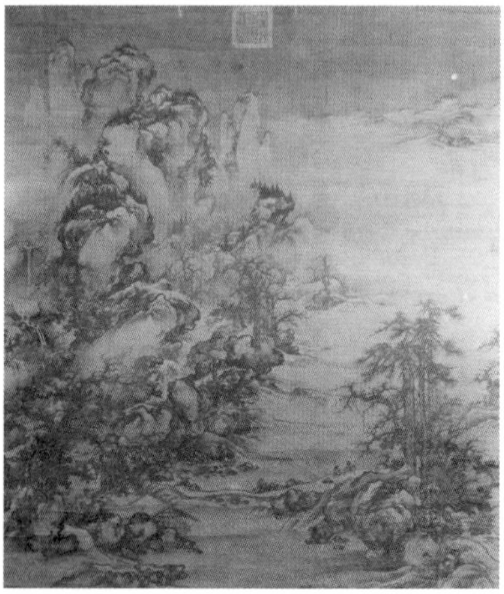

그림 28. 전 이산 筆 〈산수도山水圖〉, 중국 · 금, 견본수묵, 163.6×107.2cm, 미국 프리어 갤러리 소장

그림 29. 필자미상 〈민산청설도岷山晴雪圖〉(〈백의원학도白衣猿鶴圖〉 중의 중앙), 중국 · 금, 견본채색, 115.1×100.7cm, 대만 고궁박물원 소장

산들과 형태면에서 상당히 방불하다.

중국 강남의 남송에서는 북송의 전통을 벗어나 이당(李唐) · 마원(馬遠) · 하규(夏珪) 등에 의해 새로운 원체화풍(院體畵風)이 뚜렷하게 창출된 반면에 북쪽의 금에서는 북송대의 이곽파화풍의 전통이 계승되고 있었으며, 고려는 이 두 나라와 모두 적절히 외교관계를 유지하고 있었으므로 남송의 화풍과 더불어 금의 화풍이 전해져 조선 초기로 이어졌을 가능성이 높다. 또한 원대의 이곽파화풍도 이러한 금대의 이곽파화풍을 계승했다고 볼 수 있는데, 원대의 이 화풍도 고려시대에 전해져 수용되었던 것이다.[167] 이러한 배경을 고려하면, 조선 초기 안견의 화풍에 금이나 원대 이곽파화풍의 요소가 수용되었다고 보아 크게 잘못된 것은 아니다. 하물며 작품 자체가 그것들을 보여줄 때는 더욱 그러하다. 이 밖에도 〈몽유도원도〉의 산들에 이빨 모양의 치형돌기(齒形突起)들이 자주 보이는데, 이 돌기들 안에는 주근깨 같

은 점들이 찍혀 있는 경우가 많다. 이러한 요소도 북송대의 이곽파화풍보다는 금원대(金元代)의 이곽파화풍에서 자주 볼 수 있는 것이다. 이와 같은 몇 가지 요소들은 안견이 북송대의 곽희화풍만이 아니라 금원대 이곽파화풍의 일부 경향도 수용하여 소화했음을 말해 준다.

그리고 도원의 상공에 고드름처럼 매달려 있는 산들은 모티프 면에서 보면 남송대 목계(牧溪)의 〈백의관음도(白衣觀音圖)〉를 비롯한 선종화(禪宗畵)들에서 종종 엿볼 수 있지만,[168] 표현방법에 있어서는 남송대 염차평(閻次平, 12세기 후반에 활약)의 작품으로 전칭되는 〈산수도〉 쌍폭 중 좌폭(左幅) 중앙부 언덕들과 상당히 유사하다(그림 31).[169] 그러나 고드름처럼 매달려 있는 바위산 모티프는 고려시대의 수월관음도들에 거의 예외 없이 나타나 있어 이것이 중국화에서 전해진 것이기보다는 고려시대의 불교회화에서 시사를 받아 표현되었을 가능성이 좀더 높다고 본다(그림 V).[170] 사실상 이 모티프는 이외의 일본의 관음상들에도 보이고 있어 일종의 국제적 성격의 것이라고 볼 수 있다.

이상의 간략한 비교들을 통해서만 보아도 안견은 신숙주의 말대로 옛 그림들을 많이 보아 그 요점들을 모두 얻고 여러 대가들의 좋은 점들을 모아서 총합하고 절충하여 자신의 화풍을 이루었음을 알 수 있다. 그렇지만 앞에서 본 조그마한 요소들을 제외하고는 전체적으로 볼 때 안견의 〈몽유도원도〉는 좀더 분명하고 적극적인 새 창작의 세계를 두드러지게 드러낸다. 왼편 하단부에서 오른편 상단부로 대각선을 따라 펼쳐진 효율적이고도 치밀한 포치, 공간의 기술적인 표현, 고원(高遠)과 평원(平遠)의 대조를 통한 웅장감의 고조, 환상세계의 교묘한 구현, 세부 묘사의 정교함과 우수함, 이러한 모든 요소들이 서로 어울려 하나의 조화롭고 웅장한 심포니를 연출해 내는 듯하

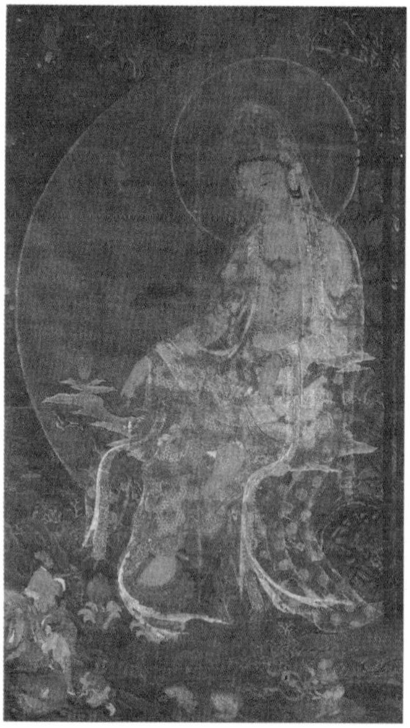

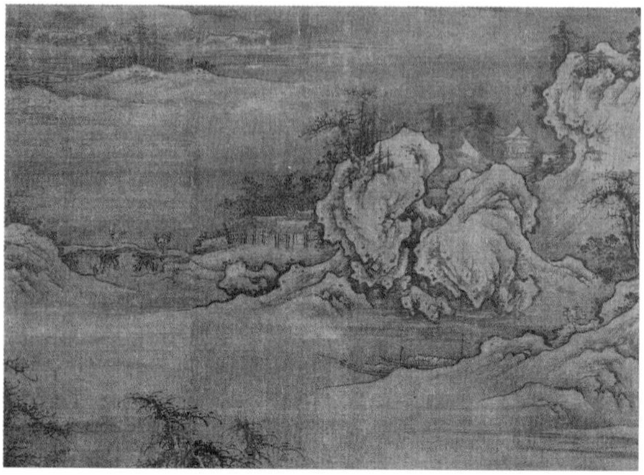

다. 아무 소리도 들리지 않는 적막하고 고요한 분위기가 그러한 형태상의 웅장함과 어우러져 보는 이에게 더욱 기이함을 느끼게 한다. 아마도 이러한 점들이 〈몽유도원도〉를 유별나고 위대한 것으로 존재하게 하는 것이 아닐까 생각된다.

그림 30. 필자미상 〈수월관음도水月觀音圖〉, 고려 14세기, 견본채색, 227.9×125.8cm, 일본 교토 다이토쿠지 소장

그림 31. 전 염차평 筆 〈산수도山水圖〉(부분), 중국 · 명, 견본담채, 127×72.2cm, 일본 도쿄국립박물관 소장

Ⅷ. 안견의 전칭작품

안견의 진작(眞作)은 〈몽유도원도〉뿐임을 앞에서 이미 밝힌 바 있다. 그러나 안견의 작품으로 전칭되고 있는 것들은 여기저기에 여러 점이 있다. 여기에서 간추려 소개할 국립중앙박물관 소장의 〈사시팔경도〉(그림 Ⅶ~ⅩⅣ), 〈소상팔경도〉(그림 ⅩⅤ~ⅩⅫ), 〈적벽도(赤壁圖)〉(그림 33) 등이 그 대표적인 예들이다. 또한 국립중앙박물관 소장의 〈설천도(雪天圖)〉, 간송미술관 소장의 〈산수도〉와 〈설강어인도(雪江漁人圖)〉, 야마토분카간 소장의 〈연사모종도(煙寺暮鐘圖)〉(그림 32), 서울대학교박물관 소장의 『근역화휘(槿域畵彙)』 속에 있는 산수도 잔편 등도 안견의 작품으로 전칭되고 있다.[171] 그러나 이 작품들 중에는 비록 안견파에는 속하나 시대는 안견보다 뒤지는 경우도 있고, 어떤 것은 안견파화풍과도 거리가 있는 화풍으로 제작되어 있어 이곳에서 이 그림들 하나하나를 구체적으로 살펴보기는 곤란하다. 그러므로 이것들 중에서 특히 안견파화풍의 경향과 특징을 보여주거나 15세기 화단의 일면을 엿보는 데 도움이 된다고 판단되는 〈사시팔경도〉, 〈소상팔경도〉, 〈적벽도〉의 세 점만 소개해 보고자 한다.

이 작품들에 관해서는 저자가 이미 어느 정도 구체적으로 논한 바 있으므로,[172] 이곳에서는 요점만 간추려서 언급하기로 하겠다.

1. 〈사시팔경도〉

초춘(初春) · 만춘(晩春) · 초하(初夏) · 만하(晩夏) · 초추(初秋) · 만추(晩秋) · 초동(初冬) · 만동(晩冬)의 여덟 장면을 그린 그림으로 안견의 전칭작품들 중에서 제일 고식(古式)에 속하는 작품이다(그림 VII~XIV). 따라서 〈몽유도원도〉를 제외하고는 현재 전해지고 있는 작품들 중에서 안견파의 표준작이 된다고 볼 수 있다. 붓을 잇대어 써서 붓의 흔적이 나지 않도록 하는 필법과 구도상의 특징이 다른 전칭작품들보다 안견의 화풍에 가장 가깝기 때문이다.

봄, 여름, 가을, 겨울의 네 계절의 변화를 이른 시기와 늦은 시기로 나누어 표현함으로써 8경을 이루고 있다. 이러한 계절의 표현을 효율적으로 하기 위해서 화면마다 필법과 묵법에 변화를 가하고 있다. 예를 들어 이른 봄인 '초춘(初春)'에서는 섬세하고 유연한 필법과 담묵을 위주로 쓴 데에 반하여 늦겨울 장면을 묘사한 만동(晩冬)에서는 비수(肥瘦), 태세(太細), 강약(强弱), 농담(濃淡)의 변화가 큰 필선과 필법을 구사했고 묵법도 대담하게 썼다(그림 VII과 XIV 비교). 이른 봄과 늦겨울의 두 장면이 보여주는 이러한 현저한 차이는 다른 장면들에서도 정도의 차이는 있어도 마찬가지로 나타난다. 산수는 계절 · 시간 · 거리 · 각도 등 보는 시간과 위치에 따라 항상 제각기 달리 보인다는 곽희의 『임천고치(林泉高致)』 중 「산수훈(山水訓)」에 피력된 화론이 잘 인식되어 있었음이 틀림없다.

각 폭이 거의 모두 비슷비슷한 구도를 지니고 있는데, 대개 한 쪽

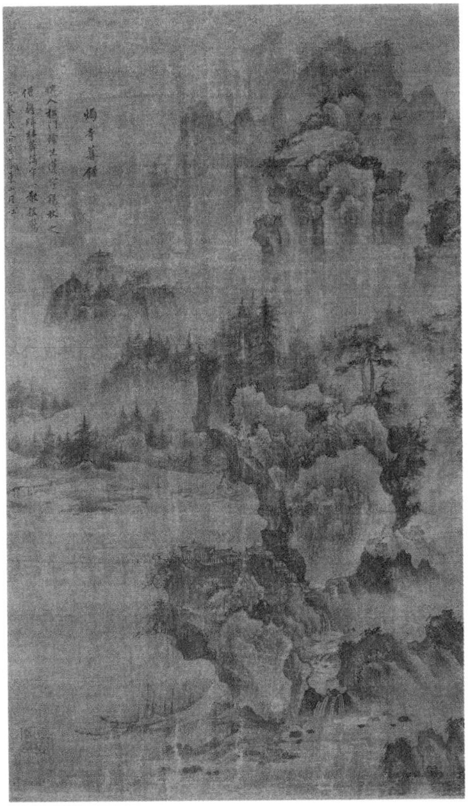

그림 32. 필자미상 (전 안견 筆) 〈연사모종도煙寺暮鐘圖〉, 견본수묵, 79×47.8cm, 일본 야마토분카간 소장

종반부가 다른 종반부보다 무게가 더 주어져 있어 한 폭만 보면 기울어져 보인다. 이러한 구도를 편파구도(偏頗構圖)라고 저자는 부르고 있다. 그러나 두 폭을 맞붙여 놓고 함께 보면 좌우폭이 균형을 이루어 대칭적인 구도의 효과를 낸다. 이를테면 이른 봄 장면과 늦봄 장면을 함께 펼쳐 놓고 보면 이른 봄 장면은 오른쪽에, 그리고 늦봄 장면은 왼쪽에 무게가 주어져 있어 좌우의 두 폭이 균형잡힌 대칭구도의 효과를 낸다. 이 점은 다른 계절의 경우에도 마찬가지로 적용된다. 이러한 편파구도는 본래는 대개 화첩 그림에서 많이 채택되었던 것 같다. 화첩에서는 좌우의 두 폭을 함께 펼쳐 놓고 보게 되기 때문이다. 그러나 병풍 그림들에서도 보편적으로 구사되었음이 확인된다.

각 폭의 그림은 몇 개의 흩어진 경군들로 짜여져 있다. 경군들은 각기 따로따로 흩어져 있고 유기적인 연결이 되어 있지 않으면서도 서로 조화를 이루며 하나의 통일된 경치를 이루고 있다. 한 예로 이른 겨울 장면을 보면(그림 XIII) 네 개의 흩어진 경군들로 되어 있으면서도 서로는 시각적으로 잘 조화되어 있는 것이다. 근경의 언덕은 뒤로 물러나고 주산(主山)은 앞으로 다가오듯 하여 근경과 원경의 시각적 거리를 좁혀줌과 동시에 그 산줄기는 왼편의 어부가 있는 언덕을 향하고 있어 조화를 이룬다. 근경의 평평한 땅 위에 있는 집들과 대나무도 왼편의 작은 언덕 쪽을 향하면서 그곳의 어부가 들고 있는 노와 선을 맞대고 있어 두 개의 떨어져 있는 경군들의 간격을 좁혀 주고 있다. 이처럼 경군들이 따로따로 떨어져 있으면서도 훌륭한 조화를 이루는 구도는 안견파의 산수화에 보편적으로 나타나는 특징이다.

그리고 이러한 경군들 사이에는 수면(水面)과 연운(烟雲)을 따라 넓은 공간과 여백이 전개되어 있다. 이처럼 확 트인 공간의 표현이 안견파의 산수화에서 간취되는 또 하나의 큰 특징이라 하겠다. 이러한 공간의 표현은 확 트이고 시원한 공간을 좋아하고 옹색함을 싫어하는 우리나라 사람들의 공간의식과 미의식을 반영한 것으로 볼 수 있다.[173] 이러한 구도 및 공간 처리에 나타나는 특징들은 경물들의 유기적인 결합을 중시하는 중국의 곽희파화풍과는 현저한 차이를 보여준다. 일례로 곽희의 〈조춘도〉와 비교해 보면 그 차이가 자명해진다.

산과 언덕의 표현과 수지법 등은 곽희화풍을 토대로 했으면서도 공간의 표현과 토파(土坡)의 묘사에는 남송대 원체화풍의 영향이 감지된다. 말하자면 두 가지 큰 전통을 수용하여 절충해서 중국의 그림과는 완연하게 다른 한국적 화풍을 창출해 낸 것이다. 이러한 구도, 공간처리, 기타의 부분들에 보이는 여러 가지 특징들은 후대에 계승되어 하나의 뚜렷한 맥을 이루었다. 다음에 소개할 국립중앙박물관 소장의 〈소상팔경도〉는 그 대표적인 예이다.

2. 〈소상팔경도〉

소상팔경(瀟湘八景)은 중국 양자강(揚子江) 남쪽의 소강(瀟江)과 상강(湘江)이 합쳐지는 곳의 절경을 여덟 장면으로 묘사한 것인데 북송 때 송적(宋迪)에 의해 시작되었다고 믿어진다. 우리나라에는 고려시대에 전래되었는데 그 후 우리나라 문학과 회화에서 자주 다루어졌다. 특히 조선 초기에는 대단히 크게 유행하여 많은 시와 회화를 남겼다.[174] 안견도 안평대군의 요청에 따라 〈소상팔경도〉를 그린 바 있는데 이 작품에는 〈몽유도원도〉의 경우처럼 많은 문사들이 찬시를 지은 바 있다.[175]

이곳에 소개하는 국립중앙박물관 소장의 〈소상팔경도〉도 그 중의 하나이다(그림 XV~XXII). 이 작품은 앞에 소개한 〈사시팔경도〉와 함께 표구되어 있었고 또한 함께 안견의 작품으로 알려져 왔다. 사실상 두 작품은 모두 안견파의 그림으로 대체적인 구도와 공간 처리 등에 있어서 서로 상통한다. 즉 한쪽에 치우친 편파구도, 따로따로 흩어져 있으면서 조화를 이룬 구성, 수면과 안개를 따라 펼쳐지는 넓은 공간, 해조묘의 수지법 등에서 이 〈소상팔경도〉는 앞에서 살펴본 〈사시팔경도〉와 비슷하다.

그러나 〈소상팔경도〉는 〈사시팔경도〉와 몇 가지 점에서 차이를 드러낸다. 즉 〈소상팔경도〉는 확대 지향적인 공간처리와 함께 깊이감 또는 오행감(奧行感)을 강조하고 있고, 산들의 형태가 좀더 도식화되어 있으며, 무엇보다도 16세기 초의 안견파 작품들에 보이는 '단선점준(短線點皴)'으로 묘사되어 있다.[176] 이러한 점들은 이 〈소상팔경도〉가 안견시대의 작품이 아니며 훨씬 후대인 16세기 초의 것임을 분명히 해준다. 즉 이 작품은 안견의 작품이거나 안견시대의 그림이기 보다는 안견화풍의 전통을 이은 필자미상의 16세기 초의 안견파 그림으로 판정된다.

이 〈소상팔경도〉는 ① 산시청람(山市晴嵐) ② 연사모종(煙寺暮鐘) ③ 어촌석조(漁村夕照) ④ 원포귀범(遠浦歸帆) ⑤ 소상야우(瀟湘夜雨) ⑥ 동정추월(洞庭秋月) ⑦ 평사낙안(平沙落雁) ⑧ 강천모설(江天暮雪)의 순서로 구성되어 있다.

3. 〈적벽도〉

〈적벽도〉는 북송의 소식(동파, 1036~1101)이 호북성(湖北省) 황강현(黃岡懸)에 있는 적벽(赤壁)을 선유(船遊)하고 지은 적벽부(赤壁賦)를 표현한 그림이다(그림 33). 그는 1082년 7월 16일과 그 후 3개월 만인 같은 해 10월 두 차례에 걸쳐 적벽에서 선유하고 그 때마다 부(賦)를

그림 33. 필자미상(전 안견 筆) 〈적벽도赤壁圖〉, 견본담채, 161.5×102.3cm, 국립중앙박물관 소장

지었다. 첫 번째 선유 때 지은 것을 전적벽부(前赤壁賦), 두 번째 지은 것을 후적벽부(後赤壁賦)라고 하는데 이 그림에 표현된 것은 전적벽부(前赤壁賦)이다.[177] 이 소재도 중국에서는 물론 우리나라에서도 종종 그려졌다.

이 작품은 산들을 배경으로 근경에 배를 타고 친구들과 함께 앉아 있는 소동파의 모습을 묘사하였다. 전반적으로 보아 인물의 묘사가 산수의 표현보다 훨씬 우수하여 이 작품은 산수화보다 인물화에 뛰어났던 화가에 의하여 그려진 것이 확실시된다. 이 점에 의거해서만 보아도 이 작품이 안견의 작품일 가능성은 희박하다.

그림 34. 대진 筆 〈산수도 山水圖〉, 중국 · 명 15세기, 견본담채, 194×104cm

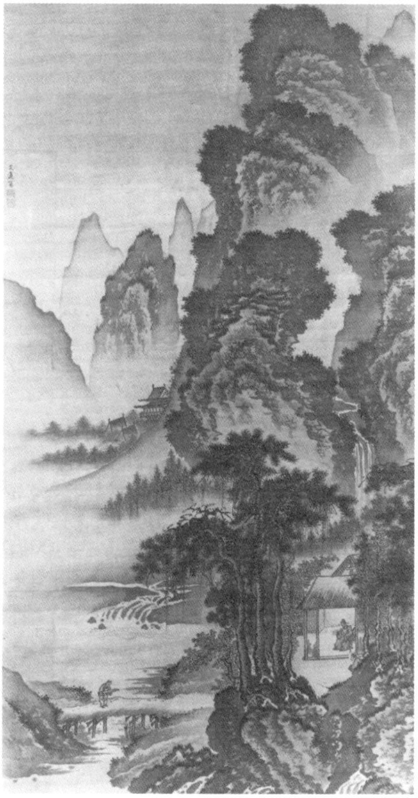

이곳의 산들은 납작하며 반복적으로 표현되어 있고 이미 살펴본 〈사시팔경도〉나 〈소상팔경도〉와는 현저한 차이를 드러낸다. 그러나 안견파의 영향은 구도 · 공간 처리 · 수지법 등에 배어 있다. 또한 이 밖에도 명대 절파의 개조(開祖)인 대진(戴進)의 작품(그림 34)과의 비교를 통해서 자명해지듯이 이 작품에는 15세기에 새롭게 파급되어 온 절파의 영향이 수용되어 있음이 확인된다.[178] 그러므로 비록 안견의 작품으로는 볼 수 없어도 15세기 화단의 또 다른 양상을 파악하는 데는 크게 참고가 된다.

Ⅸ. 안견화풍의 영향

안견은 조선왕조 초기(1392~약 1550)는 물론 중기(약 1550~약 1700)까지 오랜 기간에 걸쳐 매우 큰 폭으로 화단에 영향을 미쳤다. 화원(畵員) 출신인 그가 직업화가들에게는 말할 것도 없고 사대부 출신의 화가들에게까지 신분을 초월하여 영향을 미쳤던 것이 또한 주목된다. 이처럼 그는 종적으로나 횡적으로 우리나라 회화사상 가장 괄목할 만한 영향력을 발휘하였다. 그러나 이에 못지않게 주목을 요하는 점은 그가 국내 화단뿐만 아니라 일본의 무로마치시대(室町時代) 수묵화단(水墨畵壇)에도 적지 않은 영향을 미쳤다는 사실이다. 국내외에 미친 이와 같은 안견의 영향 문제는 그 자체만으로도 방대한 작업과 정리를 요한다. 그러므로 이 문제를 이곳에서 장황하게 다룰 수는 없다. 그 개략만을 살펴보는 것으로 그칠 수밖에 없겠다. 그리고 안견이 조선 초기와 중기의 국내 화단에 미친 영향에 관해서는 저자 자신이 이곳저곳에 기회 있을 때마다 꽤 소개를 한 편이므로 이곳에서는 일본에 미친 영향에 관하여 조금 더 관심을 가지고 요점적으로 논의를 해볼까 한다.

1. 국내 회화에 미친 영향

안견이 국내 화단에 미친 영향의 폭에 관해서는 이미 앞에서 그의 생애를 다루면서 약간 언급한 바가 있다. 기록이나 작품들을 통하여 그의 영향을 받았다고 확인되는 화가들만 보아도 석경(石敬) · 양팽손(梁彭孫) · 정세광(鄭世光) · 신사임당(申師任堂) · 이상좌(李上佐) · 김시(金禔) · 이불해(李不害) · 강효동(姜孝同) · 이정근(李正根) · 이흥효(李興孝) · 이정(李禎) · 이징(李澄) · 김명국(金明國) · 이성길(李成吉) · 조직(趙溭) 등이 있음은 앞에서도 보았다. 이 밖에도 15세기 말에 일본에 건너가 다이토구지(大德寺)를 중심으로 활동했던 문청, 혹은 분세이(文淸)도 〈누각산수도(樓閣山水圖)〉 및 〈연사모종도(煙寺暮鐘圖)〉와 〈동정추월도(洞庭秋月圖)〉 쌍폭(그림 35 · 12) 등으로 보면 일본에 건너가기 전에 안견파의 화풍을 따라 그렸음이 분명하다.[179] 그

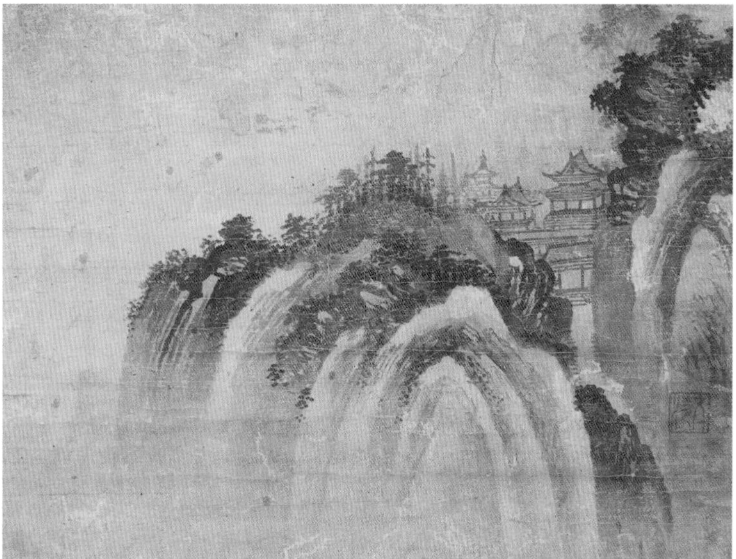
그림 35. 문청 筆 〈누각산수도樓閣山水圖〉, 15세기 후반, 지본담채, 31.5×42.7cm, 국립중앙박물관 소장

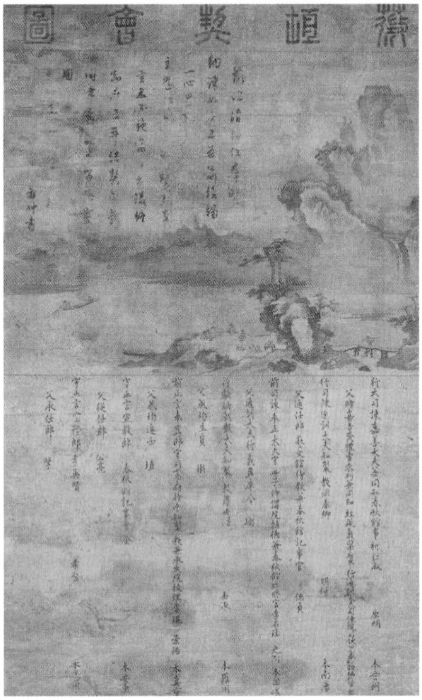

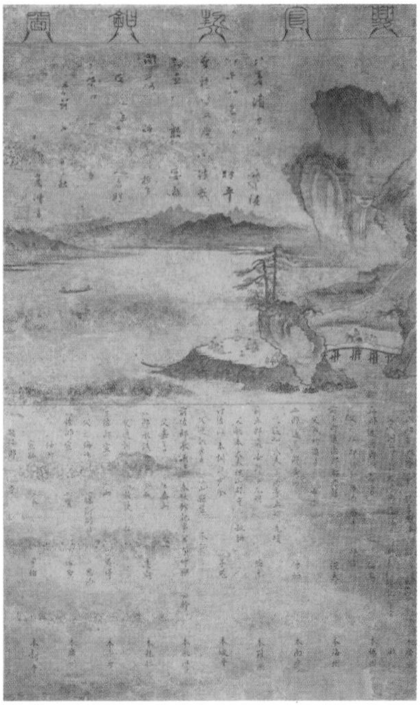

그림 36. 필자미상 〈미원계회도薇垣契會圖〉, 1540년, 견본수묵, 93×61cm, 국립중앙박물관 소장

그림 37. 필자미상 〈하관계회도夏官契會圖〉, 1541년경, 지본수묵, 97×59cm, 국립중앙박물관 소장

리고 화가의 이름은 밝혀져 있지 않지만 국내와 일본을 위시한 외국에도 안견파의 작품들이 상당수 남아 있어서 안견의 화풍이 미쳤던 영향의 심도를 엿보게 한다.

이러한 예의 작품으로는 앞 장에서 소개한 〈사시팔경도〉와 〈소상팔경도〉, 〈적벽도〉, 전 양팽손의 〈산수도〉, 국립중앙박물관 소장의 〈미원계회도(薇垣契會圖)〉와 〈하관계회도(夏官契會圖)〉(그림 36 · 37), 〈연방동년일시조사계회도(蓮榜同年一時曹司契會圖)〉(그림 38), 홍익대학교박물관 소장의 〈중묘조서연관사연도(中廟朝書筵官賜宴圖)〉와 〈서총대시예도(瑞葱臺試藝圖)〉(그림 39 · 40) 등이 국내의 것으로 주목된다. 그리고 일본에 전해진 것 중 중요시되는 작품은 개인 소장의 〈독서당계회도(讀書堂契會圖)〉(그림 41), 야마토분카간(大和文華館) 소장의 〈연사모종도〉, 이츠쿠시마(嚴島) 다이간지(大願寺) 소장의 〈소상팔

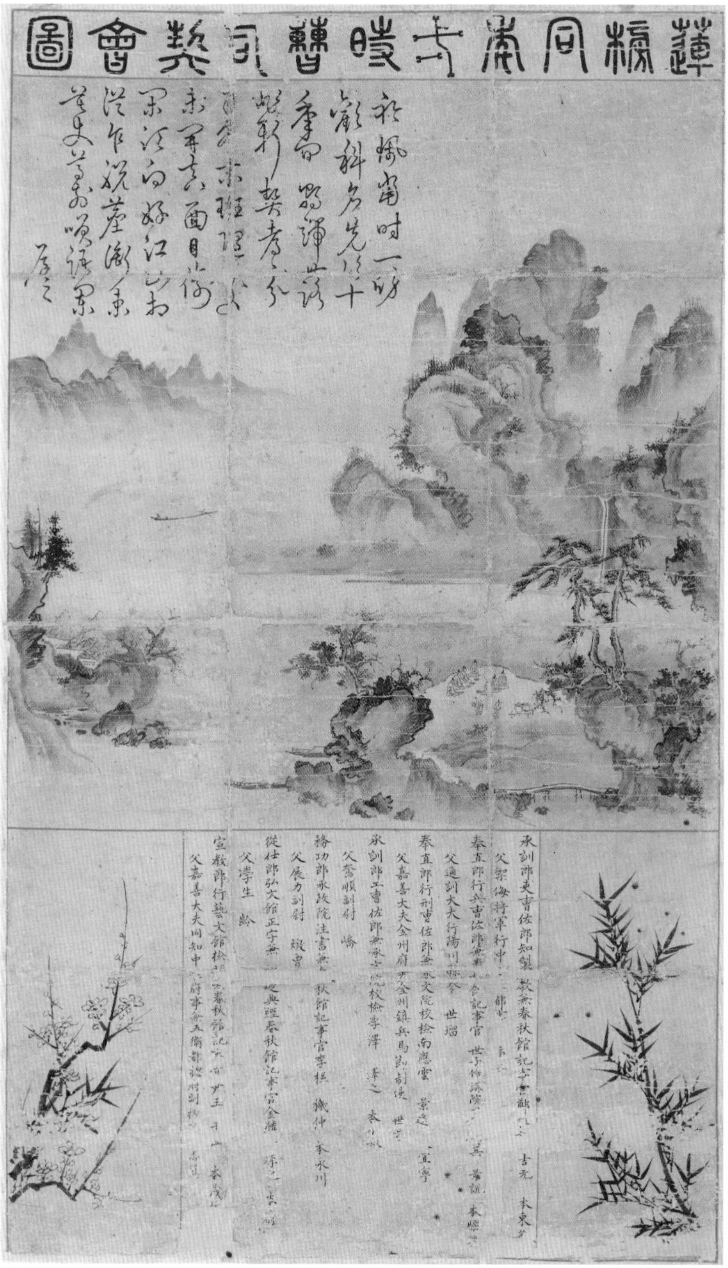

그림 38. 필자미상 〈연방동년일시조사계회도蓮榜同年一時曹司契會圖〉, 1542년경, 지본담채, 101.2×60.6cm, 국립광주박물관 소장[광박 200909-4]

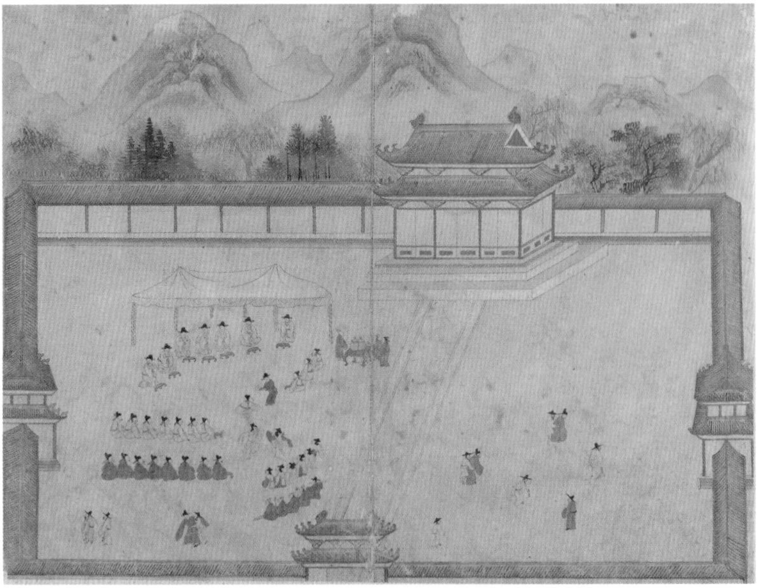

그림 39. 필자미상 〈중묘조서연관사연도中廟朝書筵官賜宴圖〉, 1533년경 지본채색, 42.8×57.6cm, 홍익대학교박물관 소장

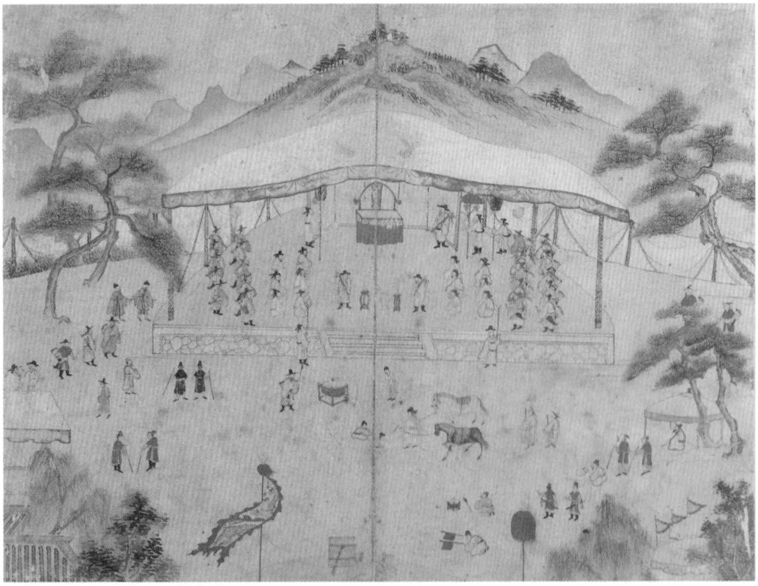

그림 40. 필자미상 〈명묘조서총대시예도明廟朝瑞葱臺試藝圖〉, 1540년대, 지본채색, 42.6×57.3cm, 홍익대학교박물관 소장

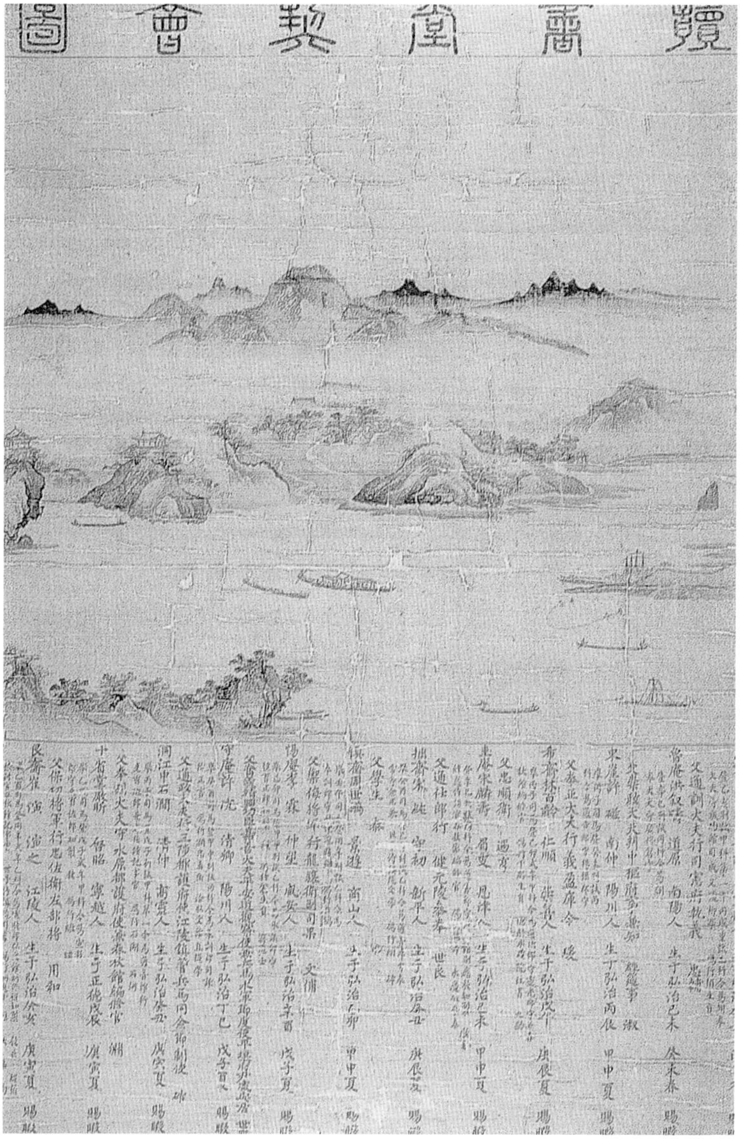

그림 41. 필자미상 〈독서당계회도讀書堂契會圖〉, 1531년경, 견본담채, 91.5×62.3cm, 일본 개인 소장

경도〉 병풍, 사천자(泗川子) 구장(현재 국립진주박물관 소장)의 〈소상팔경도〉, 곤월헌(坤月軒) 소장의 〈소상팔경도〉 등을 들 수 있다(그림 42~43).[180] 이들 작품들의 제목에서도 엿볼 수 있듯이 안견파의 화풍은 소상팔경을 비롯한 문학적 소재의 순수한 감상화를 그리는 데뿐만 아니라 계회도와 각종 기록화를 그리는 데에 있어서 단연 주류를 이루었음이 확인된다. 이상 열거한 화가들과 작품들 이외에도 더 많은 화가와 작품들이 안견의 화풍을 따랐을 것임이 쉽게 짐작된다.[181]

안견파의 화풍은 구도면에서 크게 보아 편파구도(偏頗構圖)와 대칭구도(對稱構圖)로 구분된다. 편파구도는 다시 편파2단(偏頗二段)구도와 편파3단(偏頗三段)구도로 나뉘어진다.[182] 이러한 구분은 16세기 전반에 이르러 더욱 분명해진 것으로 믿어진다. 물론 이와 같은 구도상의 특징은 획일적이거나 절대적인 것은 아니다. 이를테면 한 화가가 반드시 한 가지 구도만을 시종하여 구사했다고는 보기 어렵다. 그렇지만 화가나 시대에 따라 어느 특정한 구도를 선호하는 경향이 있었던 것은 분명하다. 그러므로 구도상의 특징은 공간개념이나 필묵법(筆墨法)과 함께 양식상(樣式上)의 특질을 형성하며 한 화가나 유파, 또는 시대를 가늠하는 기준이 될 수 있다.

지금까지 전해지고 있는 작품에 의거해서만 본다면 15세기에는 앞에서 본 〈사시팔경도〉(그림 VII~XIV)의 경우에서처럼 편파구도가 특징적이었다고 믿어진다. 이 작품의 구도는 한쪽 종반부가 다른 종반부보다 훨씬 무게가 주어져 있으며, 무게가 주어진 쪽의 경군들은 근경의 경군과 후경의 주산군(主山群)이 2단(二段)을 이루고 있어 편파구도 중에서도 편파2단구도로 정의될 수 있다. 이 〈사시팔경도〉는 이미 논급했듯이 이러한 구도상의 특징과 함께 확대 지향적인 공간개념을 지니고 있고 필획의 흔적이 구분되지 않는 필법을 보여준다.

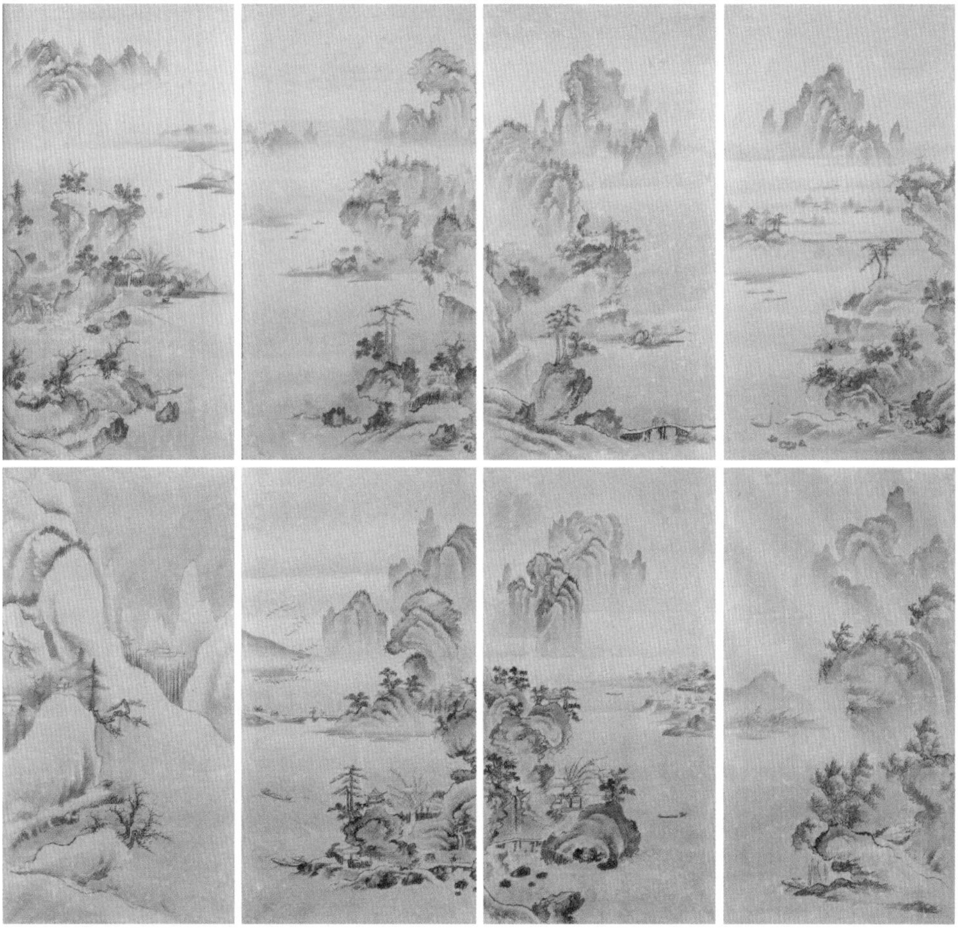

그림 42. 필자미상 〈소상팔경도瀟湘八景圖〉, 1539년 이전, 지본수묵, 각 98.3×49.9cm, 일본 이츠쿠시마 다이간지 소장

이러한 15세기 안견파화풍의 구도상의 특징은 16세기에 이르러 편파2단구도 및 편파3단구도와 대칭구도로 대별되게 되었다. 편파2단구도는 구도에 관한 한 15세기의 전통을 가장 충실하게 계승했다고 볼 수 있다. 앞에서 살펴본 국립중앙박물관 소장의 〈소상팔경도〉, 〈연방동년일시조사계회도〉, 국립중앙박물관 소장의 〈미원계회도〉와 〈하관계회도〉 등이 그 대표적인 예이다. 이 작품들은 모두 편파2단구도를 지니고 있으면서 공간은 더욱 수평적으로 확대되며 아울러 시각

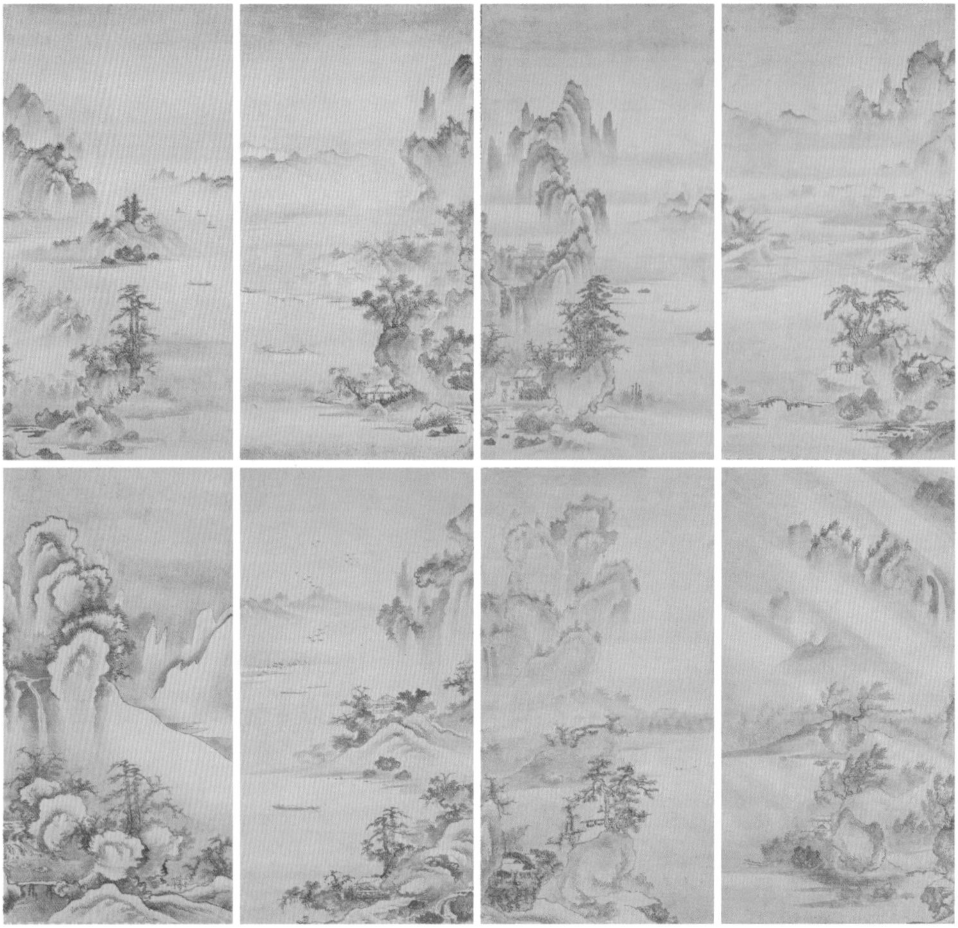

그림 43. 필자미상 〈소상팔경도瀟湘八景圖〉, 16세기 전반, 지본수묵, 각 91×47.4cm, 국립진주박물관 소장(일본 泗川子 舊藏)

적인 깊이감을 표현하려는 시도를 보여 주기도 한다. 산들의 형태는 다소 도식화되는 경향을 띠며, 국립중앙박물관 소장의 〈소상팔경도〉에서 전형적으로 볼 수 있듯이 가늘고 짧은 선과 점으로 이루어진 단선점준을 구사하기도 하였다. 말하자면 안견파화풍의 토착화 현상이 16세기 전반에 더욱 뚜렷해졌다고 볼 수 있다.

그러나 16세기 전반에 위에서 본 편파2단구도보다 더욱 강세를 띠었던 것은 편파3단구도였다고 믿어진다. 전 양팽손의 〈산수도〉, 일본

야마토분카간(大和文華館) 소장의 〈연사모종도〉, 일본 다이간지(大願寺) 소장의 〈소상팔경도〉, 사천자(泗川子) 구장의 〈소상팔경도〉 등의 작품들이 편파3단구도를 보여주는 대표작들이다. 근경 · 중경 · 후경의 3단을 이루는 구도는 문청(文淸)의 〈동정추월도〉에서 볼 수 있듯이 늦어도 이미 15세기 말에 자리를 잡기 시작했다고 믿어지는데 이것이 16세기 전반에 크게 유행을 보게 되었던 것이다. 전 양팽손의 〈산수도〉를 비롯한 위에 인용한 작품들에서 보면 근경 → 중경 → 후경으로 옮아가면서 시각의 높이가 점점 높아지고 거리가 멀어지며 깊이가 깊어지는 양상을 띤다. 이러한 구도의 경우에도 공간은 여전히 확대 지향적이며 형태는 어느 정도 도식화되어 있고 또한 단선점준이 나타나고 있어서 편파2단구도계의 작품들과 상통하고 있다. 즉, 16세기 전반기에 있어서의 안견파의 보편적인 특징과 변천이 그 두 계통의 구도를 지닌 작품들에 함께 구현되어 있는 것이다. 그러나 이 편파3단구도가 15세기의 전통을 보다 충실하게 계승한 편파2단구도보다 훨씬 16세기적인 특징이라 하겠다.

대칭구도는 일본 개인 소장 〈독서당계회도〉, 홍익대학교박물관 소장의 〈중묘조서연관사연도〉와 〈서총대시예도〉에 전형으로 나타난다.[183] 대칭구도도, 양수(梁需)가 1410년 일본에 정사로 갔을 때 동반했던 우리나라 화원이 그렸다고 믿어지는 〈파초야우도(芭蕉夜雨圖)〉(그림 44)에 의거해서 보면 15세기에 이미 자리잡기 시작했던 것으로 믿어진다.[184] 그러나 대칭구도는 편파구도에 비하면 열세에 놓여 있었던 것 같다. 〈중묘조서연관사연도〉와 〈서총대시예도〉의 경우에는 후경의 산을 배경으로 행사 장면을 부각시키고 있어 산수적인 요소가 다소 감소된 느낌이 든다. 이것은 다른 계회도들의 경우에서 보듯이 16세기 중엽에 나타난 현상이라 하겠다.[185] 그러나 일본 개인 소장의

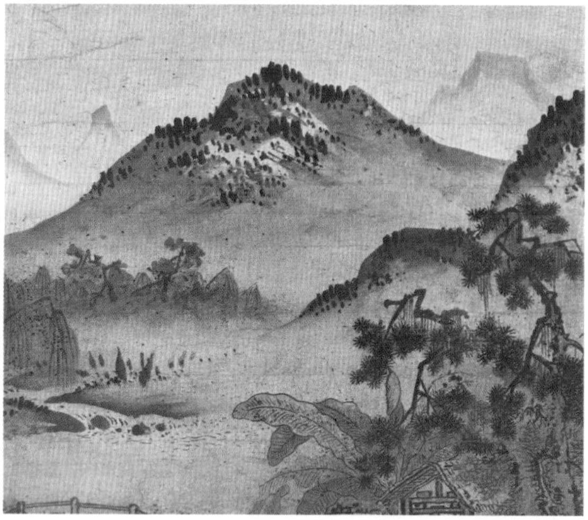

그림 44. 필자미상 〈파초야우도芭蕉夜雨圖〉, 1410년경, 지본수묵, 96×31.4cm, 일본 개인 소장

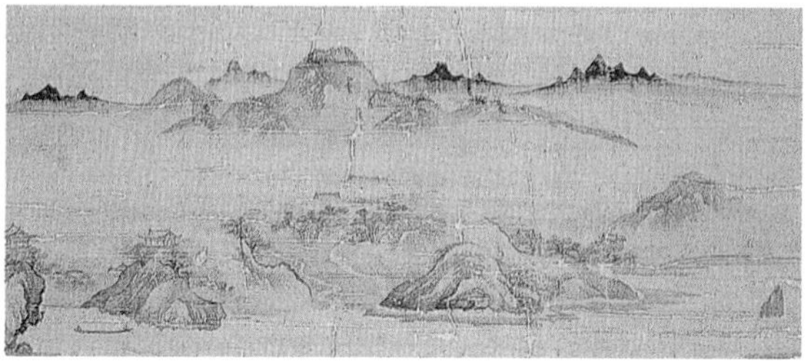

그림 45. 필자미상 〈독서당계회도讀書堂契會圖〉(부분), 1531년경, 견본담채, 91.5×62.3cm, 일본 개인 소장

〈독서당계회도〉는 산수 위주로 묘사되어 있고 대체로 대칭구도를 이루고 있다. 그러면서도 근경 · 중경 · 후경의 삼단으로 짜여져 있고 공간이 확대되어 있다. 뿐만 아니라 단선점준이 구사되어 있고 먹이 칠해진 부분과 그렇지 않은 부분의 흑백대조(黑白對照)가 현저하다. 이 작품은 대칭구도를 지니고 있으면서도 3단으로 짜여져 있어 편파3단구도와 일맥이 상통한다. 이처럼 구도상의 차이에도 불구하고 안견파화풍의 보편적인 특징은 어느 경우에나 공통적으로 간취된다.

이러한 조선 초기 안견파화풍의 전통은 조선 중기로 이어져 이정근의 〈산수도〉, 이흥효의 〈설경산수도〉, 이징의 〈니금산수도〉, 김명국의 〈니금산수도〉 등에서 보듯이 또다른 변모를 겪게 되었다.[186] 그리고 안견파화풍은 조선 중기에 이르러 절파화풍과 혼합되기도 하였다.[187] 안견파화풍은 세월의 흐름에 따라 조선 중기를 고비로 차차 시들게 되었다.

2. 일본 회화에 미친 영향

안견의 화풍은 중국과 일본에 다같이 알려졌을 것이 확실시되지만 중국과의 관계는 기록이나 작품으로 확인되는 바가 없는 반면, 일본과의 관계는 어느 정도 규명이 가능하다. '안견의 생애'에서 이미 지적했듯이 그의 작품은 일본에 전해져 그 일부가 『고화비고(古畵備考)』에 기재되었다.

15세기의 우리나라의 회화가 동대(同代)의 일본 무로마치(室町) 수묵화에 괄목할 만한 영향을 미쳤다는 점은 이제 양국의 학계에서 함께 인정이 되고 있다.[188] 특히 일본 교토(京都)의 쇼코쿠지(相國寺)의 선승화가(禪僧畵家)로서 그 나라 수묵산수화의 개조로 추앙되는 슈우분(周文)과 그의 추종자들의 화풍에는 더욱 한국으로부터의 영향이 강하게 배어 있다고 믿고 있다. 그렇지만 우리나라의 누구의 화풍이 슈우분파(周文派)의 회화에 영향을 미쳤는지, 또 어떠한 점에서 영향을 미쳤는지에 관해서는 우리나라나 일본학계에서도 별로 규명되지 않았다. 이와 관련하여 저자는 슈우분파에 영향을 미친 것은 안견이며, 그의 영향은 슈우분파 산수화의 구도와 공간처리, 그리고 산의 형태 등에 반영되어 있다고 밝힌 바 있다.[189]

슈우분(周文)은 1423년에 일본의 사신을 따라서 우리나라에 왔다가 다음해인 1424년에 돌아갔는데, 그는 우리나라를 다녀간 후에 우리나라 회화의 영향을 특히 강하게 받았다고 그곳 학계에서는 보고 있다. 그에게는 안견의 〈몽유도원도〉처럼 논란의 여지가 전혀 없는 진작은 없고, 오직 그의 전칭작품들만 남아 있다. 그러나 이 전칭작품들이 15세기의 작품들인 것은 찬시(贊詩) 등에 의해 대개 확인이 된다.

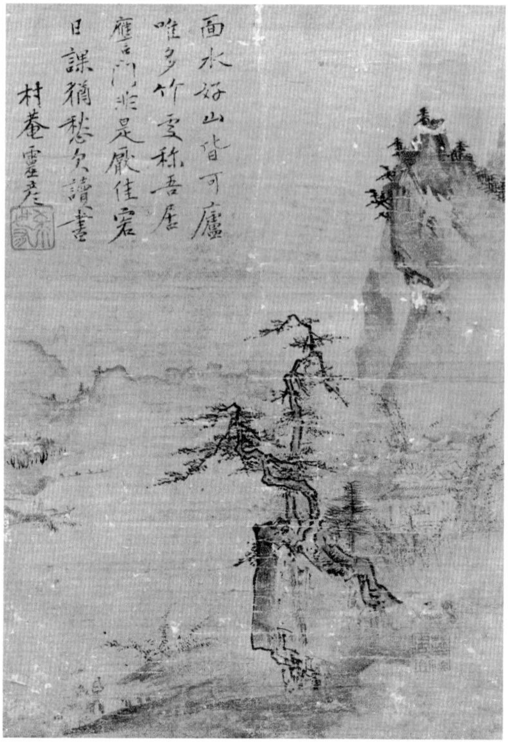

그림 46. 전 슈우분 筆 〈죽재독서도竹齋讀書圖〉, 일본 15세기, 지본담채, 136.7×33.7cm, 일본 도쿄국립박물관 소장

그의 전칭작 중에서 〈죽재독서도(竹齋讀書圖)〉(그림 46)를 일례로,[190] 안견의 작품으로 전칭되는 〈사시팔경도〉 중에서 '만춘(晩春)'과 나란히 놓고 비교해 보면 그 상호관계를 즉각 깨닫게 된다. 편파2단구도, 근경에 비스듬히 솟아오른 언덕과 그 위에 서 있는 쌍송의 모티프, 강 건너편 토파(土坡)의 묘사, 수면과 안개를 따라 펼쳐지는 넓은 공간의 처리 등은 국적을 달리하는 두 작품 사이에서 놀라울 정도로 비슷함이 간취된다. 즉, 일본의 〈죽재독서도〉는 구도와 공간 처리 등에서 안견파의 영향을 분명하게 받은 것이다. 다만 이 일본의 작품에서는 산과 언덕의 표현에 있어서만은 남송 원체파의 기법을 수용한 것이 우리의 〈사시팔경도〉와 다른 점이다. 이처럼 슈우분은 우리나라 안견파의 구도, 공간 처리, 언덕 모티프 등을 수용하고 남송 원체파의 준법과 수지법(樹枝法), 기타의 기법을 혼합하여 일본적인 화풍을 형성하였음이 확인된다.

슈우분파의 이러한 특징은 슈우분의 화풍을 따른 가쿠오(岳翁)의

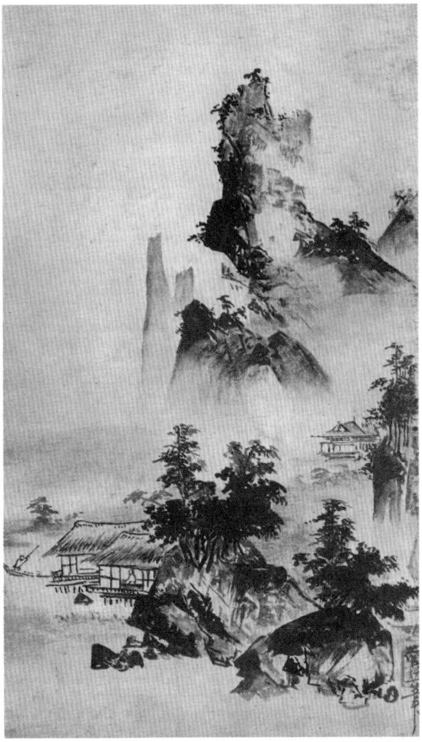

그림 47. 가쿠오 筆 〈산수도山水圖〉, 일본 15세기, 지본담채, 87.3×29.4cm, 일본 오사카 정목미술관 소장

〈산수도〉(도쿄국립박물관 소장)(그림 47)에서도 마찬가지로 입증된다.[191] 이 작품을 〈사시팔경도〉 중의 〈초동(初冬)〉(그림 XIII)과 나란히 놓고 보면 앞의 비교에서 볼 수 있었던 유사점을 발견하게 된다. 가쿠오(岳翁)의 그림이 좀더 습윤한 농묵을 써서 부드럽게 표현되어 있고 주산(主山)의 형태가 더 도식화되어 있을 뿐, 일반적인 구도나 공간 처리는 대단히 흡사하다. 이러한 유사점은 슈우분파의 다른 작품들에서도 흔히 엿볼 수 있다.

이 밖에도 슈우분파의 산수화 작품들 중에는 산들의 형태가 안견의 산들과 불가분의 관계를 지니고 있음을 말해주는 것들이 있다. 한 가지 예를 들면 세이카도(靜嘉堂) 소장의 〈촉산도(蜀山圖)〉(그림 48)에 보이는 뾰족뾰족한 원산(遠山)들의 모습은[192] 〈몽유도원도〉의 왼편 첫 번째 경군인 야산과 두 번째 경물군 사이의 뒤편 원산들의 형태와 너무나도 흡사하다(그림 49). 이 두 작품에 묘사되어 있는 먼 산들의 모습은 우연히 닮았다고 보기에는 너무도 친연성을 강하게 반영한다. 또한 이러한 첨봉(尖峯)의 산들이 슈우분파의 산수화에 유난히 자주 등장하는 연유도 안견파화풍의 일본 전파와 결코 무관하지 않으리라고 믿어진다. 물론 무로마치 시대의 수묵화가 안견파화풍 못지않게 참조했던 남송 원체파 산수화 중에서도 이와 유사한 산들이 등장하지 않는 것은 아니지만, 굴곡이 지고 단을 이룬 형태면에서 볼 때 슈우분파의 이러한 산들은 역시 남송의 원체파보다는 우리나라의 안견파화풍과 좀더 관계가 깊으리라

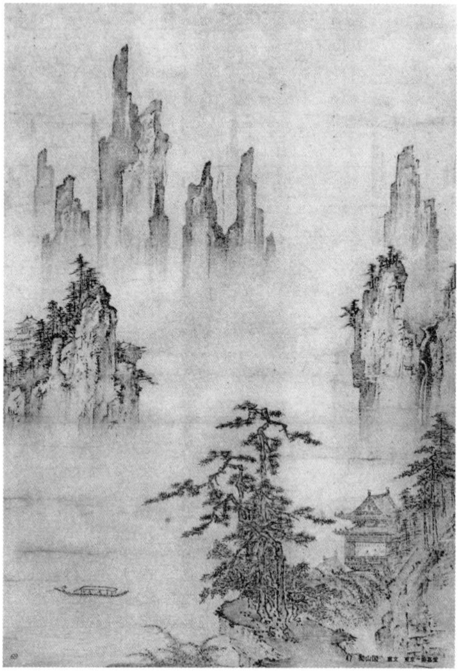

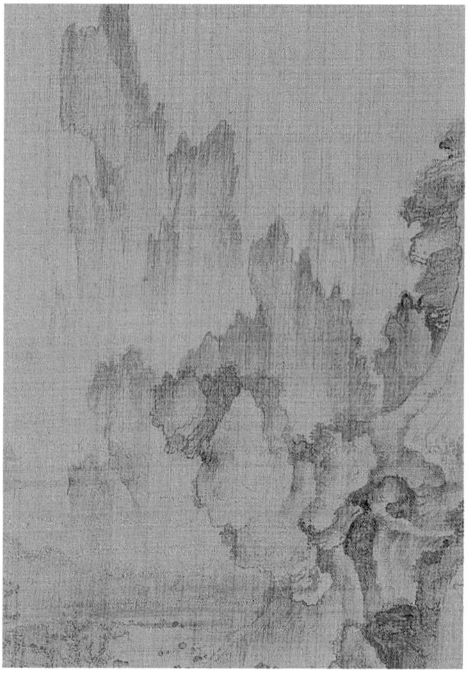

그림 48. 전 슈우분 筆 〈촉산도蜀山圖〉(부분), 일본 1446년경, 지본담채, 74.3×30.3cm, 일본 도쿄 세이카도 소장

그림 49. 안견 筆 〈몽유도원도夢遊桃源圖〉 Ⅰ·Ⅱ군 상단부

고 믿어진다.

안견 및 안견파의 화풍은 이처럼 15세기 전반에 있어서의 일본 수묵화단의 주류였던 슈우분파의 산수화에 괄목할 만한 영향을 미쳤던 것이다. 이것은 삼국시대의 우리나라 회화가 일본에 미쳤던 영향과 함께 역사상 대단히 중요하고 의의 깊은 일이 아닐 수 없다.[193] 그리고 이처럼 일본에 미친 영향을 염두에 두면 슈우분이 우리나라에 왔던 1423년에 안견은 아무리 적어도 20대 또는 30대의 유능한 청년 화가였을 것으로 추측된다. 이 점은 또한 안견의 생년이 아무리 늦게 잡아도 1400년경이거나 또는 그 이전일 가능성이 높음을 시사해 준다.

X. 결어

이상으로, 참고가 되고 추적이 가능한 기록들을 널리 섭렵하고 작품 사료들을 적극 참조하여 세종조의 화단의 제 양상, 안견의 생애와 회화사상의 위치, 〈몽유도원도〉의 화풍 등 관련되는 모든 것을 밝혀보고자 시도하였다. 그리고 그의 그림으로 전칭되는 작품들의 특징을 개관하여 안견파화풍의 성격을 알아보고 이어서 안견이 국내 화단과 일본 회화에 미친 영향의 실상도 간략하게나마 소개하였다. 저자 나름으로는 안견과 그의 화풍, 그리고 〈몽유도원도〉에 대하여 다각적인 측면에서 입체적인 조명을 가하고 가려진 부분 없이 밝혀보고자 노력을 기울였지만, 워낙 자료가 희소하여 성과가 만족스럽지는 못하다. 그러나 손에 잡히는 자료들을 모아 정리해 놓고 저자 나름의 졸견들을 밝혀 놓음으로써 안견과 〈몽유도원도〉에 관한 앞으로의 이해와 연구에 허술하나마 하나의 참고가 될 수는 있으리라는 점에서 스스로의 마음을 달래 본다. 또한 이것이, 조선 초기의 회화는 중국 송원대의 영향을 받아 모방하는 단계에 머물러 있었다고 막연하게 여겼던 일제시대 이래의 잘못된 편견을 불식하고 새롭게 재평가하는 데 하나의 근거가 될 수만 있다면 좋겠다는 생각이 든다.

주석

1) 세종대왕의 문치와 집현전에 관하여 서거정은 그의 『筆苑雜記』(『徐四佳全集』, 旿晟社, 1980, pp.735~736)에서 다음과 같이 적었다. "世宗勵精文治 高出萬古歲庚子始置集賢殿 選文士十八充之 後增三十員 又改二十員 十八帶經筵 十八帶書筵 傳任文翰 討論今古 朝夕論思 文章之士 彬彬輩出 得人甚盛." 세종대왕이 집현전 학사들에게 문한(文翰)에 전임케 하고 고금을 토론하며 조석으로 생각을 논하게 하여 문사들이 속속 배출되도록 했던 상황이 잘 드러난다. 서거정은 또 이어서 다음과 같이 당시의 인재 양성에 관하여 적었다. "世宗設集賢殿 聚文學之士 培養數十年 人才輩出 尙慮朝衙夕直 不專意講讀 選年少有才行者數人 許暇遊山讀書 官給供具 肆意於經史百子天文地理醫藥卜筮 淹實該博 無所不通 將爲大用之地." 세종대왕이 집현전을 세우고 문사들을 모아 수십 년 배양해서 인재를 배출하였고, 나이가 어리고 재주가 있는 사람들 수 명에게는 산을 유람하고 독서할 수 있는 여가를 허락하였으며, 기물이나 음식을 관급하기도 하였을뿐만 아니라 경사(經史)는 물론 백자(百子), 천문(天文), 지리(地理), 의약(醫藥), 복서(卜筮) 등 다방면에 걸쳐 넓고, 실하고, 해박하고, 통하지 않는 바가 없는 인재로 키워서 장차 나라를 위해 크게 쓰고자 세심하게 배려하여 열심히 인재를 기르던 당시 세종대왕의 노력이 완연하게 엿보인다. 세종조의 집현전을 포함한 조선 초기 유교 문화에 관하여는 최승희, 「兩班儒教政治의 進展」, 『한국사』 9권(국사편찬위원회, 1977), pp.96~150 참조. 그리고 세종조의 문화와 미술을 다룬 저술로는 『세종조문화의 재인식』(한국정신문화연구원, 1982); 문명대, 『세종시대의 미술』(세종대왕기념사업회, 1986) 참조.
2) 독서당에 관하여는 金庠基, 「讀書堂(湖堂) 考」, 『震檀學報』 제17호(1955. 6), pp.3~33; 李炫熙, 「朝鮮王朝時代의 圖書館硏究－讀書堂에 關하여－」(上), 『도서관』 제28권 4호(1973. 4), pp.7~18 및 同(下), 『도서관』 제28권 5호(1973. 5), pp.72~75; 「讀書堂」, 『서울 六百年史』 제1권(1977. 12), pp.839~847 참조. 또한 독서당이 위치했던 豆毛浦(東湖)에 관하여는 위의 책, p.598 및 p.1092 참조.
3) 「世宗實錄」 卷61, 15年 癸丑(1433), 8月 癸巳條(『朝鮮王朝實錄』 3卷, p.499 上左右) '……子孫生長深宮 不識耕耘之苦 是可歎已 古者雖宮中之婦女 皆讀蠶農之書 欲倣豳風 採我國風俗 圖形讚詩 使上下貴賤皆知農務之重 傳之後嗣 永世監觀 惟爾集賢殿 博採本國貢賦徭役農桑之事 圖其形狀 仍贊以詩歌 以成我國七月之詩……'
4) 「中宗實錄」 卷84, 32年 丁酉(1537), 4月 辛酉條(『朝鮮王朝實錄』 18卷, p.62 下左右) '……當世宗朝 圖治之外 雖百工技藝 莫不獎勸 故凡百工匠 極致精巧 至於書畫小技 梢有能名者 莫不褒奬勸勉 人皆慕効 各致其精 故能書能畫者 不可勝數 頃於天使求畫之時 無一人精畫者 故不能趁時畫贈 百工技藝類皆如此 不可視爲尋常

也……'

5) 「中宗實錄」 卷88, 33年 丁酉(1538), 10月 乙巳條(『朝鮮王朝實錄』 18卷, p.221 下左右) '……世宗孜孜勤勤之治 而禮樂文物具備 百工技藝 咸精其能也……雖曰雜學 各精其任可也 畵工事觀之 世宗朝圖畵 此今觀之 則頓殊也 書冊印紙 亦皆美也 雖小事 尙不緩弛……'

6) 곽희의 아들 곽사(郭思)가 쓴 「畵記」에 의하면 곽희의 작품 2점(〈秋景烟嵐圖〉 2폭)이 고려에 선물로 증정되었음이 확인된다. 鈴木敬, 「『林泉高致集』の「畵記」と郭熙について」, 『美術史』 제109호(Vol. XXX, No. 1)(1980. 11), p.2 참조. 곽희파화풍이 이미 고려시대에 수용되었음은 나한도를 비롯한 일부 작품들에서도 입증된다. 安輝濬, 『韓國繪畵史』(일지사, 1980), p.80 참조. 그리고 안평대군의 소장품의 내용과 성격에 관해서는, 安輝濬, 「高麗 및 朝鮮王朝 初期의 對中 繪畵交涉」, 『亞細亞學報』 제13집(1979. 11), pp.157～161 및 『한국 회화사 연구』(시공사, 2000), pp.285～307; 稻葉岩吉, 「申叔舟の畵記」, 『美術研究』 제19호(1933. 7), pp.267～274 참조.

7) '集賢殿副提學辛碩祖啓 臣父引孫爲承政院注書 世宗在潛邸 親寫蘭竹八幅 賜之臣謹粧績爲屛以藏 竊念至寶 不宜 留置塵間 敢進 上曰 御筆極爲神妙 然聖性本不好著 實所罕見 遂命藏于內帑, 「文宗實錄」 卷8, 元年 辛未(1451), 6月 戊辰條(『朝鮮王朝實錄』 卷6, p.394 下右).

8) 徐居正, 『四佳集』 卷14, 1a(『書四佳全集』, 旿晟社, 1980, p.211)의 「世宗大王御札蘭竹賜注書辛引孫」 참조.

9) '花川君權恭 進世宗手寫蘭 賜馬及衣', 「世祖實錄」 卷24, 7年, 辛巳(1461), 4月 丙子條(『朝鮮王朝實錄』 7卷, p.457 下) 참조.

10) 「世祖實錄」 卷30, 9年 癸未(1463), 3월 己亥條(『朝鮮王朝實錄』 7卷, p.570 相左右), '……世宗甚重安堅 只授西班四品 然亦難之 涇才不及堅 而官至正三品……'

11) 「世宗莊憲大王實錄」 卷1, 卽位年 戊戌(1418), 9月 丙寅條(『朝鮮王朝實錄』 2卷, p.269), '……丙寅 王子瑢生 議正府六曹賀……' 와 「世宗實錄」 卷40, 10年 戊申(1428), 6月 丁酉條(『朝鮮王朝實錄』 3卷, pp.134～135), '……以朴氏崔氏竝爲貴人 瑈大匡輔國晋平大君 瑢大匡輔國安平大君……' 참조.

12) 「世宗實錄」 卷43, 13年 乙酉(1429), 正月 丁卯條(『朝鮮王朝實錄』 3卷, p.162) '……安平大君瑢 娶左副代言 鄭淵之女……'와 「世宗實錄」 卷48, 12年 庚戌(1430), 5月 丙辰條(『朝鮮王朝實錄』 3卷, p.237), '……命晋平大君 瑈, 安平大君 瑢, 臨瀛大君璆 入學干成均館 莫不嘆其右文之美 大君等 遂就宗學學焉 自是宗親繼入學……' 참조.

13) 「世宗實錄」 卷76, 19年 丁巳(1437) 正月 壬寅條(『朝鮮王朝實錄』 4卷, p.49), '……晋陽大君 瑈, 安平大君 瑢, 臨瀛大君 璆, 前受科田 三百結, 各減五十結……今後大君之田, 毌過二百五十結……'

14) 朴彭年, 「匪懈堂記」, 『死六臣文集』(民族文化社, 1986), pp.106～108. '……正統壬戌夏六月有日 安平大君入侍宸圍 上從容問曰 某之堂名云何安平 對以無 上誦

蒸民之詩 且及西銘曰 宜扁以匪懈 安平拜手稽首 且喜且驚 遂徵言於禁垣 諸儒以演其旨是……今安平天資卓越 好學樂善之心 出於致誠 造次必於儒雅其勤至矣聖上特以是命焉……'·'匪懈'는 주희의 『近思錄』에 나오는 '不愧屋漏爲無忝 有心養性爲匪懈'의 구절에서 딴 것이다. 鈴木治, 「安堅〈夢遊桃源圖〉について(一)」, 『ビブリア』 第65號(1977. 3), p.41 및 註 16 所引.

15) 朴彭年, 「榴花詩卷後叙」, 『死六臣文集』, 69. '……匪懈堂天性聰明 學問日新 六籍之蘊靡不硏究 而其於詩也尤深……'

16) 『增補文獻備考』 卷247, 藝文考 6, 17a(東國文化社, 1971刊, 下卷 p.904)에 '匪懈堂集 本朝安平大君瑢著'의 기록이 보임.

17) 成俔, 『慵齋叢話』, '……匪懈堂以王子好學 尤長於詩文 書法奇絶 爲天下第一 又善畵圖琴瑟之技 性又浮誕 好古貪勝 作武夷精舍于北門外 又臨南湖 作淡淡亭 藏書萬卷 招聚文士 作十二景詩 又作四十八詠 或張燈夜話 或乘月泛丹 或占聯或博奕 絲竹不絶 崇飮醉謔 一時名儒無不締交 無賴雜業之人 亦多歸之 棋局與子皆用玉 亦用金泥塗字 又令人織紬綃 卽縱筆揮灑眞草亂行 人有求者 卽擧與之 事多類此……'

18) 「端宗實錄」 卷3, 卽位年壬申(1452), 閏9月 乙丑條(『朝鮮王朝實錄』 6卷, p.540 上右), '……(李)賢老爲人 輕佻薄行 持才驕矜 凡其技藝 皆不欲下人 地理卜筮之書 無不講究 尤以詩句書字自負 初瑢喜詩文書畵 多能小藝 自在世宗朝 招權好施 憸小多附之 賢老其尤者也……'

19) 李塏, 「武溪精舍記」, 『死六臣文集』, (民族文化社, 1986) pp.253~256 참조. '……出京城北門 行穿松檜陰森間二里許 攀嶺而上折 而稍西俯見洞俯 豁然開朗 頗與人境相殊 卽匪懈堂之精舍在焉 洞寄白岳西北之麓 內寬外密隱隱 然自爲一區 東西可二三百步 南北半之溪水流 其中濺石噴沫淙淙 瀉下至谷口懸 而爲瀑者十數丈 所謂武溪者是也 有池植蓮 有圃種苽 有桃樹數百株 有竹數百叢 周環栽擁…… 若廣若幽 宛有桃源洞之奇致矣……匪懈堂乃携余散步 觴余而命之曰 吾嘗夢遊桃源矣 及得此髣髴乎 夢中之見 豈造物者 有所侍耶……景泰歲辛未秋韓山李塏謹記……'

20) 「端宗實錄」 卷6, 元年癸酉(1453), 5月 乙亥條(『朝鮮王朝實錄』 6卷, p.592 下左), '……惠嬪密啓 瑢謀危社稷 羣聚無賴 聽李賢老之言 作武溪精舍 于旁龍所興之地 當豫防之 誠寧大君奴金寶明 假風水之說誘瑢云 作宅于普賢峯下 則是秘記所云 明堂利於長孫萬代興王之地也 故瑢作武溪精舍 托言吾好山水 不樂紅塵……'

21) 『서울의 文化財』(서울특별시, 1980), pp.162~163 참조.

22) 「端宗實錄」 卷6, 元年癸酉(1453), 5月 乙亥條(『朝鮮王朝實錄』 6卷, p.593 上右), '……瑢欲廣結朝士 托以詩家 與賢老李承胤李塏朴彭年成三問等 結爲心契 稱爲門下 皆作圖書軒號 以相誇 誳一時文士 皆爲所籠絡 賢老等稱瑢爲詞伯……'

23) 유영봉 역주, 『다섯 사람의 집현전 학사가 안평대군에게 바친 詩: 「匪懈堂四十八詠」』(도서출판 다운샘, 2004) 참조.

24) 소상팔경시에 관해서는 『비해당 소상팔경시첩』(문화재청, 2008) 참조. 그리고 『팔가시선(八家詩選)』에 대해서는 朴彭年의 「八家詩選序」, 『死六臣文集』(民族文

化社, 1986), pp.49~51 참조. 팔가(八家) 중에서 위(韋)는 누구를 의미하는지 분명치 않으나 위응물(韋應物)일 가능성이 높다.

25) 〈小苑花開帖〉의 원문 및 번역문은 다음과 같다.

小苑花開爛慢通 後門前檻思無窮. 宓妃細腰難勝露 陳后身輕欲倚風. 紅壁寂寥崖密暗 碧簾迢遞霧巢空. 青陵粉蝶休離恨 定是相逢五月中.

소원(小苑)에 꽃이 피어 탐스럽게 흐드러졌는데 / 뒤의 문, 앞의 헌 함 감회가 무궁하네. / 복비(宓妃)의 가는 허리 이슬도 이겨내기 어렵고 / 진후(陳后)의 가벼운 몸 바람에 하늘거린다. / 적적한 붉은 벼랑엔 석밀(石密)이 다하였고 / 아련한 푸른 발엔 안개집(벌집)이 비어 있네. / 청릉대(青陵臺) 흰 나비야 이별을 한탄 말라. / 오월이면 반드시 우리 서로 만나리.

번역은 이정섭 문화재전문위원이 한 것임.

26) 金基昇, 『韓國書藝史』(博英社, 1966), p.143 참조.

27) 丁若鏞, 『增補與猶堂全書』(景仁文化社, 1987), 第一冊 p.300 소수(所收)의 「跋安平大君瑢書」에 '右安平大君書 亦佛乘中割出者也 列聖宸翰皆趙體 大君書亦家法也……'라는 기록이 보인다.

28) 成俔, 『慵齋叢話』, '……安平之書 專倣子昂 而其豪邁相上下 凜凜有飛動意 倪侍講嘗奉使到國 見篇題二字曰 此非凡手所書 吾欲要見此人 上命安平往見之 侍講慕其筆跡曰 今陳學士善書 擅名中國 然比王子則不及也 益加禮貌 遂受書而去 其後我國人買書中國而來 乃其手跡也 安平大喜自得……'

29) 「世宗實錄」 卷127, 32年 庚午(1450), 閏1月 丙辰條(『朝鮮王朝實錄』 5卷, p.168 下右), '……首陽大君代行溫斟宴于太平館 及安平大君行酒 使臣曰 敢請妙筆 傳諸中國後大君書數十幅 令宗簿判官黃義軒 與使臣嘆賞不已曰 國朝陳謙 以書名天下 遒勁精彩 殊不及此 眞得松雪翁之三昧者也 各賦詩以謝……'

30) 朴彭年, 「題倪內翰司馬右史兩天使贈匪懈堂詩帖」, 『死六臣文集』(民族文化社, 1986), pp.24~26. '……皇明景泰元年倪內翰謙司馬右史恂奉詔在館……翌日回宴面請匪懈願得妙蹟 播之中國 匪懈一夜間 揮眞行草數百紙以送 兩使大喜過望又神其速 各賦詩以謝……'

31) 「文宗實錄」 卷3, 卽位年庚午(1450), 8月 丙子條(『朝鮮王朝實錄』 6卷, pp.267 下左~263 上右), '……又倪謙司馬恂安平手書以獻 皇帝曰 甚善 正是趙子昂體也 稱贊不置……'

32) 『增補文獻備考』 卷220, 職官考七, 32a~32b 및 卷242, 藝文考一, 7a(東國文化社, 1791 刊行本 下卷 p.569 및 840) 참조.

33) 「文宗實錄」 卷4, 卽位年庚午(1450), 11月 庚午條(『朝鮮王朝實錄』 6卷, p.316 上左), '……安平大君瑢 進歷代帝王名賢集古帖, 王羲之眞行草三體, 趙子昂眞草千字等 書法板本 命付校書館 許人模印……'

34) 申叔舟, 『保閑齋集』 卷十四 「畵記」 '……匪懈堂愛書畵 聞人有尺幟片素 必厚購之 擇其善者 粧潢而藏之 一日 悉出而示叔舟曰 餘性好是 是亦病也 窮探廣搜十餘年 而後得有是 噫 物之成毀有時 聚散有數 安知夫今日之成 復爲後日之毀 而其聚與散 亦不可必矣……'

35) 安輝濬, 「高麗 및 朝鮮王朝初期의 對中 繪畵交涉」, 『亞細亞學報』 第13輯(1979. 11), pp.157~161 및 안휘준, 『한국 회화사 연구』(시공사, 2000), pp.285~307 참조.

36) 徐居正, 「題貴公子滿壑雲烟圖」, 『四佳集』 卷14, 5a(『徐四佳集』, 旿晟社, p.213); 申叔舟, 「題匪懈堂八景圖詩卷」, 『保閑齋集』 卷10, 1a 참조.

37) 「魯山君(端宗)日記」 卷9, 癸酉元年 11月 丙辰條(『朝鮮王朝實錄』 6卷 p.637)에 보이는 '……傳旨義禁府曰 瑢(安平大君)奴婢籍沒時 誠寧大君奴婢 勿幷沒……'의 記錄으로 미루어 보아 그의 서화들도 노비와 함께 몰수되지 않았을까 추측된다.

38) 「世祖實錄」 卷16, 5年 己卯(1459), 4月 癸酉條(『朝鮮王朝實錄』 7卷, p.323 下左~324 上右)에 '……又命永膺大君臣琰圖畵……'의 기록을 통해 알 수 있다.

39) 「世祖實錄」 卷33, 10年 甲申(1464), 7月 丙辰條(『朝鮮王朝實錄』 7卷, p.634 上左~下右), '……圖畵院別坐崔涇 嘗坐事削職 至是 涇自訴于臨瀛大君璆 永膺大君琰 欲明罷黜之由 因以上聞 璆琰 以爲汝既有罪 何以啓達 涇卽發忿曰 今既作散 從仕爲難 當歸農舍矣 璆琰 啓涇怨懟卽下義禁府鞫之 涇自服 遂杖一百 屬都官奴……'

40) 「世祖實錄」 卷34, 10年 甲申(1464), 9月 辛亥條(『朝鮮王朝實錄』 7卷, p.649 上右), '……放都官定屬奴 崔涇……'

41) 「世祖實錄」 卷41, 13年 丁亥(1467), 2月 戊戌條(『朝鮮王朝實錄』 8卷, p.59 上右~59 上左), '……永膺大君琰卒 琰世宗第八子 纔能言 見花燭雕作孩兒 驚曰 燭燒則當及孩兒 不忍見也 世宗大奇之 初封永興大君 後改永膺 世宗鍾愛 嘗以琰託世祖 世祖眷遇 異於諸弟 琰嘗患疾 世祖軫慮 凡可以已疾者 無所不至 中使絡繹於道 琰天資醇厚 工書畵 解音律 世宗嘗欲盡以內帑珍寶賜琰 未果而薨 及文宗卽位 內帑賜之 悉輸其第 於是 御府先世相傳之寶 盡歸於琰 財累巨萬 頗儉嗇 不事侈靡 毋入侍 謙恭謹恪 鮮有過失 世祖甚重之 世宗 嘗擇宋復元女爲配 宋氏有疾 世宗命去之 改娶鄭忠敬女 世宗昇遐 琰戀宋 黜鄭而復合 初以君父之命 去宋鄭又無罪可去 而以愛憎黜納 時議 以此短之 諡曰敬孝 夙夜警戒 敬秉德不回孝側室有一子……' 11a~12b(『徐四佳全集』, 旿晟社, p.364).

42) 徐居正, 『四佳集』 卷46의 「題永川卿畵八首」 참조.

43) 成俔, 『慵齋叢話』 중의 「永川君定」이라는 글에 영천군의 사람됨이 잘 기록되어 있다. '永川君定 孝寧大君之子 其夫人出於吾門 故與之相從甚厚 爲人豪宕不露性又純謹 每事徑情直行 詩思清新 畵格亦奇(一生沈於酒色 鄉妓初以選到京 公邀致其家 盛飾衣服 永幾爲年少所引 而逃亦不尋問故平生作成不知其數 家中女僕則盡招樂工而嫁之 雖得一壺酒 絲竹鬧於庭日日況醉) 嘗於馬上擧鞭書空 人間其故 答曰作山水圖形矣 酷愛文士所與遊皆名卿鉅儒'.

44) 徐居正, 『四佳集』 卷14의 5a 『徐四佳全集』(旿晟社, p.213) 「永川公子贈雲山圖詩以謝之」의 칠언절구의 시 내용은 다음과 같다. '妙筆清神絶對無 欲將劉郭作輿奴 以我一載歸盤輿 坐對雲山水墨圖'.

45) 「中宗實錄」 卷84, 32年 丁酉(1537), 4月 辛酉條 참조. 이 기록에는 "세종조에는

비록 백공기예라도 권장하지 않는 것이 없었으므로 백 가지 공장(工匠)이 모두 극히 정교하였고 서화와 같이 소기에 이르러서도 조금이라도 능력과 이름이 나 있는 자이면 포장권면하지 않는 일이 없었다."는 내용도 함께 보인다. 홍천사의 석가상에 관해서는 「世宗實錄」 卷89, 22年 庚申(1440), 4月 丁酉條(『朝鮮王朝實錄』 4卷, p.282 上左) 참조.

46) 양비는 표통(表筒)에 용을 그려 넣을 때 이빨을 생략하고 그리지 않아 매를 20대 맞은 기록이 보인다. 「世宗實錄」 卷54, 13年 辛亥(1431), 11月 丁丑條(『朝鮮王朝實錄』 3卷, p.357 下左) 참조. 최경, 안귀생, 배련 등에 관하여는, 안휘준, 「조선시대의 화원」, 『한국 회화사 연구』(시공사, 2000), pp.740~750 참조.

47) 성현의 『慵齋叢話』에 안견과 최경에 관한 기록에 이어서 '其他洪天起 · 崔渚 · 安貴生之屬 雖名山水 而皆庸品 惟士人金瑞之馬 南汲之山水稍佳(기타 홍천기 · 최저 · 안귀생 등은 비록 산수화에 이름이 나 있으나 모두 수준이 높지 않고 오직 선비인 김서의 말 그림과 남급의 산수화가 약간 좋은 편이다)'라고 기록되어 있어 이들이 대체로 안귀생이나 최경처럼 세종조에 활동을 시작했던 인물들이 아닐까 추측된다.

48) 서거정의 『筆苑雜記』(『徐四佳全集』 昕晟社刊, p.751)에 실린 '……姜載敏公碩德 性好古 風流文雅 近代無比 作詩最高 古書畵亦妙絶……'이라는 기록과 「文宗實錄」 卷4, 卽位年庚午(1450), 10月 丙子條(『朝鮮王朝實錄』 6卷, p.293 下右~294 上右)에 '……姜碩德同知中樞院事 碩德性淸簡 喜書畵 善詩章 口不言財利 眞高士也……'의 기록을 통해 강석덕이 성격이 청간하고 서화를 좋아하며 시문을 잘했던 인물인 동시에 재물이나 이익에 관해서는 말하지 않던 고사였음을 잘 알 수 있다.

49) 「世祖實錄」 卷34, 10年甲申(1464), 10月 己丑條(『朝鮮王朝實錄』 7卷, p.656 上右) '……仁壽府尹姜希顔卒 字景愚 天資眞粹 和平樂易沈默淸素 文雅擅於一時 又工於詩 善書畵 篆隸八分 皆造妍緊 人推爲三絶 又洞曉物理 觸緖輒解 而未嘗以事先人 嘗著養花小錄 寓以經綸之志 性厭煩愛寂 少不喜榮進……希顔嘗赴京師 山海關主事楊琚 得希顔短札 藏幸以爲寶……天使金湜 嘗留時於安州萬景樓 希顔奉敎書版 湜見之驚倒 識其姓名以歸 世有占一藝者 亦自衒求售 希顔多材而守之以愚 不亦賢乎……'

50) 徐居正, 「仁齋姜公行狀」, 『晋山世稿』(景仁文化社), pp.111~113. '公諱希顔 字景愚 號仁齋 載慜公之長子也 公生而智識過人 年甫數歲 或於墻壁間 隨手揮洒 或書或畵 無不中法 及長從師問學 文名大振 歲戊午 新設詩賦進士試 公一擧輒中……朝燕京 華士觀公風度 知其爲非常人 及見所作書畵 大加稱賞求者坌集 公皆謙却 還朝拜仁壽府尹 乙酉冬公疽發背而卒 享年四十八 公天性沈正雅淡 寬平樂易……文章詩賦得其精粹 篆隸眞草 至於繪畵之妙 獨步一世 公皆秘而不宣 子弟有求書畵者 公曰 書畵賤技流傳後世 祇以辱名耳 手蹟世罕傳焉 凡物理精粗 一見自解 獨不知音律……'

51) 강희안이 서화를 천기로 여기고 이를 숨기려 했다는 데 대해서는 일찍이 고유섭(高裕燮) 선생이 회의적으로 본 견해를 피력한 바 있다. 高裕燮, 「仁齋姜希顔小

考」,『韓國美術文化史論叢』(通文館, 1966), pp.283~293 참조.

52) 徐居正,『筆苑雜記』,(『徐四佳全集』, 旿晟社, p.751) '……子府尹希顔 字景愚 畵詩書三絶 獨步一時 詩似韋柳 畵似劉郭 書兼王趙 爲人有才有德 眞大人君子也……'

53) 成俔,『慵齋叢話』 卷1, '……姜仁齋天機高妙 得古人所不料處 山水人物俱優 嘗見所畵麗人圖 毫髮無差訛 靑鶴洞菁川江兩簇及耕雲圖 皆奇寶也……'

54) 成俔,『慵齋叢話』 卷6, '仁齋爲人肥澤 好食猪肉 美衣服性懦 不製月課詩文 成謹甫作詩戱之曰 猪肉猩耆酒 月課狐避箭……'

55) 金安老,『龍泉談寂記』 중 '……姜仁齋希顔 善書畵詩 時稱三絶 喜墨戱小景 爲蟲鳥草木人物施筆 頗草疏而自有生氣 其調吮濃郁之態 不及本家色相 而詩翁餘韻固當在畵史格外矣……'의 기록 참조.

56) 徐居正,「題仁齋詩稿後」,『晋山世稿』(景仁文化社), p.227에 '吾友仁齋先生 文獻世家 小不習紈綺 喜讀書 博覽廣記 大有抱負 捿嵬科躋 顯膴聲名籍甚 天性耆淡泊 不事紛華 日游戱於翰墨 畵詩書三法 天機造到 超然獨詣 詩似王韋 書兼王趙 畵得劉郭 若其自得之妙 有不可盡言者矣……'의 기록이 보여 강희안의 사람됨과 그의 예술에 대하여 다시 확인하게 된다.

57) 安輝濬,「韓國浙派畵風의 研究」,『美術資料』 20號(1977. 6), pp.31~34 및 『한국회화사 연구』, pp.558~619 참조. 그리고 그의 작품들은 安輝濬,『東洋의 名畵 1: 韓國 I』」(三省出版社, 1985), 圖 14~16; 劉復烈,『韓國繪畵大觀』(文敎院, 1969), 圖 18~23 참조. 그리고 강희안의 〈高士觀水圖〉에 관한 고찰은 洪善杓,「姜希顔과 〈高士觀水圖〉」,『朝鮮時代 繪畵史論』(文藝出版社, 1999), pp.364~381 참조.

58) 근경의 갈대 표현에 관해서는 서울대학교 고고미술사학과 장진성 교수가 2009년 6월 한국미술사학회의 월례발표회에서 장로(張路) 등의 화풍과 비교하면서 광태사학파(狂態邪學派)의 중요한 요소라고 지적한 바 있으나 이것을 광태사학파 화가들이 처음 그리기 시작했다고 단정짓기에는 어려움이 있다. 갈대는 그보다 훨씬 이전부터 그려졌기 때문이다.

59) 이동주,『우리나라의 옛그림』(박영사, 1975), p.41 및 도. 11~13 참조.

60) 姜希孟에 관한 비교적 자세한 내용이 「成宗實錄」 卷151, 14年 癸酉(1483), 2月 辛巳條(『朝鮮王朝實錄』 10卷, p.434 上左~下左右)에 기록되어 있다. 그리고 그는 도화서제조를 지내면서 서문보(徐文寶)를 특별 승진시켜 논란을 불러일으킨 바 있다. 「成宗實錄」 卷150, 14年 癸酉(1483), 1月 甲寅條(『朝鮮王朝實錄』 10卷, p.428 下右), '……圖畵署提調姜希孟 以不次徐文寶薦爲九品遞兒 是誠有情 而並令勿論……' 참조.

61) 姜希孟,『私淑齋集』의 「答李平仲書」에서 '凡人之技藝雖同 而用心則異 君子之於藝 寓意而已 小人之於藝 留意而已 留意於藝者 工師隸匠 賣技食力者之所爲也 寓意於藝者 如高人雅士 心探妙理者之所爲也'라고 주장하였다. 安輝濬,「한국의 회화와 미의식」,『한국미술의 미의식』(한국정신문화연구원, 1984), pp.168~173 및 안휘준,『한국 회화의 전통』(문예출판사, 1988), pp.79~80 참조.

62) 安輝濬, 『東洋의 名畵 1: 韓國 I』, 圖 17 참조.

63) 徐居正, '舍弟景醇以仲晃詩請余書諸可度畵書以歸之散步四雨亭因贈二絶', 『晋山世稿』 卷3, (景仁文化社), pp.128~129 참조. 이 밖에 安輝濬, 「朝鮮王朝時代의 畵員」, 『韓國文化』 第9號(1988. 11), pp.147~178 및 안휘준, 『한국 회화사 연구』(시공사, 2000), pp.574~576 참조.

64) 최경은 자기 스스로가 세종조 때부터 화원으로 근무했음을 밝히고 있다. 「世祖實錄」卷30, 9年 癸未(1463) 丙申條(『朝鮮王朝實錄』 7卷, p.569 下右~569 下左)의 최경에 관한 기록 중에 '予雖業畵 自世宗召圖畵 以後 若御容 佛像 及人物耳 非他畵員之比(나는 비록 그림을 업으로 하지만 세종 때부터 도화원의 부름을 받았고 그후 어용이나 불상, 인물에 이르기까지 다른 화원들과는 비교가 되지 않았다.)'라고 최경이 이지(李墀)에게 일갈한 말에서 이를 확인할 수 있다. 그리고 산수에 안견, 인물에 최경이 함께 이름을 날렸고 두 사람 모두 신묘한 경지에 들어섰다고 적은 성현의 『용재총화』 권1의 기록도 이를 뒷받침해 준다. '其後安堅崔涇齊名 堅山水 涇人物 皆入神妙'.

65) 최경과 안귀생의 당상관 제수에 따른 논란을 적은 실록의 기록은, 安輝濬 編, 『朝鮮王朝實錄의 書畵史料』(韓國精神文化硏究院, 1983), p.59, 64, 66, 73~80, 82, 84, 92, 96, 97, 101, 105, 109, 138 참조. 이 밖에 安輝濬, 「朝鮮王朝時代의 畵員」, 『韓國文化』 第9號(1988. 11), pp.147~178 및 『한국 회화사 연구』, pp.744~749 참조.

66) 「世祖實錄」 卷30, 9年 癸未(1463), 3月 丙申條(『朝鮮王朝實錄』 7卷, p.569 下右~569 下左), '……命罷圖畵院提學崔涇職 涇本安山郡鹽夫之子 少也隨其父 告糴于官 與群兒戱 用牛箠畵也 作人物驢馬之狀 頗有生氣 村夫咸謂 此兒以畵發迹者 補圖畵院生徒 精於其業 屢蒙特叙 畵員之職 本限五品 涇以其業 善事權貴 除圖畵院別坐 例加通政 自知人不詳世系 謂其先衣冠之裔 凡名相之姓崔者 靡不攀援爲族曰 某於予第幾兄也 第幾弟也 恬不爲愧 其兄弟姉妹 滯鄕曲者 猶不立門戶……'

67) 吳世昌, 『槿域書畵徵』(新韓書林, 1970), p.52 所引.

68) 成俔, 『慵齋叢話』 卷1, '……其後安堅崔涇齊名 堅山水 涇人物 皆入神妙……涇晩年亦畵山水古木 而當讓於堅矣……'

69) 일본에 그의 이름이 관서(款署)되어 있는 〈白衣觀音像〉이 전해지고 있음을 나라(奈良) 야마토분카간(大和文華館)의 吉田宏志 학예부차장이 보여준 사진을 통해 알았으나 현재로선 단정할 수 없다.

70) 박팽년의 「三笑圖序」라는 글(『死六臣文集』, 民族文化社, pp.89~91) 속에 '一日匪懈堂謂吾曰 餘得三笑圖 乃龍眠居士筆也 本松雪公得於江左 愛惜之手書以誌予今幸見 令崔思淸摸其畵 集賢殿修撰李錫類搨其書 而欲使後之人知此圖所自也'라는 중요한 기록이 보인다. 이 글로 보면 안평대군이 어느 날 박팽년에게 말하기를 자기가 〈삼소도〉를 구했는데 용면거사 이공린의 작품으로서 본래 조맹부가 양자강 왼쪽 지방에서 얻은 것으로 그 (경위를) 자필로 적었던 것인데 안평대군이 운 좋게 그것을 보게 되었고 그래서 최경에게 그 그림을 모사하도록 하였으

며 집현전 수찬 이석류로 하여금 그 글씨를 필사케 하였다고 하였음을 알 수 있다. 즉 최경은 안평대군의 요청에 따라 조맹부의 구장이었던 이공린의 〈삼소도〉를 모사하였던 것이다.

71) 朝岡興禎, 『古畫備考』 卷50의 「高麗朝鮮書畫傳」(京都: 思文閣刊, 1970, 卷下 p.2264)에 '……崔涇蔡文姬歸漢圖 橫披 彩色絹本 朝鮮畫細描 劉松年 等に似, 元末トミエ'이라고 기록되어 있다. 즉 최경의 〈채문희귀한도〉는 옆으로 펼쳐지는 횡피로 비단에 채색으로 그려진 세묘의 조선 그림인데 유송년 등에 유사하고 원나라 말기로 보인다는 내용이다. 최경이 세필의 채색인물화도 그렸음을 엿볼 수 있다.

72) 「端宗實錄」 卷14, 3年 乙亥(1455), 閏 6月 丁未條(『朝鮮王朝實錄』 7卷, p.42 上左). 그러나 이 〈금강산도〉가 안귀생 자신이 그린 작품인지는 단정할 수 없다. 다만 "전하가 화공에게 명하여 그림을 그려가지고 오게 했다(故殿下命畫工作圖以來)"는 구절로 보면 화원의 작품인 것만은 분명하다. 그 화원이 안귀생일 가능성도 없지 않다.

73) 成俔, 『慵齋叢話』 卷1, '……有裵連者 俱善山水人物 平生不數涇 由是與涇相惡……' 참조. 그리고 배련에게는 이름을 배맹건(裵孟乾)이라고 하는 아들이 있었는데 그는 생원 · 진사과를 칠 셈으로 고조를 증조로 칭하고 부친의 이름을 '련(連)'으로부터 '련(蓮)'으로 살짝 바꾸기까지 한 바 있는데 발각되어 뜻을 이룰 수 없었다. 신분 상승을 위한 무리수였던 것이다. 「成宗實錄」, 卷224, 20年 己酉(1489), 1月 亥條(『朝鮮王朝實錄』 11卷, p.429下) 참조.

74) 「世祖實錄」 卷45, 14年 戊子(1468), 3月 丁丑條(『朝鮮王朝實錄』 8卷, p.170 上左)에 '……遣畫員裵連于金剛山 畫山形以來……'라는 기록이 보인다.

75) 우리나라에 있어서의 실경화 발달에 관해서는 安輝濬, 「朝鮮王朝後期 繪畫의 新動向」, 『考古美術』 第20號(1977. 6), pp.11~13 및 『한국 회화사 연구』, pp.220~222, 502~503, 527~528 참조.

76) 安輝濬 編, 『朝鮮王朝實錄의 書畫史料』, p.34 · 36 · 38 각각 참조.

77) 완물상지에 관한 논의는 종종 기록들에서 엿볼 수 있다. 그 대표적인 예로 成均館 直講 金克儉 등 네 사람이 성종에게 번갈아가면서 완물상지를 얘기하면서 '如琴碁圖畫文章射御之類 皆足以喪心志(〈가야〉금, 바둑, 도화, 문장, 활쏘기 같은 것들은 모두 (정치할) 심지를 잃게 하기에 족합니다.)'라고 지적한 바가 있다(「成宗實錄」 卷127, 12年 辛丑(1481), 3月 丙申條). 또 유희춘(柳希春, 1513~1577)의 『眉岩集』에는 무진(1568) 8月 28日의 시강(侍講)에서 '宋徽宗 高麗恭愍王好書畫 皆溺心於小技 不可謂游於藝矣……一向好着亦自喪志是也'라고 지적하였다. 즉 송나라의 휘종과 고려의 공민왕은 서화를 좋아하여 모두 마음이 작은 기예에 빠졌다고 하였던 것이다. 그는 甲戌(1574) 2月初 4日의 侍講에서도 '人主不必留心小技 前代帝王 玩心書畫 以妨大志(임금은 반드시 소기에 마음을 둘 필요가 없습니다. 전대의 제왕들은 서화 감상에 마음을 써서 큰 뜻에 방해가 되곤 하였습니다.)'라고 주장하였다. 高裕燮, 『朝鮮畫論集成』 下卷, pp.235~236 所引.

78) 徐居正, 「題仁齋詩稾後」(『晋山世稿』, 景仁文化社, p.227)에서 '詩與書 書與畫同

一妙也 詩出於性情 而書畵成於心 手若能源於性情 會之心手之間 其所得有不期妙 而自妙者矣 是以古之善詩者必善書 善書者必善畵 自唐鄭廣文 · 王摩詰 · 宋之蘇子瞻 元之趙孟頫 其人也'라고 詩 · 書 · 畵의 관계를 설명하였다.

79) 강희안은 '舍弟景醇以小障求書副之以詩作海山圖用其韻答之'(『晋山世稿』卷3, 景仁文化社刊本, p.115)라는 글에서 '詩畵一法妙難詰 世間誰能兩高絶'이라고 읊었다.

80) 吳世昌, 『槿域書畵徵』, p.54 所引.

81) 소식의 화론 및 시화일률에 관한 논의는 權德周, 「蘇東坡의 畵論」, 『中國美術思想에 대한 硏究』(淑明女子大學敎出版部, 1932), pp.109~138. 조선초기화론의 종합적 고찰은 洪善杓, 「朝鮮初期의 畵論」, 『第三回國際學術會議論文集: 世界속의 韓國文化』(韓國精神文化硏究院, 1984), pp.597~614 참조.

82) 文明大, 『세종시대의 미술』(세종대왕기념사업회, 1986), pp.52~59 참조.

83) 安輝濬, 「조선왕조 전반기 미술의 대외교섭」, 『朝鮮 前半期 美術의 對外交涉』(예경, 2006), pp.9~37 참조. 이 책에는 한정희(대중 회화교섭), 박은경(대중 불교회화교섭) 교수의 논문이 실려 있어 참고가 된다. 일본 회화와의 관계는 안휘준, 「조선초기의 회화와 일본 무로마치 시대의 수묵화」, 『한국 회화사 연구』, pp.474~500 참조.

84) 成俔, 『慵齋叢話』, 「天使能畵者」 참조.

85) 安輝濬, 「高麗 및 朝鮮王朝初期의 對中 繪畵交涉」, pp.161~164 및 『한국 회화사 연구』, pp.303~306 참조.

86) 위의 논문, p.163 참조.

87) 安輝濬, 「朝鮮王朝初期의 繪畵와 日本室町時代의 水墨畵」, 『韓國學報』 第3輯(1976. 여름), pp.2~21; 『한국 회화사 연구』, pp.474~500; Ahn, Hwi-Joon, "Korea Influence on Japanese Ink Painting of the Muromachi Period," *Korea Journal* Vol. 37, No. 4 (Winter, 1997), pp.195~220 참조.

88) 吳世昌, 앞의 책, p.50 참조.

89) 『地谷面誌』(충남 서산시 지곡면, 2008), p.1261 참조.

90) 劉復烈, 『韓國繪畵大觀』(文敎院, 1969), p.63.

91) Evelyn McCune, *The Arts of Korea: An Illustrated History* (Rutland, Vermont and Tokyo: Charles E. Tuttle Co., 1967), p.235.

92) 『震彙續攷』, 『張志淵全書』 二 (檀國大出版部, 1979), pp.11~13, '安堅字可度 小名得壽 號玄洞 池谷人 善畵山水 古有買妙畵於中國者 畵長松下有人 仰面看松 神采如生 世以謂絶寶 堅見之曰 是畵雖好 凡人之仰面也 頂後必有皴文 此則無有大失其旨 自是終爲棄物 又有古畵稱妙筆 畵老叟抱兒孫 匙飯以食之 神妙如活 康靖大王覽之曰 是畵雖好 凡人之食兒 必自開其口 是則含之 大失畵法 自此終爲棄物 夫畵與文章奚異 一失本意 雖錦章繡句 識者不取也 惟具眼者能知之 康靖大王朝 華使金湜 工畵竹爲一世絶筆 請見東國古今畵竹 上命廣搜國中以示之 湜徧覽之曰 皆非竹也 或麻也 或蘆也 非竹也 請觀眞竹 時安堅妙畵 亞郭熙 中國素服具神妙 上使堅用畵 一生筆力畵竹若干幅 各體以進之 湜曰 此雖好手 非竹也 蘆

也 上亦素知畵法 令苑囿進一盆竹 盡摘密葉 存疎葉 置軒 當夕陽 使安堅依樣畵之 試示湜 湜一見輒大驚曰 此眞竹也 雖中國妙畵罕有其倫 上大喜 於是出尙方縑素授湜 畵藏之 如姜邯贊朴淵鞭龍時 所得靑龍鱗一隻 並爲至寶 藏文武樓上 後景福宮災 畵與古珍俱火' 『震彙續攷』는 우리나라 화가들에 대한 참고할 만한 내용을 많이 담고 있으나 吳世昌의 『槿域書畵徵』에만 필자를 밝힘이 없이 인용되어 그 저자와 소재를 몰라 궁금했었는데 『張志淵全書』에 실려 있음을 兪弘濬 교수를 통하여 알게 되었다. 그러나 劉在建(1793~1880)이 지은 『里鄕見聞錄』 卷八의 安堅, 崔涇, 李上佐條 등에 이미 『震彙續攷』가 인용되어 있는 점으로 보아 이 저술은 張志淵의 것으로 볼 수가 없다. 아마도 그가 소장했던 도서였을 것으로 믿어진다.

93) 「世祖實錄」 卷33, 10年 甲申(1464), 5月 壬申條(『朝鮮王朝實錄』 7卷, p.627 上右), '正使金湜 畵素竹屛風 幷製詩書其上 贈朴元亨 元亨以啓 上命畵工 摹其畵着彩 又命文臣 依韻和之 湜能詩 又工於書畵 亦善八分篆隷 副使張珹亦能詩 然湜年老性貪鄙 雖家中所用鍮銅器皿 亦無不干請 必得而後已 珹求索比湜爲少.'

94) 「世祖實錄」 卷33, 10年 甲申(1464), 5月 己卯條(『朝鮮王朝實錄』 7卷, pp.627 下左~628 上右). '明使金湜 進靑素紵絲三十匹 靑素羅十六匹 張珹 進諸色紵絲三十八匹 羅十匹 紗十二匹 上宴於勤政殿 上行酒……上使朴元亨贈 湜畵竹簇子曰 大人 好畵能詩 故令畵工畵竹 文士作詩 煩大人一覽 將幷呈副大人 湜與張珹俱謝 上謂湜曰 此竹乃摹大人之竹也 湜微笑曰 我畵白 而今乃綠 初不覺 更諦觀之 實是我作'

95) 「世祖實錄」 위와 같은 條에 '上使都承旨盧思愼 贈湜等油烟墨 各二十五笏 紫石硯 朱漆匣 筆亦玉具各一事 揷筆墨 靑石硯各一事 畵簇子各四雙 咨文紙一卷…… 湜等見畵簇曰 此乃絶世之畵 過於郭熙遠矣.'라는 기록이 있다.

96) 「成宗實錄」 卷100, 10年 己亥(1479), 1月 乙丑條(『朝鮮王朝實錄』 9卷, p.687 上左). '礪石又啓曰 安紹禧 乃畵工安堅之子 不可爲監察 上曰 紹禧 旣登科第 拜監察何妨 禮曹判書李承召曰 畵工之子 安得爲監察乎 上曰 然則紹禧 改差可也.'

97) 『國朝文科榜目』 2(成宗朝 · 燕山朝 · 中宗朝), 卷之四(成宗) 戊戌九年 親試榜 十二月 初三日 行에서의 甲科 1人, 乙科 2人, 丙科 2人의 登第者 중에서 安紹禧는 맨 끝에 등재되어 있다.

98) 일례로 Evelyn McCune은 前揭 그의 저서에서 曺植의 『南冥集』을 인용하면서 '그가 죽었을 때 그의 가족은 빈곤하게 되었고, 그의 집은 아마도 빚 때문에 몰수당했으며 그래서 먼지 하나도 남지 않았다.'라고 기술하였다. 이것은 분명히 寒暄堂 金宏弼(1454~1504)과 그의 소장 안견의 그림에 관한 '及先生之不幸也 籍其家 家叢蕩盡 靡有敝帚 獨此一物'이라는 기록을 잘못 인용한 것이다. 그렇지만 안견의 말년이 이처럼 비참했을 것으로 보는 것이 상례였기 때문에 빚어진 일이라고도 볼 수 있다.

99) 尹鑴, 『白湖全書』 中卷(慶北大出版部, 1974), pp.1012~1013의 「書權生所藏安堅山水圖後」 '權生聖中示予其家舊所藏山水圖八幅 國朝安堅所寫 堅以墨妙鳴於我東 尤以山水著云 余不識圖畵 竊嘗聞堅之爲人 蓋不特其畵之可愛也 當光廟靖

亂之際 安平大君以公子貴介挾文華翰墨自憙 遍交遊一時名流 人莫不歆艶而趣附之 堅亦以技被招納 堅固絶筆 公子特奇愛之 不使暫離其門屛 堅知時事危疑 欲自踈 而不得 一日公子貨得龍煤墨丸於燕市 函招堅 濡墨爲繪事 適公子起入內 還則失龍煤所在 公子責奴侍婢 婢輩自卞置意在堅 堅起奮袖自明 墨忽墮堅懷中 公子遽怒叱出之 勿使更近其門 堅默然暫走出退 歸伏自絀 事遂哄傳一世 俄而公子離大戛 其出入門下者 無不連累以死 堅則獨以是免焉 人始異之 嗚呼 懷德穢行 自免於勢利之禍剡 此古人之所難一而堅獨能之 是豈不亦知幾見徵卓詭獨行之士哉 如是我聞抑堅非局於是技者 又別有高識遐想不屑之趣 特以是游於斯世 而寓於斯藝者與 是未可知也 余固不識畵 然觀此幅 其水石之蒼 莽風烟之依微 雖簡逸踈蕩 而顧自有人未易窺者 豈亦象其人而然幾 是爲識 以傳諸好事者 夏村病寓書'

100) 高裕燮, 「安堅」, 『韓國美術文化史論叢』(通文館, 1965), p.275 참조.

101) 李殷佑, 「湖山錄」, 『서산의 숨결』 제48호(1987. 10. 10), pp.4~8; 안견의 출신지에 대한 논란은 「爭點」, 『考古美術』 第179號(1988. 9), pp.73~76 참조.

102) 『湖山錄』의 지리지적인 성격에 관해서는 이문종 교수의 의견이 참고된다. 『地谷面誌』, pp.1232~1233 참조.

103) 『新增東國輿地勝覽』(東國文化社, 1964), p.317: 忠淸道瑞山郡 地谷의 姓氏 中에 安 · 李 · 文氏 등이 기재되어 있다.

104) 「世宗實錄」 卷149 地理志 忠淸道 瑞山郡에 관한 기록중(『朝鮮王朝實錄』 5卷, p.634 上右)에 '地谷姓三 安 · 李 · 文'이라는 구절이 보인다.

105) 『韓國人의 族譜』(日新閣, 1977), p.688 참조.

106) 『新增東國輿地勝覽』 卷19(東國文化社, 1964), p.318의 「古跡」란에 다음과 같이 기재되어 있다. '地谷廢縣 本百濟知六縣 新羅改地育 爲當城郡領縣 高麗改今名 仍屬本朝因之在郡北三十里 有古石城 周一千二十七尺'

107) 『地谷面誌』, p.1260 참조.

108) 안휘준, 「현동자 안견: 한국적 산수화풍을 창출한 조선의 대표화가」, 『인물로 보는 한국미술사: 한국의 미술가』(사회평론, 2006), pp.24~28 참조.

109) 申叔舟, 『保閑齋集』 卷14, 「畵記」(5a~5b). '我朝得一人焉 曰安堅 字可度 小字得守 本池谷人也 今爲護軍 性聰敏精博 多閱古畵 皆得其要 集諸家之長 總而折衷 無所不通 而山水尤其所長也 求之於古 亦罕得其匹 於匪懈堂陪遊已久 故其所畵最多 今有八景圖各一 江天晩色圖一 絶岸雙淸圖一 奔流宗海圖一 江天一色圖一 雪霽天寒圖一 黃鶴樓一 滕王閣一 雨後新晴圖一 雪霽餘寒圖一 輕嵐匹練圖一 霽雪鋪漁圖一 水國輕嵐圖一 江鄕遠翠圖一 起粟生花圖一 春雲出谷圖一 幽雲滿壑圖一 狂風急雨圖一 蚪龍反走圖一 長林細路圖一 銀河倒掛圖一 絶壁圖一 墨梅竹一 水墨白雲圖一 山水圖二 蘆雁圖一 花木圖二 長松圖一'.

110) 申叔舟, 『保閑齋集』 卷16, 6a~6b) 「匪懈堂眞贊」. '安平大君以自眞叔舟曰 曾於壬戌年 余年二十五 令安堅寫余眞 今七年于玆 其形貌已不同矣……(안평대군이 자신의 초상화를 두고 신숙주에게 말하기를 일찍이 임술년(1442) 내 나이 25세 되던 해에 안견에게 명하여 내 초상화를 그리게 했었는데 이제 7년이 지나고 보니 그 모습도 이미 전과 같지 않구려……)'

111) 成俔, 『慵齋叢話』 卷一, '至本朝 有顧仁者 自中國出來 善畵人物 其後安堅崔涇齊名 堅山水涇人物 皆入神妙 今人愛保堅畵如金玉 余爲承旨 見內藏青山白雲圖眞絶寶 堅常云 平生精力在此 涇晩年亦畵山水古木 而當讓於堅矣'

112) 우리나라 회화와도 관련이 있다고 볼 수 있는 중국의 〈青山白雲圖〉로는 傳 高克恭의 작품을 들 수 있다. James Cahill, *Chinese Painting*(Skira 1960), p.104의 도판 참조. 안평대군 소장품 중에 元代 顧迎卿의 〈青山白雲圖〉가 들어 있었다(신숙주의 「화기」 및 「안평대군 소장품 목록」 참조). 앞에서 소개한 바 있는 明使 金湜도 우리나라에 왔을 때 梅花, 雪竹, 雜草, 葡萄, 折竹, 竹, 石菖蒲, 蘭, 松과 함께 青山白雲을 그렸음이 徐居正의 『四佳集』 卷21, 『徐四佳全集』, 昨晨社, pp.244~245) 所載의 '題茂松府院君尹公所藏大明奉使金大僕湜所畵十疊屛風十首'라는 글에 의해 확인된다.

우리나라에서는 〈青山白雲圖〉는 특히 고려 말~조선 초기에 詩와 畵에서 자주 다루어졌던 듯하다. 문집에 보이는 〈青山白雲圖〉 관계의 글들을 대강 열거하면 다음과 같다. 李穡, 『牧隱集』의 「興葉孔昭賦青山白雲圖」; 『晋山世稿』의 「青山白雲圖辭」와 「蔡子休求畵作青山白雲一幅葡萄二幅因題詩其上」; 成三問, 『謹甫集』의 「題四雨亭所藏青山白雲圖」; 申叔舟, 『保閑齋集』의 「題青山白雲圖」와 「題安可度畵青山白雲圖」; 徐居正, 『四佳集』의 「青山白雲圖辭」, 「題青山白雲圖」, 「題崔彦甫所藏姜景愚青山白雲圖」, 「題青山白雲圖」(其二), 〈青山白雲圖〉, 「題青山白雲圖」(其三); 成俔, 『虛白堂集』의 「內出山水圖二首」(青山白雲, 寒江風雪)와 「奉敎題內出青山白雲圖」; 李婷, 『風月堂集』의 「題青山白雲圖」.

113) 「成宗實錄」 卷101, 10年 己亥(1479), 2月 戊子條(『朝鮮王朝實錄』 9卷, p.692 下右) 참조. 이와 연관해서 앞 註에 인용한 성현의 內出青山白雲圖 관계 시문이 유념된다.

114) 위에 언급된 실록의 기록 중에 '可是良工摹寫巧 誰云異景轉移難', '久聞秘府傳神品'이라는 구절 참조.

115) 金安老, 『龍泉談寂記』 '本朝安堅 字可度 小字得守 池谷人也 博閱古畵 皆得其用意深處 式郭熙則爲郭熙 式李弼則爲李弼 爲劉融爲馬遠 無不應向 而山水最其長也.'

116) 申叔舟, 『保閑齋集』 卷14의 「畵記」, '伯熙則筆勢豪健 長於奇岩老樹 今有江亭雪霽圖一 長林雪滿圖一 春曉烟嵐圖一 長江圖一 弼則筆勢精微 長於樓閣人物 今有滕王閣圖一 華淸宮圖一 瀟湘八景圖 各一 二十四孝圖十二 古木圖一 懸崖峻閣圖一'.

117) 朴彭年, 「三絶詩序」, 『死六臣文集』(民族文化社, 1986), pp.61~64. '正統八年夏四月 上命會粹子美詩 註于時鶩山 辛公以下凡六人爲屬官 匪懈堂實摠裁焉 一日 匪懈堂命畵師安堅 畵李司馬山水圖 手書其詩於左方 以賜丞旨公 公寶愛之甚 將歌詩以侈之 委余敍其端 餘觀此圖 眞古之所謂三絶也……堅也畵之 子美詩之 匪懈堂又書之 夫子美詩中天子 其詩無與擬倫 匪懈之書得王右軍筆法 如龍跳天門 虎臥鳳閣 羊蕭以下不足置齒牙間也 堅也 亦時之妙於畵者 其高浪崩崖之狀 烟雲洸杳之態 可謂入神矣 然則此圖集衆美而一之合 古今而妙絶者也'

118) 申叔舟, 『保閑齋集』 卷15의 「成修撰三問臨江翫月圖詩序」. '正統丁卯仲夏既望 昌寧謹甫氏袖一軸示余 軸首有圖……余熟視之 山高水靜 明月高縣 高人邀客 臨江二客侍坐 方擧酒指月 有雁從西北來 悠揚欲下 遠者小 近者大 一一可數 汀洲窈窕 風露享凉 氣象變化莫窮 一幅尺寸耳生 江湖萬里遐想……謹甫氏發掩笑曰 昔吾扈駕喜雨亭 與子深任氏 從匪懈堂 臨江翫月酒酣 東宮命內竪徵詩 仍賜橘一盤 橘盡 而詩見 一生驚且榮之 各進詩一篇 今圖其跡 記其詩'. 이 때의 일에 관해서는 徐居正, 『四佳集』의 「喜雨亭夜宴圖詩用諸公韻」에도 기록되어 있다.

119) 〈八駿圖〉에 관해서는 申叔舟의 『保閑齋集』, 徐居正의 『四佳集』, 『死六臣文集』, 「世宗實錄」 卷117 등에 자세하게 기록되어 있다. 그리고 「大小駕儀仗圖」에 대하여는 「世宗實錄」 卷119, 30年 戊辰(1448), 3月 庚寅條(『朝鮮王朝實錄』 5卷, p.52 下左右)에 '傳旨禮曹 凡製作禮器 初雖至詳 然傳之既久 必失其眞 今考小大駕儀仗圖並皆訛謬 不合古意 今所製東宮儀仗 令護軍安堅依法圖寫其大小駕儀仗圖 亦令改正 粧潢成冊 新舊官相代置簿交割'의 기록이 보여 法度에 맞지 않는 〈儀仗圖〉를 安堅에게 명하여 고쳐 그렸음을 알 수 있다.

120) 徐居正, 『四佳集』 卷14 29a~30a(『徐四佳全集』, 旿晟社, p.225)의 「安堅萬壑爭流圖」. '安生筆法天下無 磅礴一掃水墨圖'

121) 안휘준 · 이병한, 『안견과 몽유도원도』(도서출판 예경, 1993), p.230, 257, 270, pp.291~292의 이병한 역문 및 안휘준, 「비해당 안평대군의 〈소상팔경도〉」, 『비해당 소상팔경시첩』(문화재청, 2008), pp.52~53 참조.

122) 崔涇과 安貴生의 堂上官 陞職에 대한 大司憲 金之慶 등이 成宗에게 반대의견을 말하면서 '世宗朝安堅 工畵爲時第一 而不過爲四品'이라고 지적하였다. 「成宗實錄」 卷19, 3年 壬辰(1472), 6月 己巳條(『朝鮮王朝實錄』 8卷, p.663 上右)'

123) 鄭士龍, 『湖陰集』 卷5의 「奉題尙左相雪景圖」 '先朝畵事論奇品 衆史難居可度前'; 曹植, 『南冥集』 卷2의 「寒暄堂畵跋」, '(安)堅有傳神法 爲東國吳道子'; 吳世昌, 『槿域書畵徵』, p.51 및 『韓國文集叢刊』(景仁文化社, 1989), 卷2, pp.501~502 참조.

124) 金宗直, 『佔畢齋集』 卷20의 「書國耳所藏水墨三昧簇安堅畵」, '東人山水誰絶代 李寧以來無復在 尹家小簇起烟霧 始覺堅也眞三昧'; 李洪男, 『汲古遺稿』 卷中의 「安堅山水圖次韻」, '安堅畵法入三昧'의 구절 참조.

125) 尹斗緖, 『記拙』 卷2, 「畵評」의 安堅에 관한 評. '博而不廣 剛而不健 山無起伏 樹少面背 然其高古處如寒墟小市 古居 危橋 樹枝欑針 石皴雲蒸 森然黯然 自不可及 殆東方之巨擘 醉眠之亞匹'. 번역은 李英淑, 「尹斗緖의 『記拙』 「畵評」」, 『미술사 연구』 창간호(1987. 6), p.90에서 引用.

126) 安輝濬, 「韓國浙派畵風의 硏究」, 『美術資料』 第20號(1977. 6), pp.34~36 및 『韓國繪畵史』(一志社, 1980), pp.159~188, 213~216 참조.

127) 尹斗緖, 『記拙』 卷2의 「畵評」. 姜孝同 '山水林木 皆祖可度 而筆法不逮 旦墨法太重 盖自可度以後學者 皆有此病'. 李英淑, 前揭譯文 참조.

128) 안휘준, 『한국회화사』(일지사, 1980), pp.159~188, 213~216 및 『한국 회화사 연구』, pp.502~520, 576~612 참조.

129) 高裕燮, 『韓國美術文化史論叢』, p.277.

130) 앞의 尹斗緖의 『記拙』 및 李英淑의 譯文, pp.90~92 참조.

131) 安輝濬, 「韓國浙派畵風의 硏究」, 『美術資料』 제20호(1977. 6), p.49 및 『한국 회화사 연구』, pp.602~603 참조.

132) 鈴木治, 「安堅 〈夢遊桃源圖〉について」(一) 및 (二), 『ビブリア』 第65號(1977. 3), pp.39~58 및 同 第67號(1977. 10), pp.50~71 참조.

133) 內藤湖南, 「朝鮮 安堅の夢遊桃源圖」, 『東洋美術』 第3號(1929. 9), pp.85~89.

134) 申基漢, 「잊을 수 없는 名品들」, 『古美術』 第22號(1989, 여름) pp.10~12. 참조.

135) 學鷗漁父, 「安堅の夢遊桃源圖」, 『朝鮮』第176號(1930. 3), p.120의 判讀을 따랐음.

136) 안휘준 · 이병한, 『安堅과 夢遊桃源圖』(예경, 1993), p.161의 이병한 번역문 참조.

137) 崔脩의 姓名中에서 '脩'字는 종래 확인이 되지 않았으나 이미 고인이 된 任昌淳 先生의 도움으로 判讀이 가능하게 되었다.

138) 鈴木治, 앞의 논문(二), p.51 참조.

139) 위와 같음.

140) 鈴木治, 앞의 논문(2), p.70의 표 및 崔仁淑, 「〈夢遊桃源圖 卷軸〉 管見 －安平大君의 題跋을 중심으로－」(東國大學校 大學院 國語國文學科 碩士論文, 1986), p.6~7의 표 참조.

141) 시문에 관해서는 몇 편의 이런저런 석사논문들이 발표되어 다행이다. 徐銀禮, 「桃花源記 硏究」(고려대 석사논문, 1979); 崔仁淑, 위의 논문; 金銀美, 「夢遊桃源圖 題贊의 桃源觀 연구」, 『梨大語文硏究』(1989); 高蓮姬, 「〈夢遊桃源圖 題讚〉 硏究」(이화여대 석사논문, 1990) 참조.

142) 安輝濬 · 李炳漢, 『夢遊桃源圖』(藝耕産業社, 1987), pp.93~218 참조.

143) 鈴木治, 앞의 논문(一), p.52 참조.

144) 번역은 劉復烈, 『韓國繪畵大觀』(文敎院, 1969), pp.65~66 및 안휘준 · 이병한, 『安堅과 夢遊桃源圖』(예경, 1993), pp.164~167의 이병한 번역문 참조. 原文은 다음과 같다. '歲丁卯四月二十日夜 余方就枕 精神蘧栩 睡之熟也 夢亦至焉 忽與仁叟(朴彭年)至一山下 層巒深壑 崷崪窈窅 有桃花數十株 微徑抵林表而分岐 徊徨竚立 莫適所之 遇一人 山冠野服 長揖而謂余曰 從此徑以北入谷 則桃源也 余與仁叟 策馬尋之 崖磴卓犖 林莽薈鬱 溪回路轉 蓋百抗而欲迷 入其谷則洞 中曠豁可二 · 三里 四山壁立 雲霧掩靄 遠近桃林 照暎蒸霞 又有竹林茅宇 柴扃半開 土砌已沈 無鷄犬牛馬 前川唯有扁舟 隨浪游移 情境蕭條 若仙府然 於是 踟躕瞻眺者久之 謂仁叟曰 架巖鑿谷 開家室 豈不是歟 實桃源洞也 傍有數人在後 乃貞父(崔恒) · 泛翁(申叔舟)等 同撰韻者也 相與整履陟降 顧眄自適忽覺焉 嗚呼 通都大邑 固繁華名宦之所遊 窮谷斷崖 乃幽潛隱者之所處 是故 紆身青紫者 亦不到山林 陶情泉石者 夢不想巖廊 蓋靜躁殊途理之必然也 古人有言曰 晝之所爲 夜之所夢 余托身禁掖 夙夜從事 何其夢之到於山林耶 又何到而至於桃源耶 余之相好者多矣 何必遊桃源 而從是數子乎 意其性好幽僻 素有千石之懷 而與數子者

交道尤厚 故致此也 於是 令可度作圖 但未知古之所說桃源者 亦若是乎 後之觀者求古圖較我夢 必有言也 夢後三日 圖旣成 書于匪懈堂之梅竹軒'. 그리고 이 제기(題記)에 대한 연구로는 崔仁淑, 金銀美, 高蓮姬의 앞의 논문 참조.

145) 陶潛, 「桃花源記」· 原文은 李章佑註釋, 『中國歷代散文選』(新雅社, 1985), pp.44~45 所載. '晋太元中 武陵人 捕魚爲業 緣溪行 忘路之遠近 忽逢桃花林 來岸數百步 中無雜樹 芳草鮮美 落英繽粉 漁人甚異之 復前行 欲窮其林 林盡水源 便得一山 山有小口 彷佛若有光 便捨船 從口入 初極狹 纔通人復行數十步 豁然開朗 土地平曠 屋舍儼然 有良田 · 美池 · 桑 · 竹之屬 阡陌交通 鷄犬相聞 其中往來種作 男女衣著 悉如外人 黃髮 · 垂髫 並怡然自樂 見漁人 乃大驚 問所從來具答之 便要還家 設酒 殺鷄作食 村中聞有此人 咸來問訊 自云 先世避秦時亂率妻子邑人 來此絶境 不復出焉 遂與外人間隔 問今是何世 乃不知有漢 無論魏 · 晋……停數日辭去 此中人語云 不足爲外道也 旣出 得其船 便扶向路 處處誌之 及郡下 詣太守說如此 太守卽遣人隨其往 尋向所誌 遂迷不復得路 南陽劉子驥 高尙士也 聞之 欣然規往 未果 尋病終 後遂無問津者'. 「도화원기」에 대한 연구로는 앞의 徐銀禮, 「桃花源記 硏究」 참조.

146) 도잠에 대한 연구로는 趙載億, 「韓國詩歌에 미친 陶淵明의 影響」, 『문호』 제5호(1969), pp.88~122; 金聖基, 「高麗中期 文人의 陶淵明 受容에 대한 考察」, 『울산어문논집』 제3집(1987. 6), pp.79~105 참조.

147) 李白, 「山中答俗人」과 蘇軾, 「書王定國所藏煙江疊嶂圖王晋卿畵」, 黃堅編, 『古文眞寶』· 崔仁旭譯(乙酉文化社, 1987), pp.76~77 및 100~103 참조.

148) 陳邦彦, 『歷代題畵詩類』 卷31, pp.1a~9b; 孫紹遠, 『聲畵集』 卷1, pp.10a~10b. 後者는 曹寅編, 『楝亭 12種』에 所載. 石濤의 작품은 James Cahill, *Chinese Painting*, (Skira, 1972), p.181 참조.

149) 陳澕, 『梅湖先生遺稿』, 卷1, p.22a. 그리고 『破閑集』 卷上에 '智異山惑名頭留……古老相傳云 其間有靑鶴洞 路甚狹纔通人行 俯經數里許 乃得虛曠之境……唯靑鶴棲息其中 故以名焉 蓋古之遁世者所居…… 昨在書樓偶閱五柳先生集 有桃源記 反復視之……莫不似桃源爲仙界……實與靑鶴洞無異 安得有高尙之士 如劉子驥者 一往尋焉'이라 되어 있다. 즉 지리산은 일명 두류산이라고도 하는데 옛 노인들 사이에 전해지기를 그 사이에 청학동이 있는데 길은 매우 협소하여 사람들이 겨우 다닐 만하며 그 안쪽은 몇 리나 되는데 넓고 텅 빈 상태로 그 안에 오직 푸른 학들만이 서식하므로 이름을 청학동이라 부르게 되었다고 한다. 대저 옛부터 은둔자들이 사는 곳이 되었다는 것이다. 어제 서루에서 우연히 오류선생 문집을 보았더니 도원기가 있어서 거듭 보게 되었는데 도원이 신선들의 세계와 비슷하지 않은 것이 없고 실로 청학동과도 다를 바가 없다. 유자기와 같은 고상한 선비가 있다면 어찌 한번 찾아가 보지 않을 것인가라는 것이 대체적인 내용이다.

150) 〈몽유도원도〉에 찬시를 썼던 인물들을 제외한 학자들의 桃源에 관한 시와 글들을 열거하면 다음과 같다. 柳方善, 『泰齋集』 卷2의 「題玄圃圖金生索賦」에 '誰作桃源景……(누가 도원경을 만들었나……)'의 구절 보임. 成俔, 『虛白堂集』의

「遊三日浦賦」에 '撫輞川之圖者 不如摩詰之遊 讀桃源之記者 不如漁舟之遇(망천도를 어루만지는 것은 왕유와 노니는 것만 못하고 도원에 관한 기록을 읽는 것은 어부의 배를 만나는 것만 못하네)'의 구절 있음. 權五福, 『睡軒集』의 「桃源春曉圖」; 鄭士龍, 『湖陰集』의 「書桃源畵」; 金汝振, 『三愚集』의 「次桃源圖韻」; 釋休靜, 『淸虛堂集』의 「題桃源圖」; 金翊漢, 「桃源圖」; 李種徽, 『修山集』의 「桃源圖跋」 등이 있다. 이 기록들은 高裕燮, 『朝鮮畵論集成』 上, 下卷(景仁文化社)에서 쉽게 찾아볼 수 있다. 黃俊良은 『金溪先生文集』 外集 信(冊) 卷8, 4a~6a의 「桃源辨」에서 '……桃源之說 不可盡信……(도원에 관한 얘기들은 다 믿을 것이 못된다)'의 견해를 피력하였다.

151) 丁若鏞, 『增補與猶堂全書』(景仁文化社, 1987), 1卷, p.305에 실린 「題姜豹菴桃花源圖」라는 글에 다음과 같이 적었다. '武陵南越之一郡 與零陵桂陽相接 則桃花源在南蠻猺峒之地 非中國之地也 陶元亮是南渡後 人故所聞習於南土 且陶侃嘗爲黃州刺史 廣南民間之說 必有所傳聞者 非全爲寓言也 昔南越王尉佗 本亦眞定世族 避秦之 南越 遂爲越人 卽桃源之民 安知非尉佗者流乎 搖獠之地 重嶺疊嶂 千回萬曲 其中有桃花源 非異事也 元亮之記寓意 則存 其亦孔子欲居九夷之意也歟'

152) 李章佑, 앞의 책, p.44의 註 2에 '武陵一現 湖南省 常德縣에 있는 地名'으로 되어 있음. 한편 諸橋轍次, 『大漢和辭典』(東京: 大修館書館, 1968), 卷6, p.702에는 '武陵郡 沅南縣의 땅에 해당하기 때문에 武陵桃源이라 한다. 지금의 湖南省 桃源縣의 桃源山'이라고 되어 있다.

153) 위의 책, 卷2, p.564 참조.

154) 李仙玉, 「澹軒 李夏坤의 繪畵觀」(서울大學校 碩士論文, 1987), p.49 참조.

155) 丁若鏞, 前揭書, 1卷, p.307의 「題家藏畵帖」. 이 글은 조선시대 중기와 후기의 회화에 관하여 폭넓게 얘기하면서 姜世晃의 桃源圖를 언급하고 있어 참고 삼아 全文을 적어 둔다. '國朝畵家 在穆陵盛際 唯金禔擅名(號醉眠) 又如石陽正之竹特稱神妙 近世 尹恭齋之人物 駱西(恭齋子德熙)之馬 皆極其妙 卞尙璧特以畵貓稱世 謂之卞古羊(方言貓曰古羊) 柳德章(字峀雲)以竹著 沈師貞(號玄齋)山水濃圓不見毫墨之痕 鄭敾(號謙齋)善畵絶壁古松 爲山水輒用皴法 純以橫點成勢 許泌(號煙客) 亦有名 然生澀未嫺姜豹菴蘭竹最善 然竹只作數葉以示意而巳 山水非所長 然嘗爲一權臣 作桃源圖八疊屛風 鷄犬畢具 豪毛可數 亦妙藝也 金弘道(號檀園) 善畵風俗物態亦善花草鳧雁 而李命基特以寫眞名 在先朝 自 御眞以至 大臣卿宰之影 或古畵像之重摹者 命基皆爲之 英宗御眞則尹駱西卞尙璧之所寫也' 화가들의 이름이 잘못 적힌 곳이 몇 군데 있음이 보이지만, 원문대로 옮겨 적었다.

156) 內藤湖南, 앞의 논문, p.86. 〈몽유도원도〉가 분명한 연대만 없으면 양식적인 측면에서 북송대로 보기 쉬울 것이라는 의견은 미국의 학자들에 의해서도 피력된 바 있다. Sherman E. Lee and Wen Fong, *Streams and Mountains Without End* (Ascona, Switzerland: Artibus Asiae, 1967), p.9, n. 10 참조.

157) 〈몽유도원도〉의 화풍에 대한 고찰은 본 저자도 시도한 바 있다. 安輝濬, 「安堅

과 그의 畫風—〈夢遊桃源圖〉를 中心으로—」, 『震檀學報』 第38號(1974. 10), pp.49~73 ; Ahn Hwi-Joon, "An Kyŏn and *A Dream Journey to the Peach Blossom Land*," *Oriental Art*, Vol. XXVI, No. 1 (Spring, 1980), pp.60~71.

158) 이 점에 대해서는 李東洲 박사도 지적한 바 있다. 李東洲, 『韓國繪畫史論』(열화당, 1987), p.310.

159) 이것은 黃土地帶를 묘사한 李郭派의 한 전형적인 技法이기도 하다. James Cahill, "Some Rocks in Early Chinese Painting," *Archives of the Chinese Art* (Society of America, 1962) Vol. XVI, pp.84~85 참조.

160) 일례로 *The Freer Gallery of Art I : China*(Tokyo : Kodansha Ltd.), pl. 56 및 James Chaill, *Chinese Painting*, p.181의 도판 참조. 그리고 도연명의 「桃花源記」나 중국 그림에서 사람들의 생활상을 묘사하는 것은 그곳의 사람들이 아니라 신선들이 우리와 마찬가지로 보통 사람들임을 의미하는 것으로 볼 수 있다. 이에 대하여는 James R. Hightower, trans., *The Poetry of T'ao Ch'ien* (Oxford : Clarendon Press, 1970), p.257 참조.

161) Osvald Sirén, *Chinese Painting : Leading Masters and Principles* (New York : The Ronald Press Co., 1956), pls. 175, 172~173 ; *The Freer Gallery of Art I : China* (Tokyo : Kodansha Ltd.), pl. 38.

162) 이 책의 註 6 참조.

163) 다만 고려시대의 수월관음도나 오백나한도 중 일부의 작품들에는 바위의 묘사에 곽희파화풍의 영향이 배어 있음을 볼 수 있다. 李東洲, 『高麗佛畫』, 韓國의 美(中央日報社, 1994), 도 28, 50 참조.

164) Sherman E. Lee and Wen Fong, *op.cit.*, p.9, n. 10.

165) Sherman E. Lee and Wai-kam Ho, *Chinese Art under the Mongols : The Yüan Dynasty* (1279~1368) (The Cleveland Museum of Art. 1969), Entry 222.

166) 傳 李山의 作品은 Osvald Sirén, op.cit., Vol. 3, pl. 321 및 The Freer Gallery of Art I : China, pl. 59 ; 〈岷山晴雪圖〉는 Susan Bush, "Clearing after Snow in the Min Mountains and Chin Landscape Painting," *Oriental Art*, Vol. IX, No.3 (Autumn, 1965), pp.163~172.

167) 안휘준, 「고려 및 조선초기의 對中 회화교섭」, 『한국 회화사 연구』, pp.291~296 참조.

168) 이러한 모티프를 그린 中國畫의 예로는 京都 大德寺藏의 牧溪筆 〈白衣觀音圖〉, Osvald Sirén, *Chinese Painting : Leading Masters and Principles*, Vol. III, pls. 336과 〈文殊菩薩과 普賢菩薩圖〉, Osvald Sirén, 앞의 책, Vol. III, pls. 117(a) (b)가 있다. 또한 이같은 모티프는 可翁筆 〈蜆子和尙〉, 田中一松 · 米澤嘉圃, 「水墨畫」, 『原色日本の美術』 시리즈의 第13卷(東京: 小學館, 1970), pl. 9와 赤脚子筆 〈白衣觀音圖〉, 田中 · 米澤, 前揭書, pl. 41과 같은 日本의 佛敎繪畫에서도 발견된다.

169) 川上涇 · 戶田禎佑, 「渡來繪畫」, 『日本繪畫館』 시리즈 第12卷(東京: 講談社,

1971), p.147, pls. 82, 83 참조.

170) 이동주, 앞의 책, 도 30, 31 참조.

171) 이 작품들 중에서 〈雪天圖〉와 〈雪漁圖(雪江漁人圖)〉는 劉復烈, 前揭書, 圖 13과 17; 〈煙寺暮鐘圖〉는 安輝濬, 『東洋의 名畵 1: 韓國 I』, 圖 41 참조.

172) 安輝濬, 「傳 安堅筆 〈四時八景圖〉」, 『考古美術』 136 · 137號(1978. 3), pp.72~78; 「國立中央博物館所藏 瀟湘八景圖」, 『考古美術』 138號(1978. 9), pp.136~142, 「俗傳 安堅筆 〈赤壁圖〉 考究」, 『弘益美術』 3號(1974. 11), pp.77~86 및 『한국회화사 연구』, pp.380~389, 390~400, 451~462 참조.

173) 安輝濬, 「한국의 회화와 미의식」, p.175; 『韓國繪畵의 傳統』(文藝出版社, 1988), p.83 참조.

174) 安輝濬, 『韓國繪畵의 傳統』, pp.162~249 참조.

175) 안휘준, 「비해당 안평대군의 〈소상팔경도〉」, 『비해당 소상팔경시첩』(문화재청, 2008), pp.41~62 참조. 이 책에는 졸고 이외에 임재완의 번역문, 이완우의 서예사적 고찰, 안장리의 시론, 임창순의 해설이 실려 있어 크게 참고된다.

176) 安輝濬, 「16世紀 朝鮮王朝의 繪畵와 短線點皴」, 『震檀學報』 46 · 47號(1979. 6), pp.219~239 및 『한국 회화사 연구』, pp.429~450 참조.

177) 前赤壁賦의 原文과 譯文은 黃堅編, 『古文眞寶』, 崔仁旭譯, 乙酉文化社, 1987, pp.200~205 참조.

178) 이 작품과 중국 회화와의 비교는 이미 시도한 바 있다. 安輝濬, 「俗傳 安堅筆 〈赤壁圖〉 考究」, 『弘益美術』 3號(1974. 11), pp.77~86 및 안휘준, 『한국 회화사 연구』, pp.451~462 참조; 이 밖에 대진(戴進)의 〈계당시의도(溪堂詩意圖)〉와 비교하면 구도, 산의 묘사 등에서 상당한 공통점을 엿보게 된다. *Im Schatten hoher Bäume : Malerei der Ming und Qing-Dynanastien* (1368~1911) *aus der Volksrepublik China* (Staatliche Kunstholle Baden-Baden, 1985), 흑백사진 2번과 비교.

179) 安輝濬, 「朝鮮王朝初期의 繪畵와 日本室町時代의 水墨畵」, 『韓國學報』 3輯(1976年 여름호), pp.15~21 및 『한국회화사 연구』, pp.474~500 참조.

180) 〈薇垣契會圖〉와 〈夏官契會圖〉에 관해서는 安輝濬, 『東洋의 名畵 1: 韓國 I』, 圖 54~55 및 圖版 해설; 〈蓮榜同年一時曹司契會圖〉에 관해서는 安輝濬, 「〈蓮榜同年一時曹司契會圖〉 小考」, 『歷史學報』 65輯(1975. 3), pp.117~123; 〈中廟朝書筵官賜宴圖〉와 〈明廟朝瑞葱臺試藝圖〉에 관해서는 安輝濬, 「16世紀 朝鮮王朝의 繪畵와 短線點皴」, 『震檀學報』 46 · 47號, pp.227~231 및 『한국 회화사 연구』, pp.401~407, 429~450 참조.

181) 예를 들어 일본에 전해지고 있는 안견파 산수화 작품들이 그러한 사실을 잘 말해 준다. 『李朝の繪畫: 坤月軒コレクション』(富山美術館, 1985), 図.1의 8폭(pp.27~34), 図.3의 2폭(pp.36~37); 『特別展 李朝繪畫: 隣国の明澄な美の世界』(奈良:大和文華館, 1996), pp.18~36, 63의 도판들; 『特別展 崇高なる 山水: 中國 · 朝鮮, 李郭系山水畫の系譜』(大和文華館, 2008), 図.20~34; 『朝鮮王朝の繪畫と日本: 宗達, 大雅, 若冲も學した隣国の美』(讀賣新聞大阪本社,

2008), 図.1～11, 14～18, 27～35, 101 등의 작품을 참조.

182) 安輝濬, 「朝鮮初期 安堅派 山水畫 構圖의 系譜」, 『焦雨 黃壽永博士 古稀紀念 美術史學論叢』(通文館, 1988), pp.823～844 및 안휘준, 『한국 회화사 연구』, pp.408～428 참조.

183) 안휘준, 위의 책, pp.424～427 참조.

184) 〈芭蕉夜雨圖〉에 관해서는 熊谷宣夫, 「芭蕉夜雨圖考」, 『美術研究』 第8號(1932. 8), pp.9～20; 安輝濬, 「朝鮮王朝初期의 繪畫와 日本室町時代의 水墨畫」, 『韓國學報』 3輯, pp.7～9 및 『한국 회화사 연구』, pp.479～481 참조.

185) 위의 책, pp.424～427 참조.

186) 安輝濬, 『韓國繪畫史』(一志社, 1984), pp.185～203과 圖 62, 67, 75 참조.

187) 安輝濬, 『韓國浙派畫風의 研究』, 『美術資料』 20號, pp.24～62 및 『한국 회화사 연구』, pp.558～619 참조.

188) 이 문제에 관한 일본 학자들의 대표적인 저술로는 脇本十九郎, 「日本水墨畫檀に及ばせる朝鮮畫の影響」, 『美術研究』 28號(1934), pp.159～167.

渡邊一, 「秀文」, 『美術研究』 83號(1938).

松下隆章, 「李朝繪畫と室町水墨畫」, 『日本のなかの朝鮮文化』 18號(1963).

______, 「周文と朝鮮繪畫」, 『如拙 · 周文 · 三阿彌』 水墨美術大系 6卷(東京: 講談社, 1974), pp.36～49.

______, 「李朝繪畫と室町水墨畫」, 『日本文化と朝鮮』 2集(東京: 新人物往來社, 1975), pp.249～254.

松下隆章 · 崔淳雨, 『李朝の水墨畫』 『水墨美術大系』 別卷 第二(東京: 講談社, 1977).

189) 이 점에 관해서는 저자가 이미 간략하게 소개한 바 있다. 안휘준, 「日本에 미친 조선 초기 繪畫의 영향」, 『季刊美術』 第36號(1985. 겨울), pp.123～132 및 『한국 회화사 연구』, pp.482～498; Ahn, Hwi-joon, "Korean Influence on Japanese Ink Painting of the Muromachi Period," *Korea Journal* Vol. 37, No. 4 (Winter, 1997), pp.195～220 참조.

190) 金澤弘, 『室町繪畫』, 日本の美術 8(東京: 至文堂, 1983), 圖 35; 田中一松, 『周文から雪舟へ』, 日本の美術 12(東京: 平凡社), 圖 51 참조, 松下隆章, 『水墨畫』, 日本の美術 (東京: 至文堂, 1967), 圖 64 참조.

191) 金澤弘, 위의 책, 圖 42; 松下隆章, 위의 책, 圖 72 참조.

192) 金澤弘, 上掲書, 圖 37～38; 松下隆章, 上掲書, 圖 67 참조.

193) 安輝濬, 「韓日繪畫關係 1500年」, 『朝鮮時代通信使』(三和出版社, 1986), pp.125～147 및 『韓國繪畫의 傳統』(文藝出版社, 1988), pp.393～447; 「三國時代 繪畫의 日本傳播」, 『國史館論叢』 第10輯(1989), pp.153～226 및 『한국 회화사 연구』, pp.135～210 참조.

참고문헌

〈국문 · 한문〉

高蓮姬, 「〈夢遊桃源圖〉 題讚 硏究」, 이화여대 국문과 석사논문, 1989.

高裕燮, 「安堅」, 『韓國美術文化史論叢』, 通文館, 1974, pp.275~282.

______, 『朝鮮畵論集成』 上 · 下, 景仁文化社, 1976.

『國朝文科榜目』

권덕주, 『중국미술사상에 대한 연구』, 숙명여자대학교, 1982.

金基昇, 『한국서예사』, 박영사, 1966.

김상엽 · 황정수, 『경매된 서화』, 시공사, 2005.

金聖基, 「高麗中期 文人의 陶淵明 受容에 대한 考察」, 『울산어문논집』 제3집, 1987. 6, pp.79~105.

金安老, 『慵泉談寂記』

김원용 · 안휘준, 『한국 미술의 역사』, 시공사, 2003.

金銀美, 「夢遊桃源圖 題讚의 桃源觀 硏究」, 『이대어문논집』, 1989.

김종직, 『점필재집』

陶潛, 「桃花源記」

文明大, 『세종시대의 미술』, 세종대왕기념사업회, 1986.

문화재청, 『비해당 소상팔경시첩』, 2008.

朴彭年 外, 『死六臣文集』, 民族文化社.

徐居正, 『徐四佳全集』, 旿晟社, 1980.

______, 『필원잡기』, 경인문화사.

徐銀禮, 「桃花源記 硏究」, 고려대 중문과 석사논문, 1976. 6.

선승혜, 「일본 문인화에 있어서 桃園圖의 수용 양상」, 『미술사학』 16, 2002, pp.25~47.

成俔, 『慵齋叢話』

신기한, 「잊을 수 없는 명품들」, 『고미술』 제22호, 1989.

申叔舟, 『保閑齋集』

安應昌, 『竹溪事蹟』

安輝濬, 「安堅과 그의 畵風-〈夢遊桃源圖〉를 中心으로-」, 《震檀學報》 38號, 1974. 10, pp.49~73.

______, 「俗傳 安堅筆 〈赤壁圖〉 考究」, 『弘益美術』 3號, 1974. 11, pp.77~86.

______, 「〈蓮榜同年一時曹司契會圖〉 小考」, 『歷史學報』 65輯, 1975. 3, pp.117~123.

______, 「朝鮮王朝初期의 繪畵」, 『韓國文化의 狀況分析』 韓國아카데미叢書 5, 1975. 6, pp.364~375.

______, 「16世紀中葉의 契會圖를 통해 본 朝鮮王朝時代 繪畵樣式의 變遷」, 『美術資料』 18號, 1975. 12, pp.36~42.

______, 「安堅의 생애와 작품」, 『讀書生活』 9號, 1976. 8, pp.258~270.

______, 「秀文과 文淸의 생애와 작품」, 『讀書生活』 14號, 1977. 1, pp.152~168.

______, 「韓國浙派畵風의 硏究」, 『美術資料』 20號, 1977. 6, pp.24~62.

______, 「傳 安堅筆 〈四時八景圖〉」, 『考古美術』 136 · 137號, 1978. 3, pp.72~78.

______, 「朝鮮王朝初期의 繪畵와 日本室町時代의 水墨畵」, 『韓國學報』 3輯, 1978. 여름, pp.2~21.

______, 「國立中央博物館所藏 〈瀟湘八景圖〉」, 『考古美術』 138 · 139號, 1978. 9, pp.136~142.

______, 「16世紀 朝鮮王朝의 繪畵와 短線點皴」, 『震檀學報』 46 · 47號, 1979. 6, pp.217~239.

______, 「高麗 및 朝鮮王朝初期의 對中 繪畵交涉」, 『亞細亞學報』 13輯, 1979. 11, pp.141~170.

______, 「朝鮮王朝初期 및 中期의 山水畵」, 『山水畵(上)』, 韓國의 美 11, 中央日報社, 1980. pp.163~175.

______, 『韓國繪畵史』, 一志社, 1980.

______, 「世宗朝의 美術」, 『世宗朝文化의 再認識』, 韓國精神文化硏究院, 1982, pp.61~71.

______, 『朝鮮王朝實錄의 書畵史料』, 韓國精神文化硏究院, 1983.

______, 『繪畵』, 國寶 · 10, 藝耕産業社, 1984.

______, 『東洋의 名畵 1: 「韓國 I」』, 三省出版社, 1985.

______, 「日本에 미친 조선초기 회화의 영향」, 『季刊美術』 第36號, 1985, 겨울, pp.123~132.

______, 『韓國繪畵의 傳統』, 文藝出版社, 1988.

______, 「朝鮮王朝時代의 畵員」, 『韓國文化』 第9號, 1988. 11, pp.147~178.

______, 「朝鮮初期 安堅派 山水畵 構圖의 系譜」, 『焦雨 黃壽永博士 古稀紀念 美術史學論叢』, 通文館, 1988, pp.823~844.

______, 『山水畫(上)』, 韓國의 美 11, 中央日報社, 季刊 美術, 1980.

______, 『한국 회화의 이해』, 시공사, 2000.

______, 『한국 회화사 연구』, 시공사, 2000.

______, 「현동자 안견: 한국적 산수화풍을 창출한 조선의 대표화가」, 『인물로 보는 한국미술사: 한국의 미술가』, 사회평론, 2006, pp.13~69.

______, 「비해당 안평대군의 〈소상팔경도〉」, 『비해당 소상팔경시첩』, 문화재청, 2008, pp.41~62.

안휘준 · 이병한, 『夢遊桃源圖』, 藝耕産業社, 1987.

______, 『安堅과 〈夢遊桃源圖〉』, 藝耕産業社, 1991.

______, 『安堅과 〈夢遊桃源圖〉』(개정판), 도서출판 藝耕, 1993.

吳世昌, 『槿域書畵徵』, 新韓書林, 1970.

劉復烈, 『韓國繪畵大觀』, 文敎院, 1969.

유영봉 역주, 『다섯 사람의 집현전 학사가 안평대군에게 바친 詩』, 도서출판 다운샘, 2004.

윤두서, 『기졸』

尹鑴, 『白湖全書』

張志淵, 「震彙續考」

李東洲. 『韓國繪畵小史』, 瑞文堂, 1972.

______, 『日本 속의 韓畵』, 瑞文堂, 1974.

______, 『우리나라의 옛그림』, 박영사, 1975.

이완우, 「安平大君 李瑢의 文藝活動과 書藝」, 『미술사학연구』 246 · 247, 2005, pp.73~115.

이영숙, 「윤두서의 『기졸』 「평가」, 『미술사연구』 창간호, 1987.

이은호, 「호산록」, 『서산의 숨결』 제48호, 1987.

이은호, 「쟁점」, 『고고미술』 179호, 1988.

李義撤, 「安堅의 〈夢遊桃園圖〉에 대한 연구」, 『溫知論叢』 제14집, 2006, pp.424~444.

이형대, 「15세기 이상하의 풍경과 추체험 방식」, 『한국시가연구』 13, 2003, pp.375~413.
『晋山世稿』, 景仁文化社.
鄭良謨, 「李朝前期의 畵論」, 『韓國思想大系』 1, 成均館大學校 大東文化硏究院, 1973.
丁若鏞, 『증보여유당전서』, 경인문화사, 1987.
『朝鮮王朝實錄』, 국사편찬위원회
趙載億, 「韓國詩歌에 미친 陶淵明의 影響」, 『문호』 5집, 1969, pp.188~222.
崔淳雨, 「安堅: 夢遊桃源의 境地」, 『韓國의 人間像』 卷5, 新丘文化社, 1966, pp.113~120.
崔仁淑, 「〈夢遊桃源圖〉卷軸 管見」, 東國大 國文科 碩士論文, 1986.
韓汝賢, 『湖山錄』
洪善杓, 『朝鮮時代 繪畵史論』, 文藝出版社, 1999.
______, 「조선초기의 화론」, 『제삼회국제학술회의논문집: 세계 속의 한국문화』, 한국정신문화연구원, 1984.
황견 편, 최인욱 역, 『고문진보』, 을유문화사, 1987.

〈일문〉

學鷗漁夫, 「安堅の夢遊桃源圖」, 『朝鮮』 176號, 1930. 3, pp.119~121.
河合正朝, 「室町水墨畵と朝鮮畵」, 『季刊三千里』 19號, 1979年 秋, pp.67~71.
『坤月軒コレクシヨン李朝の繪畵』, 富山美術館, 1985.
內藤湖南, 「朝鮮 安堅の 夢遊桃源圖」, 『東洋美術』, 3호, 1929.
熊谷宣夫, 「芭蕉夜雨圖考」, 『美術研究』 8號, 1932. 8, pp.9~20.
______, 「秀文筆墨竹畵冊」, 『國華』 910號, 1968. 1, pp.20~32.
『大漢和辭典』, 大修館書館, 1968.
中村榮孝, 「尊海渡海日記について」, 『田山方南華甲記念論文集』, 1963, pp.177~197.
______, 「朝鮮安堅の夢遊桃源圖」, 『東洋美術』 13號, 1929. 9, pp.85~89.
四上實, 「朱德潤と潘王」, 『美術史』 104冊, Vol. XXVII, No.2, 日本: 美術史學會, 1978. 3, pp.127~145.
武田恒夫, 「大願寺藏尊海渡海日記屛風」, 『佛教藝術』 52號, 1963. 11, pp.127~

130.
松下隆章,「李朝繪畫と室町水墨畫」,『日本のなかの朝鮮文化』18號, 1963.
______,「周文と朝鮮繪畫」,「如拙・周文・三阿彌」『水墨美術大系』6卷, 東京: 講談社, 1974, pp.36~49.
______,「李朝繪畫と室町水墨畫」,『日本文化と朝鮮』2集, 東京: 新人物往來社, 1975, pp.249~254.
松下隆章・崔淳雨,「李朝の水墨畫」,『水墨美術大系』別卷第二, 東京: 講談社, 1977.
鈴木 敬,「『林泉高致集』の「畫記」と郭熙について」,『美術史』109號, 1980, pp.1~11.
鈴木治,「安堅〈夢遊桃源圖〉について(一)」,『ビブリア』65號, 大阪: 天理大, 1977. 3, pp.39~58.
______, 上揭論文 其(二),『ビブリア』67號, 1977. 10, pp.50~71.
朝岡興禎,「朝鮮書畫傳」,『古畫備考』卷下, 京都: 思文閣, 1970, pp.2197~2325.
安輝濬,「高麗及び李朝初期たおける中國畫の流入」,『大和文華』62號, 1977. 7月, pp.1~17.
______,「朝鮮王朝初期の繪畫と日本室町時代の水墨畫」,『李朝の水墨畫』『水墨美術大系』, 別卷第二, 東京: 講談社, 1977, pp.193~200.
______,『韓國繪畫史』(藤本幸夫・吉田宏志 譯), 東京: 吉川弘文館, 1987.
______,「李寧と安堅: 高麗と朝鮮時代の 繪畫」, 菊竹淳一・吉田宏志,『朝鮮王朝』, 世界美術全集 第11卷, 東京: 小學館, 1999. 12, pp.89~96.
陽岳生,「安堅筆夢遊桃源圖に就て」,『國華』497號, 1932. 4, pp.105~111.
脇本十九郎,「日本水墨畫檀に及ばせる朝鮮畫の影響」,『美術研究』28號, 1934. 4, pp.159~167.
陳邦彦,『歷代先生遺稿』
渡邊一,「秀文」,『美術研究』83號, 1938.
吉田宏志,「李朝の畫員金明國について」,『日本のなかの朝鮮文化』35號, 1977. 9, pp.42~54.
稻葉岩吉,「申叔舟の畫記」,『美術研究』19號, 1933. 7, pp.267~274.
『朝鮮の繪畫: 日本にある高麗・李朝の作品』, 奈良: 大和文華館, 1973.

〈영문〉

Ahn, Hwi-Joon, "An Kyŏn and *A Dream Journey to the Peach Blossom Land,*" *Oriental Art,* Vol. XXVI, No. 1, (Spring, 1980), pp.60~71.

______, "Korean Landscape Painting in the Early Yi Period: The Kuo Hsi Tradition," Ph.D. Dissertation; Harvard University(June, 1974).

______, "Korea Infuluence on Japanese Ink Painting of the Muromachi Peroid", *Korea Journal* vol. 37, No. 4(winter, 1997)

______, "Two Korean Landscape Paintings of the First Half of the 16th Century," *Korea Journal,* Vol. 15, No. 2, (Feb. 1975) pp.36~40.

______, "Korean Landscape Painting of the Early and Middle Chosŏn Period," *Korean Journal,* Vol. 27, No. 3(March, 1987), pp.4~17.

James Cahill, *Chinese Painting,* Skira 1960

______, "Some Rocks in Early Chinese Painting," *Archives of the Chinese Art, Society of America,* 1962.

James R. Hightower, tran., *The Poetry of T'ao Ch'ien*

McCune, Evelyn, *The Arts of Korea,* Rutland, Vermont and Tokyo: Charles E. Tuttle Co., Publishers, 1967.

Sherman E. Lee, and Wen Fong, *Stream and Mountains Without End.*

Susan E. Nelson. "On Through to the Beyond: The Peach Blossom Spring" (*Archives of Asian Art* XXX IX. The Asia Society. 1986, pp. 23-47.

The Freer Gallery of Art I: China, Kodansha

〈전시〉

《*Peach Blossom Spring: Gardens and Flowers in Chinese Paintings*》, The Metropolitan Museum of Art, 1983.

그림목록

찾아보기

ㄴ

ㄷ

ㅂ

ㅅ

ㅇ

ㅈ

ㅊ

ㅋ

ㅌ

ㅍ

ㅎ

부록

1. 安堅의 夢遊桃源圖
2. 웅장한 畵風 「조화의 極致」－安堅의 山水畵
3. 詩 · 書 · 畵 三絕의 기념비적 創造物
   安堅의 〈夢遊桃源圖〉 일시 歸國展에 붙여
4. 安堅의 生涯와 그의 畵風
5. 7월의 문화인물 안견 선생의 생애와 작품세계
6. 한국의 美－최고의 예술품을 찾아서
   －⑩ 안견의 몽유도원도 / 몽유도원도와 중·일 산수화의 비교
7. 안견(安堅)의 〈몽유도원도(夢遊桃源圖)〉
8. AN GYEON AND *A DREAM VISIT TO THE PEACH BLOSSOM LAND*

1. 安堅의 夢遊桃源圖

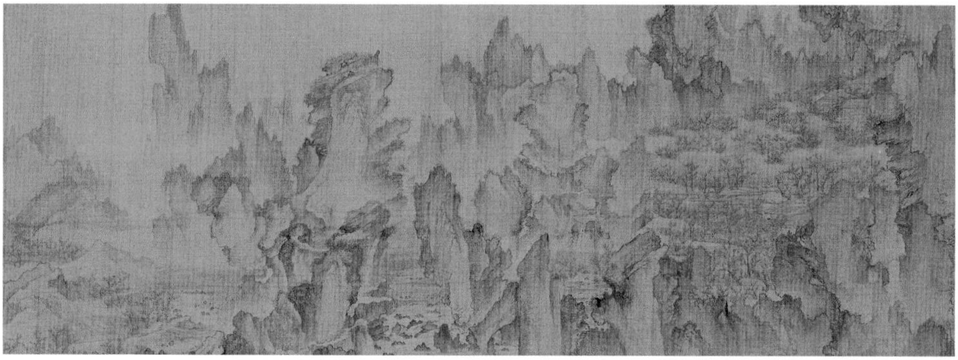

삽도 1. 조선 초기 산수화단의 최대의 거장 安堅의 몽유도원도(현재 일본 텐리대학교 도서관에서 소장)

우리나라 美術史上 繪畫가 가장 발전하였던 때는 역시 朝鮮王朝時代(1392~1910)라 할 수 있다. 이 시대에는 士人畫家와 畫員들에 의해 회화가 어느 때보다도 폭넓고 활발하게 전개되었다. 고려시대에 한몫을 하던 僧侶畫家들의 활동은 조선시대에 들어서면서부터는 抑佛崇儒정책 때문인지 극히 쇠퇴하게 되었다.

조선시대에는 國初부터 圖畫院(1464~1474년 사이에 圖畫署로 개칭되었음)이 설치되고 그 조직도 체계화되어, 이를 중심으로 뛰어난 화원들이 많이 배출되었던 것이다.

이 시대에도 記錄을 목적으로 하는 그림과 순수한 감상을 위한 그림이 함께 제작되었고, 肖像畫, 人物畫, 山水畫, 翎毛畫, 花鳥畫 등 각 분야에 걸친 회화가 크게 진작되었다.

조선시대의 회화는 양식의 변천에 따라 대체로 초기(1392~약 1550), 중기

(약 1550~약 1700), 후기(약 1700~1910)의 3기로 나누어볼 수 있는데, 安堅은 초기 회화의 일면을 대표하는 거장의 한 사람인 것이다.

초기에는 이미 고려시대에 축적된 중국의 회화가 다수 전승된 이외에 明과의 회화교섭도 활발히 전개되었다. 이러한 결과로 북송대의 형성된 李郭派(李成 · 郭熙派)畫風, 南宋代의 馬夏派(馬遠 · 夏珪派)화풍을 비롯한 院體畫風, 明代의 浙派畫風 등이 전해져 韓國畫風의 형성에 토대가 되었다. 이 중에서도 李郭派畫風은 당시의 우리나라 화가들에게 가장 큰 영향을 미쳤던 것이다. 안견은 바로 이 화풍을 바탕으로 자신의 독특한 회화세계를 펼쳤던 대표적 인물이다.

비단 안견뿐 아니라 조선 초기의 많은 화가들이 중국 회화를 토대로 삼아 한국적 특색이 넘치는 화풍을 형성하였던 것이다. 이러한 사실은 조선 초기의 회화가 보여주는 구도, 공간개념, 皴法, 筆墨法 등에서 여실히 나타난다. 따라서 이 시대의 회화가 宋元代의 화풍을 추종하는 데 그치고 아직 한국적 화풍을 이루지 못했다고 막연하게 믿는 통념은 하루속히 시정되어야 할 것이다.

아무튼 이렇게 한국화된 조선 초기의 회화는 또한 일본에 전해져 室町時代의 水墨畫 발전에 크게 기여하였던 것이니, 日本 水墨山水畫의 鼻祖로 불리어지는 京都 相國寺의 畫僧 周文(슈우분)이 한국회화의 영향을 짙게 받았던 사실도 그 좋은 一例이다.

안견은 물론 잘 알려져있듯이 畫員으로서 조선 초기 산수화단의 최대의 거장었다. 따라서 후대의 회화에 미친 그의 영향력도 가장 강력했던 것으로 믿어진다.

그는 字를 可度 또는 得守라 하였으며 또 號를 玄洞子와 朱耕이라 하였다. 그의 정확한 生年과 歿年은 알려져 있지 않으나 여러 가지 자료를 종합해보면, 세종연간(1419~1450)에 가장 크게 활약하였고 그 뒤로도 文宗, 端宗을 거쳐 세조연간(1456~1468)까지도 활동하였던 것으로 믿어진다.

그는 세종 연간에 圖畫院의 從六品 벼슬인 善畵를 거쳐 당시 畫員으로서는 파격적인 正四品의 護軍으로 승직되었었다.

그런데 안견이 화가로서 대성할 수 있었던 것은 그가 지니고 있던 탁월한 畵才뿐만 아니라 훌륭한 화가로 성장하는 데 필요한 여러 가지 도움을 안평대군과의 관계에서 얻을 수 있었던 데에도 요인이 있다고 믿어진다. 즉 자신이 예술에 뛰어난 재능을 지녔고 이론에 밝으며 또 방대한 양의 名蹟들을 소장하고 있었던 안평대군의 비호를 받음으로써, 안견은 화가로서의 실력과 안목을 한껏 기를 수 있었던 것으로 추측된다.

그러나 수양대군과의 정치적 대결에서 안평대군이 열세에 몰리자 안견은 계략을 써서 목숨을 부지하고(尹鑴의 『白湖全書』, 「書權生所藏安堅山水圖後」 참조), 드디어는 아들인 安紹禧가 承仕에 의해 文科에 응시하고 급제할 수 있는 길까지 터놓기도 하였다.

안견은 생전에 수많은 작품을 남겼으나 모두 산실되고 오직 〈夢遊桃源圖〉만이 논란의 여지가 없는 확실한 眞作으로 전해지고 있다. 이 밖에 그의 작품으로 傳稱되는 그림들이 몇 폭 알려져 있을 뿐이다.

〈몽유도원도〉는 안견의 款署와 圖印이 있고, 안평대군의 발문과 申叔舟, 朴彭年, 成三問 등 21명의 당대 高士들의 찬문이 붙어 있는 기념비적인 작품이다. 현재 일본의 奈良 텐리대학교 중앙도서관에 소장되어 있다. 이 그림은 1447년 음력 4월 20일에 안평대군이 꿈속에서 朴彭年과 함께 桃源을 방문하고 그 내용을 안견에게 설명하여 그리게 한 것으로 3일 만에 완성이 된 것이다.

그런데 이 그림에 연접해 있는 안평대군의 발문을 보면 陶淵明의 桃花源記와 불가분의 관계가 있음을 알 수 있다. 따라서 안견의 〈몽유도원도〉는 안평대군의 발문이나 그것의 모체인 陶淵明의 桃花源記를 圖示한 것이라고도 볼 수 있다.

〈몽유도원도〉는 卷의 형태를 지니고 있으면서도 오른쪽으로부터 왼쪽으로 이야기를 전개시키는 전통적인 방법을 따르지 않고 오히려 그 반대로 왼편 하단부로부터 오른편 상단부쪽으로 이야기를 펴고 있어서 매우 특이하다.

이 그림이 보여주는 큰 특색의 하나는, 자연스러운 현실세계와 환상적인 도원의 세계를 현격하게 달리 표현하고 있는 점이다. 평상 세계의 장면은 좌단부의 土山인 평범한 야산으로 표현되어 있는데 반하여 화면의 대부분을 차지하는 桃源은 기괴한 岩山으로 점유되어 있어서 꿈속의 환상적인 풍경을 잘 나타내고 있다.

〈몽유도원도〉의 화풍을 뜯어보면 개별적인 필획의 구분이 어려운 雲頭皴法을 구사한 점이나 산허리의 照光效果를 효율적으로 표현한 점 등에서 중국의 소위 郭熙派화풍의 영향을 엿보여준다. 또한 괴상한 山形의 표현에는 元末明初의 '매너리즘'이 엿보이기도 한다.

그러나 〈몽유도원도〉에 보이는 안견의 화풍을 논함에 있어서 이러한 중국회화로부터의 영향이라는 것은 오히려 부차적인 문제에 지나지 않는다. 왜냐하면 안견은 이러한 중국회화로부터의 영향을 바탕으로 전혀 독자적인 자신의 화풍을 형성하였기 때문이다.

흩어진 듯 조화를 이룬 전체적인 구도, 공간의 능숙한 확대 처리, 高遠과 平遠의 대조와 대각선적인 운동감을 교묘히 활용하여 이룩한 산수의 웅장함, 그리고 꿈의 환상세계를 지극히 성공적으로 구현한 점 등은 바로 안견의 거장으로서의 역량과 독자적 회화세계를 여실히 나타내준다. 이러한 안견 화풍의 특징은 그 뒤의 조선 초기 화가들에게 지대한 영향을 미쳤던 것이다.

박물관신문 83호, 1978년 7월 1일–한국회화의 감상 〈6〉

2. 웅장한 畵風「조화의 極致」－安堅의 山水畵

조선왕조가 건국된 지 약 반세기가 지난 15세기 중엽, 국초의 어지럽던 정치적 갈등은 일단 가시어지고 세종대왕(1419~1450)의 德治에 힘입어 학문과 예술 등 문화가 한창 피어나고 있었다. 민족의 창의성은 크게 자극되고 재주 있는 이는 朝野의 아낌을 받으면서 뜻을 펼칠 수 있게 되었다. 국가의 동량인 士大夫들은 열심히 학문을 닦고 詩·書·畵·樂 등 예술을 향유하면서 문화적 역량을 자유롭게 키워가고 있었다.

삽도 2. 安堅의 〈夢遊桃源圖〉 部分

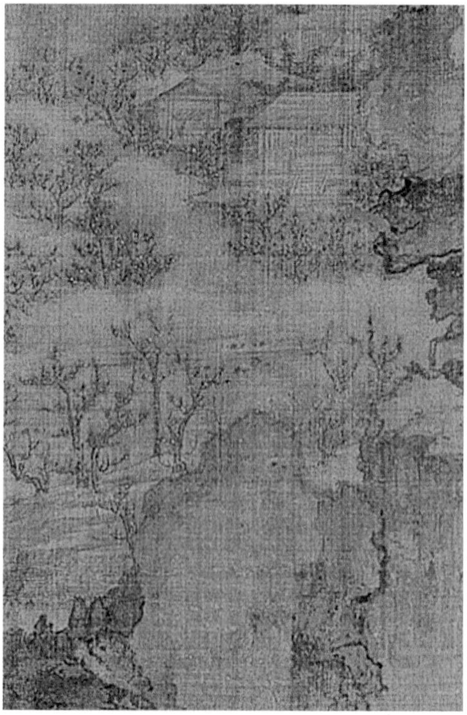

이러한 분위기와 배경하에서 전에 없이 많은 발군의 인재들이 각 분야에서 쏟아져 나왔고 이들에 의해 문화는 더욱 착실하게 성숙되어갔다. 成三問, 朴彭年, 申叔舟 등의 젊고 유능한 집현전학사들, 鮮初 제일의 서예가이자 예술의 보호자였던 안평대군 李瑢, 뛰어난 문인화가 姜希顔 등은 그 대표적인 인물들이다. 조선 초기 최고의 화가였던 安堅이 배출되었던 것도 이 때이며 그가 늘 가까이 접했던 인물들도 바로 그들이었다. 이점이 안견의 격조 높은 작품세계를 낳는데 중요한 요인으로 작용했던 것이다.

안견은 잘 알려져 있듯이 世宗朝에 배출된 가장 뛰어난 畵員으로 특히 산수화에서 독보적인 존재였다. 그는 北宋代의 거장 郭熙의 화풍을 토대로 하여 자신의 독자적인 화풍을 형성하였으며 同代 및 後代의 조선왕조회화에는 물론 일본 室町時代의 수묵화에까지 많은 영향을 미쳤던 인물이다.

그는 산수화 이외에도 초상화를 비롯한 인물화 花卉, 梅竹, 蘆鴈, 馬 樓閣, 儀仗圖 등의 다양한 화제를 다루었다. 특히 그가 〈匪懈堂(安平大君)二十五歲眞〉, 太祖의 〈八駿圖〉, 〈大小駕儀仗圖〉, 〈臨江翫月圖〉 등의 궁중과 직접 관련되는 작품들을 1440년대에 계속해서 그렸던 것을 보면 그가 당시의 주요 繪事를 도맡아 했음을 알 수 있다.

안견이 이처럼 영향력 있는 대가로 성장할수 있었던 것은 그 자신이 '聰敏하고 精博한' 재줏군이었을 뿐만 아니라 그 재주를 크게 키워줄 안평대군과 같은 막강한 후원자가 옆에 있었기 때문이기도 하다. 그는 당시 藝壇의 총수였던 안평대군과 오랫동안 陪遊하면서 대군의 높은 예술적 안목과 식견에 자극을 받고 또 대군이 소장하고 있던 중국 대가들의 수많은 名蹟들을 두루 섭렵함으로써 자신의 畫風 형성에 직접적인 도움을 받았던 것이다. 그가 畫員의 신분으로 조선왕조 역사상 처음으로 正四品 護軍職에까지 승진되었던 것도 안평대군의 후원과 관계가 있었을 것으로 생각된다.

안견은 생전에 상당히 많은 걸작들을 남겼음이 여러 기록들을 통해 확인이 되지만 지금까지 남아 있는 眞作은 오직 日本의 天理大 中央圖書館에 소장되어 있는 〈夢遊桃源圖〉뿐이다.

〈夢遊桃源圖〉는 안평대군이 1447년 봄에 꿈속에서 본 桃源을 안견에게 명하여 그리게 한 작품으로 鮮初의 회화 중에서 가장 격조가 높다. 이 작품에는 안평대군의 題跋과 成三問, 朴彭年, 申叔舟, 李塏, 鄭麟趾, 徐居正 등 당시의 명사 22인의 詩가 각기 자필로 적혀 있어 그 가치를 더욱 높여주고 있다. 말하자면 당시의 대표적 인물들의 詩 · 書 · 畫가 한데 어우러진 현존 유일의 걸작인 것이다.

이 작품은 비록 꿈에 본 桃源을 그렸기 때문에 환상적이기는 하지만 안견 畫風의 특징을 잘 보여준다. 몇 무더기의 흩어진듯한 景物들이 모여 하나의 조화된 總體를 이루는 구도, 확대지향적인 공간구성, 수직과 수평의 대조 및

斜線運動이 자아내는 웅장감, 독특한 필묵법 등이 그 전형적인 특징들이다.

〈夢遊桃源圖〉에 보이는 이러한 樣式的 특징들은 국립중앙박물관 소장의 〈四時八景圖〉를 비롯한 그의 傳稱作品들과 그의 영향을 받은 많은 후대 화가들의 작품들에서도 다소간을 막론하고 간취된다. 또한 안견파라고 집합적으로 지칭될 수 있는 이들의 작품들에 보이는 구도와 공간개념상의 특색들은 일본의 周文派를 위시한 15세기 수묵산수화에서도 뚜렷이 엿보이고 있어서 안견의 영향이 바다 건너 일본에까지 미쳤음을 분명히 해준다.

안견은 그의 보호자였던 안평대군이 수양대군에 의해 賜死된 1453년의 癸酉靖難 이후에도 건재하였다. 또한 그의 아들 安紹喜가 成宗 때 문과에 등제하여 監察職에 제수되었던 사실을 보면 그의 재주는 世宗朝 이후에도 오랫동안 조정의 아낌을 받았던 모양이다. 그의 업적과 화력은 한국회화사에서 한 章을 이룬다.

동아일보, 1984년 6월 30일 토요일—한국미의 뿌리 안휘준 〈6〉

3. 詩 · 書 · 畵 三絶의 기념비적 創造物

安堅의 〈夢遊桃源圖〉 일시 歸國展에 붙여

安堅의 〈夢遊桃源圖〉가 21일부터 시작되는 국립중앙박물관 개관기념전에서 특별전시된다. 日本 天理大學 中央圖書館에 소장되어 있는 이 작품이 비록 잠시 동안이기는 하지만 국내에 돌아와 우리들과 만나게 된 것은 실로 반갑기 그지없는 일이다. 우리나라 역사상 가장 훌륭한 문화유산의 하나를 직접 살펴보고 그 가치를 되새길 수가 있겠기 때문이다.

잘 알려져 있는 바와 같이 〈몽유도원도〉는 세종대왕의 셋째 아들로서 당시 문화예술계의 총수였던 안평대군(1418~1453)이 꿈속에서 거닌 桃源의 정경을 안견에게 설명하여 그리게 한 것이다.

安堅은 이 작품을 1447년 4월 20일(음력)에 착수하여 3일 만인 23일에 완성했다. 이 그림에는 이러한 경위와 내력을 적은 안평대군의 跋文 이외에도 鄭麟趾, 金宗瑞, 申叔舟, 李塏, 崔恒, 朴彭年, 徐居正, 成三問, 釋卍雨(千峰) 등 당시의 집현전학사들을 비롯한 21명에 이르는 대표적 인물들의 讚詩가 붙어 있다.

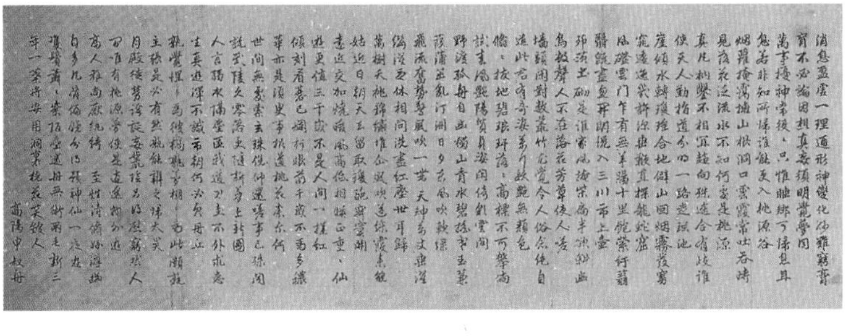

삽도 3. 안견의 〈몽유도원도〉 권(卷) 중 신숙주의 찬시

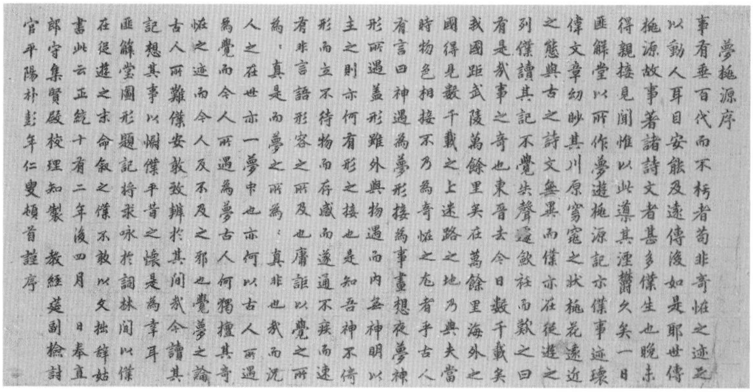

夢桃源序
事有垂百代而不朽者苟非奇怪之迹之
以動人耳目安能及遠傳後如是耶世傳
桃源故事著諸詩文者甚多僕生也晚未
得親接見聞惟以此導其湮鬱久矣一日
匪懈堂以所作夢遊桃源記示僕事迹瓌
偉文章幼眇其川原窈窕之狀桃花遠近
之態與古之詩文無異而僕亦在從遊之
列僕讀其記不覺共聲嘆歎社而歎之曰
有是哉事之奇也東晉去今日數千載矣
我國距武陵萬餘里矣在萬餘里海外之
國得見數千載之上迷路之地乃與夫當
時物色相接不乃為奇怪之尤者乎古人
有言曰神遇為夢形接為事晝想夜夢神
形所遇蓋形雖外與物遇而內無神明以
主之則亦何有形之接也是知吾神不倚
形而立不待物而存感而遂通不疾而速
有非言語形容之所及也庸詎以覺之所
為真是而夢之所為真非也哉而況
人之在世亦一夢中也亦何以古人所遇
為覺而今人所遇為夢古人何獨擅其奇
怪之迹而今人反不及之邪也覺夢之論
古人所難僕安敢致辨於其間哉今讀其
記想其事以愜僕平昔之懷是為幸耳
匪懈堂圖形題記將求咏於詞林間以僕
在從遊之末命敘之僕不敢以文拙辭姑
書此云正統十有二年後四月日奉直
郎守集賢殿校理知製教經筵副檢討
官平陽朴彭年仁叟頓首謹序

삽도 4. 안견의 〈몽유도원도〉 권 중 박팽년의 찬시

이처럼 〈몽유도원도〉는 조선 초기에 있어서의 최대의 화가, 최고의 서예가, 그리고 혜성 같은 당대의 대표적 학자와 명사들이 대거 참여하여 이룩한 詩·書·畫 三絶의 기념비적 創造物이다. 말하자면 조선시대문화가 한참 꽃피던 세종연간의 문화적 역량과 수준 및 성격이 적나라하게 구현되어 있는 막중한 작품인 것이다. 그러므로 이 걸작은 단순히 하나의 호사가적 감상의 대상이기보다는 오히려 당시의 예술과 문화를 일깨워주는 귀중한 자료가 된다.

다음으로 〈몽유도원도〉가 중시되는 점은 이것이 조선 초기 山水畵의 최고봉이었던 안견의 화풍을 규명하는 데는 물론 당시 繪畵史의 연구에 가장 확실하고 훌륭한 史料가 된다는 사실이다. 조선 초기는 물론 중기에까지도 크나큰 영향을 미쳤던 안견은 기록상으로는 수많은 작품들을 남겼던 것이 분명하나 그것들은 모두 전해지지 않고 있다. 오직 〈몽유도원도〉만이 추호도 의문의 여지가 없는 현존 유일의 그의 眞作인 것이다. 물론 이 밖에도 그의 傳稱作品들이 몇 점 전해지고 있는 것은 사실이나 그 수준이나 격조에 있어서 〈몽유도원도〉와 비교될 수가 없다. 만약 이 작품이 남아 있지 않았다면 안견의 화풍에 대한 확고한 파악이 불가능했을 것이다.

또한 그의 傳稱作品들이나 소위 安堅派에 속하는 많은 작품들에 대한 이해가 추측의 한계를 벗어나기 어렵게 되었을 것이 분명하다. 그것은 결국 조선 초기 회화의 파악에 심각한 지장을 초래했을 것이다.

그리고 무엇보다도 몽유도원도는 그 자체가 지닌 화풍상의 특징이 매우 다양하고 또한 그 격조차 빼어나게 높다고 하는 점이 주목된다. 이 작품의 특징은 구도, 공간개념의 처리, 視覺의 운용, 이야기의 전개 방법, 필법과 묵법 등에서 다양하게 간취된다. 먼저 이 작품의 경우에는 동양화에 있어서의 전통적인 방법과는 달리 얘기를 왼편 하단부로부터 오른편 상단부 쪽으로 전개시키고 있어 이채롭다. 그리고 土山인 野山으로 표현된 왼편의 현실세계와 기괴한 岩山들로 둘러싸인 환상적인 桃源의 세계가 두드러진 대조를 이루고 있는 점도 특이하다.

따로따로 떨어져 있는 무더기의 景物들을 조화시킨 構成, 斜線運動에 따른 웅장감의 점증적인 高潮, 확대지향적인 공간개념의 구현, 편의에 따른 視覺의 變用, 高遠과 平遠의 극적인 대비, 섬세하면서도 힘차고 독특한 筆墨法, 환상적이면서도 氣韻生動하는 표현력 등의 모든 요소들이 〈몽유도원도〉를 불후의 명작으로 승화시키는 데 기여하고 있다.

이 밖에 몽유도원도에서 또 한 가지 유의를 요하는 점은 中國文化와의 관계라하겠다. 먼저 그림의 제목이 시사하고 있듯이 그 내용은 陶淵明의 「桃花源記」와 밀접한 관계를 지니고 있어서, 이 작품이 儒敎文化의 배경하에서 이루어진 것이면서도 동시에 道家的 理想鄕을 표현하고 있음을 알 수 있다. 이처럼 이 작품도 동양회화의 사상적 기반이 되었던 유교 및 도교와 불가분의 관련을 맺고 있는 것이다.

또한 화풍상으로도 필획의 구분이 안 되도록 붓을 잇대어 쓰는 필법이나 照光效果의 표현 등에서 北宋代 郭熙派화풍과의 연관성도 찾아볼 수 있다.

그러나 전반적으로는 이미 앞에서 지적한 바와 같이 여러 가지로 안견만의 뚜렷한 독자적 화풍을 이루었던 것이다. 그러므로 몽유도원도의 경우에도 당시의 문화적 추세와 마찬가지로 국제적 보편성과 독자적 특수성을 갖추면서 완성된 작품임을 확인하게 된다.

陶淵明의 「桃花源記」나 郭熙화풍과의 관계에서 볼 수 있듯이 〈몽유도원도〉는 당시의 지배적이던 古典主義的 경향을 두드러지게 반영하고 있다는 점도 유념할 필요가 있다. 元末明初의 요소가 전혀 없는 것은 아니지만 전체적으로는 北末과 그 이전의 문화를 지향했던 경향이 뚜렷하다.

이점은 당시 集賢殿을 중심으로 唐宋이나 그 이전의 中國古典들을 연구하여 정치와 문화에 반영하던 추세와 일치한다. 안평대군을 따르던 수다한 인물들 중에 집현전학사들이 많았고 그들의 상당수가 〈몽유도원도〉의 찬문을 쓰는 등 안평대군 주관 문화행사의 한결같은 동참자들이었으며, 또 安堅이 이들과 가깝게 지냈음을 생각하면 이 작품에 古典主義的 경향이 배어들어 있는 것은 너무도 당연하다고 하겠다.

몽유도원도의 '夢遊'와도 같은 이번 일시 귀국전을 계기로 문화에 대해 종래 무관심했던 우리 자신을 철저히 반성하고 앞으로의 문화재 보호 및 새 문화 창조에 대한 범국민적 재인식이 이루어졌으면 하는 마음 간절하다.

한국일보, 1986년 8월 19일 화요일

4. 安堅의 生涯와 그의 畵風

조선시대의 安堅은 신라의 率去, 고려의 李寧과 함께 우리나라 역사상 3대 화가라고 할 수 있다. 그는 세종 · 문종 · 단종 · 세조 · 예종을 거쳐 성종조(1469~1494년)의 초년까지 살았던 것으로 믿어지나 정확한 생졸년은 밝혀져 있지 않다. 그러나 화원으로서 가장 큰 명성을 얻으며 제일 활발하게 활동하였던 시기는 세종조(1418~1450)였음에 의문의 여지가 없다.

세종조에는 유교적 文治의 유성, 고전주의적 경향의 팽배, 문화적 자주성의 확립, 풍류의 적극적인 향유 등 예술문화의 융성을 돕는 여러 가지 경향이 지배적이었는 바 안견은 이러한 분위기 속에서 뛰어난 거장으로 성장하게 되었다. 대가로서의 그의 성장에는 시 · 서 · 화에 모두 뛰어났던 인물로 당시의 문화예술 분야의 총수였던 안평대군의 후원도 큰 몫을 하였다. 특히 안평대군의 높은 안목과 그가 소장하고 있던 중국의 역대 명작들을 접함으로써 안견은 격조 높은 명장으로 성장하게 되었다고 믿어진다.

안견은 본관이 池谷으로 字를 可度 또는 得守, 號를 玄洞子 혹은 朱耕이라 하였다. 그는 본성이 총민하고 精博하였으며, 옛 그림들을 많이 보아 그 요체를 터득하고 대가들의 좋은 점들을 총합하여 자신의 화풍을 창출하였다고 전해진다.

그는 산수화에 특히 뛰어났으나 그 밖에 초상과 화훼, 기러기와 갈대, 누각과 말, 儀仗 등에 이르기까지 폭넓게 그렸다. 이러한 그림들을 세상 사람들은 금과 옥처럼 아끼고 귀하게 여겼다고 전해진다. 그가 東國의 顧愷之와 吳道子로 일컬어졌던 점을 고려하면 당연한 일로 여겨진다.

안견의 예명은 너무도 자자하여 당대는 물론 후대의 수많은 화가들에게 영향을 미쳤다. 石敬 · 梁彭孫 · 申師任堂 · 李正根 · 李興孝 · 尹毅立 · 李澄 · 金明國 등은 그의 영향을 받은 대표적 인물들이다.

안견의 화풍은 국내에만 영향을 미친 것이 아니라 일본에까지 전해져 그곳의 15세기 수묵산수화의 발전에 기여하였다. 무로마치(室町)시대의 대표적인 수묵산수화가인 슈우분(周文)과 가쿠오(岳翁)의 산수화들이 보여주는 구도와 공간의 처리에는 안견의 영향이 특히 강하게 엿보인다. 이처럼 안견은 15세기 회화, 특히 산수화 분야에 있어서 국제적으로 각별히 큰 기여를 한 인물이라 하겠다.

기록에 의하면 안견의 수많은 작품들 중에서 대표작으로 〈靑山白雲圖〉가 꼽혔던 모양이나 현재에는 전해지지 않고 있다. 논란의 여지가 전혀 없는 그의 진작으로는 유일하게 〈夢遊桃源圖〉가 일본 텐리대학 중앙도서관에 소장되어 있다.

〈몽유도원도〉는 안평대군이 세종 29년(1447년) 음력 4월 20일에 꿈속에서 桃源을 여행하고 그 본 바를 안견에게 설명해주고 그리게 한 것으로 3일 만인 4월 23일에 완성된 것이다. 그림의 내용과 안평대군의 제찬을 종합하여 보면 陶潛(淵明: 365~427년)이 지은 「桃花源記」와 연관이 깊으며 이상향을 꿈꾸는 도가적 측면이 강하게 배어 있다고 생각된다.

〈몽유도원도〉에는 안평대군의 글 이외에 고득종 · 姜碩德 · 정인지 · 박연 · 김종서 · 李迹 · 최항 · 신숙주 · 이개 · 河演 · 宋處寬 · 金淡 · 박팽년 · 尹子雲 · 李芮 · 李賢老 · 서거정 · 성삼문 · 김수온 · 석만우 · 최수 등 21명의 쟁쟁한 명사들이 각각 자필로 쓴 시문이 곁들여져 있다. 안견의 그림, 안평대군과 21명의 명사들의 시와 서가 어우러져 그야말로 三絶의 경지를 이루고 있다. 이처럼 시 · 서 · 화가 어우러진 이 작품은 가히 기념비적 종합예술품이라 하지 않을 수 없다.

〈몽유도원도〉는 여러 가지 면에서 독특한 양상을 드러낸다. 우선 이야기의 전개방식이 특이하다. 즉 전통적인 방법과는 반대로 그림의 왼편 하단부에서 시작하여 오른편 상단부로 이야기가 전개되면서 점차로 웅장감을 더해가

도록 구성되어 있다.

자연스러운 현실세계와 환상적인 도원의 세계가 현저하게 차이를 드러내고 있는 점도 주목된다. 즉 평상세계의 모습은 왼편의 土山인 야산으로 표현된 반면에 화면의 대부분을 차지하는 도원의 세계는 기이한 형태의 바위산들로 이루어져 있다.

〈몽유도원도〉는 크게 네 부분으로 구성되어 있다. 왼편으로부터 오른편으로 옮겨가며 볼 때 현실세계인 야산들, 도원의 바깥 입구, 도원의 안쪽 입구, 그리고 사방이 산으로 둘러싸인 도원으로 짜여져 있다. 도원의 바깥 입구와 안쪽 입구 부분은 특히 기이하고 환상적인 형태의 바위산들로 구성되어 있어 현실세계의 토산들과 극적인 대조를 이룬다.

오른편의 도원은 사방이 산으로 둘러싸여 있음에도 불구하고 매우 널찍한 느낌을 준다. 이러한 시각적 효과는 도원을 위에서 내려다 본 것처럼 부감법을 써서 나타내고 근경의 산의 높이를 대폭 낮춤으로써 얻어진 결과임을 알 수 있다. 그리고 오른쪽 상부에 고드름 같은 바위산들이 하늘에 매달려 있는 것처럼 보이는 것은 도원의 일부가 동굴로 되어 있음을 시사한 것이라 믿어진다.

〈몽유도원도〉는 잘 짜여진 구도, 공간의 교묘한 처리, 平遠과 高遠의 두드러진 대조, 斜線運動의 활용에 의해 점증되는 웅장감, 그리고 환상세계의 성공적인 구현 등에는 안견 특유의 재능과 높은 격조가 잘 발현되어 있다.

〈몽유도원도〉는 이외에도 안견의 작품이라고 전칭되고 있는 그림들이 여러 폭 있으나 대부분 안견의 진작이라고 단정할 수가 없는 것들이다. 傳稱作들 중에는 안견의 화풍과 거리가 멀고 격이 턱없이 떨어지는 것들도 끼어 있어 주의를 요한다. 안견의 명성과 영향력이 워낙 컸기 때문에 빚어진 일이라고 할 수 있다. 즉 후대인들이 필자를 알 수 없는 옛 그림들의 가치를 높이기 위하여 유명한 안견의 작품이라고 무분별하게 지칭한 데에서 비롯되었다고 볼 수 있다.

안견의 전칭작품들 중에서 특히 중요시되는 것은 국립중앙박물관에 소장되어 있는 〈四時八景圖〉·〈瀟湘八景圖〉·〈赤壁圖〉 등인데 이 중에서도 〈사시팔경도〉는 가장 주목해야 할 작품이라고 믿어진다. 그것의 화풍으로 볼 때 전칭작품들 중에서 가장 연대가 올라갈 뿐만 아니라 후대의 安堅派 산수화의 범본이 되고 있기 때문이다.

봄 · 여름 · 가을 · 겨울의 네 계절의 변화를 각각 이른 시기와 늦은 시기로 구분하여 표현함으로써 8경을 이룬 이 〈사시팔경도〉는, 자연경관은 시간의 흐름에 따라 항시 변하며 이들 필묵법을 변용하여 제대로 표현해야 한다는 옛날 화가들의 인식과 화론을 모범적으로 보여주고 있다는 점에서도 주목을 요한다. 이 점은 봄장면 그림과 겨울장면 그림을 대비시켜 보면 쉽게 확인된다.

각 폭이 대개 비슷비슷한 구도를 지니고 있는데 한결같은 공통점은 한쪽 縱半部가 다른 쪽 종반부보다 훨씬 무게가 주어져 있는 偏頗構圖를 지니고 있는 사실이다. 이 때문에 이른 봄(初春)과 늦은 봄(晩春), 이른 여름과 늦은 여름 등 두 폭씩 서로 맞대어 볼 때에만 좌우가 균형을 이루게 되어 있다.

또한 景物들이 따로따로 떨어져 있으면서도 조화를 이루는 구성, 수면과 안개에 따른 확대지향적인 넓은 공간의 활용 등도 〈사시팔경도〉에서 공통적으로 엿보이는 특징들이다. 〈사시팔경도〉의 이러한 특징들은 16세기로 이어지면서 많은 변화를 겪게 되었으며 일본 슈우분파(周文派)의 수묵산수화에도 심대한 영향을 미치게 되었다.

이러한 사실들을 고려하면 〈사시팔경도〉는 〈몽유도원도〉와 함께 안견 산수화풍의 면모를 제일 잘 반영하고 있다고 믿어진다. 이러한 작품들을 통하여 보면 안견이 그의 산수화에서 추구한 것은 우리의 자연을 토대로 한 理念美의 세계였다는 점도 짐작이 된다.

월간 문화재, 1994년 7월 1일

5. 7월의 문화인물 안견 선생의 생애와 작품세계

조선시대 대표적인 화가를 꼽자면 초기의 안견, 중기의 김명국, 후기의 정선과 김홍도, 말기의 장승업을 들 수 있을 것이다.

조선시대의 5대가라고 볼 수 있는 이들 중에서 꼭 한 사람만 꼽아야 한다면 예술적 격조와 영향의 정도를 고려해볼 때 안견을 뽑지 않을 수 없다.

이처럼 안견은 15세기에 활약한 조선시대 최고의 화가로 신라의 솔거 및 고려의 이녕과 더불어 우리나라 역사상 3대가로 보아 마땅하다.

사실상 안견은 이미 동시대 사람들에 의해 중국 역사상 불후의 이름을 남긴 육조시대의 고개지나 당나라 시대의 오도자와 비견되는 인물로 지칭되기도 하였다. 화가로서의 안견에 대한 평가나 회화사상의 비중은 이처럼 막중한 것이다.

그러면 안견은 왜 그렇게 높이 평가되었는가. 그것은 그가 화가로서의 역량과 기량이 뛰어났으며 많은 화가들이 추종했던 영향력 때문이었다고 볼 수 있다.

그가 역량이 뛰어났었던 화가라는 사실은 ① 조선 초기의 문화가 더없이 융성하였던 세종조(1418~1450)에서 최고의 화가로 인정을 받았고, ② 화원으로서는 처음으로 정4품인 호군(護軍)의 벼슬을 제수받았으며, ③ 〈몽유도원도〉 같은 격조 높은 걸작을 남긴 점 등만 보아도 쉽게 확인된다.

또한 그가 누구보다도 영향력이 컸던 존재였다는 점은 그를 따랐던 화가들이 화원은 물론 사대부 출신 중에도 많았다는 사실 하나만으로도 분명해진다.

그의 화풍을 따랐던 대표적인 화가로 석경, 양팽손, 신사임당, 김시, 이정근, 이홍효, 윤의립, 이징, 김명국 등이 꼽히는 점만 보아도 그의 영향력의 폭을 쉽게 짐작해볼 수 있다.

이 밖에도 필자가 밝혀져 있지 않은 조선 초기와 중기의 작품들 중에는 안견의 화풍을 따른 것들이 많으며 또한 초기와 중기의 각종 기록화들은 예외 없이 안견 계통의 화풍으로 그려져 있다.

이러한 사실을 염두에 두면 그의 영향이 얼마나 크고 오랫동안 미쳤는지를 짐작해볼 수 있다.

안견의 화풍은 이처럼 국내 화단에서 장기간에 걸쳐서 영향을 미쳤을 뿐만 아니라 바다 건너 일본의 무로마치시대 대표적 산수화가였던 슈우분과 가쿠오 등에게까지 참고가 되었던 것이다. 안견은 이처럼 국내외의 화단에 막대한 영향을 미쳤던 거장 화가였다.

안견은 어떻게 이러한 대가가 되었을까. 첫째는 무엇보다도 대성한 다른 예술가들의 경우와 마찬가지로 그의 타고난 재능과 그것을 갈고 닦는 노력이 있었기 때문임을 간과할 수 없다. 둘째는 그가 세종대왕과 안평대군의 보살핌을 받았기 때문임을 꼽을 수 있다. 화원으로서는 조선시대 역사상 최초로 정4품 호군이 되었던 사실만 보아도 이를 알 수 있다. 특히 당시 문화계의 총수였으며 시(詩) · 서(書) · 화(畵)와 음악에 뛰어났던 안평대군의 지원을 받았던 것은 안견에게 있어서는 가장 중요한 것이었다. 안평대군을 가까이 섬김으로써 대군이 소장하고 있던 중국의 역대 명화들을 접할 수 있었고, 대군의 높은 안목과 화론으로부터 감화를 받았을 것으로 믿어진다. 또한 안평대군과 가까이 지냄으로써 대군을 따르던 박팽년, 이개, 성삼문, 신숙주, 최항을 비롯한 여러 집현전학사들과 그 이외의 혜성 같은 문사들을 만날 수 있었고, 그들의 빼어난 학문과 교양을 접하게 되었다고 생각한다. 아마도 안평대군을 위시한 이러한 문사들과의 사귐 덕택에 안견은 격조 높은 회화세계를 이룰 수 있었으리라고 믿어진다.

안견은 본성이 총민하고 마음이 올곧고 박식하였으며, 옛 그림들을 많이 보아 그 요체를 터득하고 여러 대가들의 좋은 점들을 총합하여 자신의 화풍을 창출하였다는 내용의 옛 기록들은 안견의 화풍 형성과 관련하여 시사하는 바가 크다.

안견은 옛 대가들의 작품을 많이 보고 좋은 점들을 취하여 자신의 화풍을 일구는 데 토대로 삼는 현명함을 발휘했던 인물임을 알 수 있다. 안견 화풍의 이러한 성격은 그의 걸작인 〈몽유도원도〉와 여러 작품들에서 쉽게 확인된다.

안견의 걸작인 〈몽유도원도〉는 안평대군이 꿈속에서 본 도원(桃源)을 그린 것으로 1447년 음력 4월 20일에 착수하여 3일 만인 23일에 완성한 것이다.

왼편 하단부에서 오른쪽 상단부로 대각선을 이루며 이야기가 전개되면서 웅장감이 고조되도록 배려한 특이한 구성이 돋보인다. 또한 그림 전체는 왼편부터 오른편으로 옮겨가면서 현실세계의 나지막한 토산(土山), 도원의 바깥 입구, 도원의 안쪽 입구, 도원 등 네 부분으로 이루어져 있다. 도원과 도원의 입구 부분들은 환상적인 바위산들로 구성되어 있어 현실세계와 큰 대조를 보여준다.

전체의 구도와 구성, 공간의 설정으로부터 산 · 바위 · 나무 · 집 등 세부의 묘사 등에 이르기까지 몽유도원도의 구석구석에는 안견의 지혜와 뛰어난 기량이 짙게 배어 있다. 안견 작품의 특성은 그의 걸작 중 하나인 〈사시팔경도〉에 잘 나타나 있으며 후대의 안견파 화가들의 작품에도 큰 영향을 미쳤다.

안견은 자를 가도 또는 득수, 호를 현동자 혹은 주경이라 하였다. 본관은 지곡인데, 이 지곡은 충청남도 서산의 지곡과 같은 것으로 추정된다.

안견의 생년과 죽음은 알려져 있지 않으나 기록과 화풍에 의거하여 보면 대체로 1400년경에 태어나 1460~1470년대까지 생존하였던 것으로 믿어진다. 그는 세종 때에 가장 활발하게 활동하였다.

보이스카우트 323호, 1994년 7월 1일

6. 한국의 美－최고의 예술품을 찾아서

⑩ 안견의 몽유도원도

우리나라 역사상 가장 대표적인 화가 세 명만 꼽으라고 하면 신라의 率居, 고려의 李寧, 조선왕조의 安堅을 들 수 있을 것이다. 이들 三大家 중에서 유일하게 작품이 남아 있는 인물이 안견이고 또 그를 대표하는 단 하나의 眞作이 〈몽유도원도〉이다. 따라서 〈몽유도원도〉가 지닌 역사적 의의와 회화사적 가치는 말할 수 없이 크다고 하겠다.

첫째로 〈몽유도원도〉는 詩 · 書 · 畵의 세 가지 예술이 어우러진 일종의 종합적 미술이며 우리나라 회화사상 최고의 기념비적인 걸작품이라는 점을 꼽지 않을 수 없다. 잘 알려져 있는 바와 같이 이 작품은 안견이 1447년 4월 20일(음력)에 안평대군의 요청을 받아 그리기 시작해 3일 만에 완성한 그림으로 여기에는 안평대군의 제찬과 제시, 신숙주, 이개, 하연, 송처관, 김담, 고득종, 강석덕, 정인지, 박연, 김종서, 이적, 최항, 박팽년, 윤자운, 이예, 이현로, 서거정, 성삼문, 김수온, 천봉(만우), 최수 등 21명의 당대 명사들의 시문이 각기 자필로 쓰여져 있다. 즉 안견의 그림, 안평대군의 글씨, 20여 명의 대표적 문인들의 시문과 글씨가 함께 담겨져 있는 것이다. 안견은 당대 최고의 산수화가이고 안평대군은 중국에까지 필명을 날리던 그 시대 제일의 서예가였으며 찬시를 쓴 21명의 인물들 역시 대부분 일급의 명사들이다. 그 시대 시 · 서 · 화의 최고봉들이 어깨를 견주듯 참여해 만들어낸 작품인 것이다. 이러한 예를 현재 남아 있는 우리나라의 문화재들 중에서 달리 찾아볼 수가 없다.

둘째로 〈몽유도원도〉는 앞에서도 언급했듯이 안견의 유일한 진작이며 우리나라 최고의 산수화라는 점이다. 안견은 수많은 작품을 남겼음이 이런저런 기록들에 의해 확인되나 현존하는 진작은 〈몽유도원도〉 뿐이다. 안견이 평생의 정력을 다해 그렸다는 〈青山白雲圖〉도, 안평대군이 젊은 시절에 모았던 30여 점의 작품들도 모두 없어지고 전해지지 않는다. 오직 몇 점의 傳稱作들이 알려져 있으나 진작으로 보기 어렵다. 그것들 대부분이 안견보다 후대의 것이거나 다른 사람의 것으로 추정된다. 국립중앙박물관의 〈四時八景圖〉가 화풍이나 제작연대로 보아 비교적 안견의 산수화풍에 핍진하여 크게 참고가 될 뿐이다.

셋째로 〈몽유도원도〉는 그것을 낳은 세종대 문화와 예술의 경향을 다른 어느 예술작품보다도 잘 드러낸다는 점을 간과할 수 없다. 특히 도가적 측면과 고전주의적 성향이 주목된다. 그림에 곁들여진 안평대군의 글에서도 간취되듯이 〈몽유도원도〉는 도연명의 「桃花源記」에 그 사상적 토대를 두어 도가적 이상향의 세계를 담고 있다. 국초부터 강력한 억불숭유정책을 펼치던 당시의 상황을 염두에 두면 이는 극히 이례적인 일이다. 국가의 통치와 국민의 통합을 위해 강성의 성리학적 숭유정책이 질서정연한 지배이념으로 확립되었던 그 시대의 물밑으로는 개인적 사유의 자유로움을 중시하는 도가사상이 단단히 뿌리를 내리고 있었음을 보여준다. 즉 표면적으로는 성리학적 통치이념과 도덕규범에 집단적으로 매여 살면서 내면적으로는 그것으로부터 탈피하여 개인적이고 자유분방한 사유의 세계를 추구하고 노니는 이중적 측면이 병립하였던 것이다. 억불숭유정책이 끈덕지게 영향을 미치던 유교적 조선시대 내내 도가적 측면이 강한 산수화가 가장 발달했던 것은 이러한 배경하에서 이해된다. 〈몽유도원도〉는 그 대표적 구현체인 것이다. 이와 함께 인간이나 동물보다 자연을 경외로운 생명체로 보아 크고 장엄하게 그리는 중국 五代 말부터 북송의 초기에 걸쳐 유행했던 巨碑派的 경향이 엿보이는 것은 세종대의 문화를 지배하던 고전주의적 경향을 배경에 깔고 있었기 때문이라 하겠다.

넷째로 무엇보다도 〈몽유도원도〉를 값지게 하는 것은 이 작품 자체가 보여주는 화풍상의 특징이라 하겠다. 우선 구성과 구도가 특이하다. 현실세계의 야산과 도원의 세계로 이어지는 바위산이 갈라지는 왼쪽 하단부에서 이야기가 시작되어 오른쪽 상단부로 가상의 대각선을 따라 전개되는 구성은 한·중·일 삼국의 회화를 통틀어 유일하다. 통상적으로는 오른쪽으로부터 왼편으로 횡적인 전개를 보여주는 것이 관례이다. 또한 왼편으로부터 오른편 쪽으로 평상세계, 도원의 바깥 입구 부분, 도원의 안쪽 입구, 널찍한 도원 등 4개 부분이 따로따로 떨어진 듯 이어져 있는 점도 독특하다. 왼쪽 하단부에서 시작해 오른쪽 상단부에서 절정을 이루는 대각선적 전개가 개별적으로 분리된 듯한 네 개의 景群을 꿰어주고 있는 것이다. 즉 유기적 연결보다는 시각적 연계가 화면 전체를 조화롭게 이어주고 있음이 괄목할 만하다. 高遠, 平遠, 深遠의 3원이 높은 산, 넓은 도원, 깊숙한 골짜기 등에 갖추어져 있음도 엿보인다.

〈몽유도원도〉의 네 개 경군들 중에서 가장 중요한 부분은 오른편의 도원임에 틀림없다. 본래 도잠의 「도화원기」에 적혀 있는 도원은 사방이 산으로 둘러싸여 있으면서도 넓은 곳인데, 일정한 화면에 이를 효율적으로 표현하는 것은 결코 쉬운 일이 아니다. 사방을 산으로 둘러쌀 경우 내부 공간이 협소하게 보이고, 반대로 내부 공간을 넓게 표현할 경우 사방의 산이 작아 보이기 십상이기 때문이다. 그런데 안견은 이 두 가지 조건을 아주 효율적으로 충족시켰다. 도원을 비탈져 보이게 표현하고, 눈이 제일 먼저 닿게 되는 근경의 산들의 높이를 대폭 낮추거나 틔워서 광활한 시각적 효과를 높인 점이 그 해결방안으로 돋보인다. 안견의 창의성과 명석함이 드러나는 표현이기도 하다.

엎히고 받힌 기이한 형태의 암산들과 그것들이 자아내는 환상적인 분위기, 오른쪽 상단에 고드름처럼 대달린 바위들이 시사하는 方壺와도 같은 도가적 신선세계로서의 도원의 모습, 특정한 준법을 구사함이 없이 붓을 잇대어 담묵으로만 표현한 바위와 산들이 드러내는 담백한 수묵화의 전형적 양상, 담묵의 수묵화적 표현과 대조를 보이는 청색, 녹색, 홍색, 금분이 어우러진 아름다운 복사꽃들과 그것들 주변에 감도는 아득한 煙雲 등도 간과할 수 없는 특징들이다. 특히 복사꽃은 확대경으로 보면 표현의 정확함과 섬세함, 색채와 분위기의 영롱함에서 감탄을 자아낸다.

총체적으로 보면, 〈몽유도원도〉는 실재하는 實景을 그린 실경산수화나 진경산수화가 아니라, 안평대군이 꿈에서 본 도원의 모습을 듣고 상상해서 그린 상상화 또는 일종의 이념산수화라고 할 수 있다. 화풍상으로는 북송대에 형성된 郭熙派 화풍의 영향을 수용하여 창출된 것으로 흔히 얘기하는 北宗畵로 분류될 수 있을 것이다.

이러한 점에서 조선 초기 안견의 이 〈몽유도원도〉는 조선 후기 겸재 정선의 〈인왕제색도〉와 잘 대비된다. 먼저 안견이 조선 초기를 상징하고 정선은 조선 후기를 대표하는 거장이며, 그들이 그린 〈몽유도원도〉와 〈인왕제색도〉는 그 두 거장들을 대표한다고 볼 수 있다. 〈몽유도원도〉가 북종화를 바탕으로 한 도가적 · 이념적 산수화의 세계를 구현한 반면에 〈인왕제색도〉는 남종화풍을 수용하여 특정한 勝景인 서울의 인왕산의 모습을 사실적으로 표현한 진경산수화의 진면목을 보여준다. 뜻을 담아 그리는 寫意畵와 자연경관 등 사물의 형태를 그려내는 사실화의 세계가 대비되어 보이기도 한다. 그러나 안견의 〈몽유도원도〉에서도 왼편에 보이는 중부 지방 특유의 야산의 모습에서처럼 사실적이고 실경적인 요소가 엿보이고 정선의 〈인왕제색도〉에서도 비실경적이고 이념적인 남종화의 측면이 엿보이는 것은 흥미롭고 참고할만하다. 두 가지 회화세계는 전체적으로는 달라도 부분적으로는 겹치는 바가 있음을 잘 보여준다.

교수신문 404호, 2006년 6월 26일

몽유도원도와 중 · 일 산수화의 비교

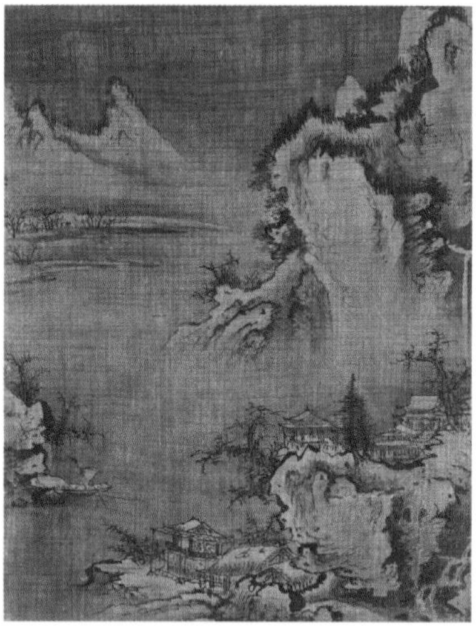

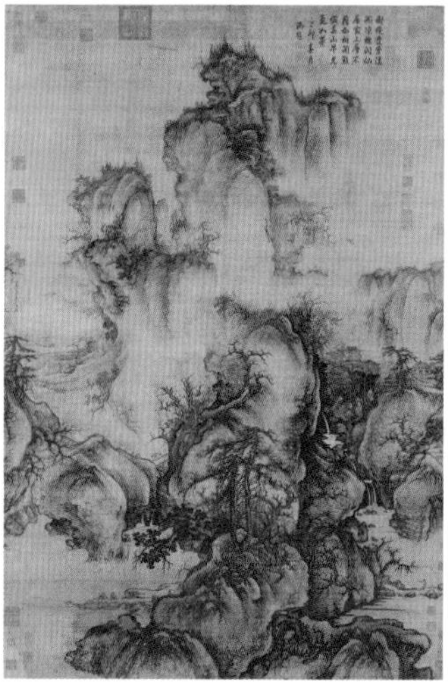

삽도 5. 傳 안견 作 〈사시팔경도〉 중 〈이른 겨울〉, 각폭 28.5×35.2cm(총8폭), 견본담채, 15세기, 국립중앙박물관(왼쪽)

삽도 6. 곽희 作 〈早春圖〉, 158.3×108.1cm, 견본담채, 11세기, 대만 고궁박물원(오른쪽)

조선왕조의 역대 화가들 중에서 안견만큼 국내적 · 국제적으로 다대한 영향을 미쳤던 인물은 없다. 그의 화풍이 조선 초기(1392~약 1550년)의 화단을 지배했을 뿐만 아니라 조선 중기(약 1550~약 1700년)까지도 끈덕지게 영향을 미쳤음은 잘 알려져 있다. 조선 초기의 계회도를 비롯한 각종 기록화들의 산수배경은 물론 중기의 대표적 화가 들인 김시, 이징, 김명국 등 여러 화가들의 작품들에 안견을 조종으로 하는 안견파 화풍이 새로운 浙派系 화풍과 함께 두드러지게 드러난다는 점에서도 안견이 미친 영향의 심도와 강도를 엿볼 수 있다.

이러한 국내 화단의 영향 이상으로 안견을 돋보이게 하는 것은 그의 국제

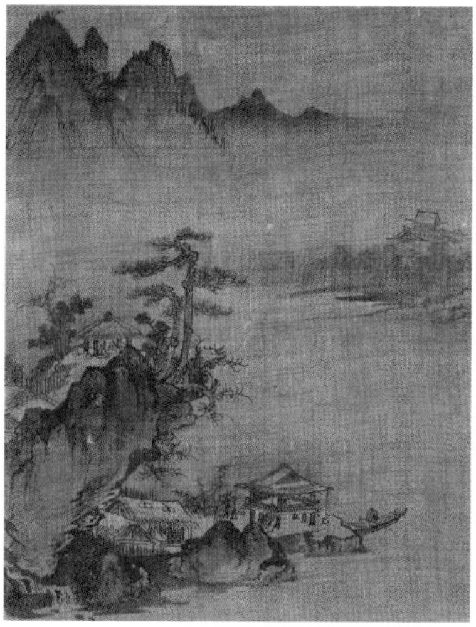

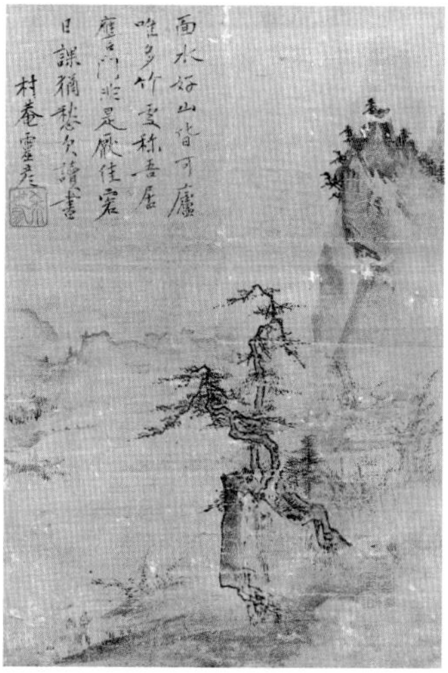

삽도 7. 傳 안견 作 〈사시팔경도〉 중 〈늦은 봄〉, 각폭 28.5×35.2cm(총8폭), 견본담채, 15세기, 국립중앙박물관(왼쪽)

삽도 8. 슈우분 作 〈竹齋讀書圖〉, 134.8×33.3cm, 지본담채, 15세기, 도쿄국립박물관(오른쪽)

성이다. 조선왕조시대의 화가들 중에서 안견만큼 국제성이 강했던 화가는 없다. 그는 〈몽유도원도〉의 산이나 바위 표면의 묘사에서 엿볼 수 있듯이 중국 북송대의 대표적 화원이었던 곽희의 화풍을 수용하여 자신의 화풍을 창출했을 뿐만 아니라, 일본 무로마치시대의 수묵화에 큰 영향을 미쳤던 인물이다. 안견 화풍의 독자성과 국제성은 그의 전칭작품인 국립중앙박물관 소장의 〈四時八景圖〉 중의 일부 작품과 중국 북송대 곽희의 대표작인 〈早春圖〉 및 일본 무로마치시대 최고의 산수화가였던 슈우분의 필로 전해지는 〈竹齋讀書圖〉와의 비교를 통해 쉽게 드러난다.

우선 15세기 안견의 전칭작품 〈사시팔경도〉 중의 〈늦은 봄(晩春)〉과 북송의 곽희가 그린 1072년의 〈조춘도〉를 비교해보면 구도와 구성, 공간의 표현 등에서 현저한 차이가 드러난다. 곽희의 〈조춘도〉는 화면의 중심축을 따라 산들이 근경에서 시작해 원경의 산정에 이르기까지 지그재그식으로 꿈틀대면서 물러나며 높아진다. 유기적 연결성이 두드러진 합리적 구성이다. 대체로 중심축을 경계로 하여 좌우대칭적인 안정된 구성을 보여준다. 반면에 안견 전칭의 〈늦은 봄〉 장면에서는 중심축을 기준으로 해서 보면 왼편 종반부에 치우쳐 있는 이른바 偏頗구도를 지니고 있음을 알 수 있다. 景群들이 여기저기 흩어져 있어서 유기적 연결성을 찾아볼 수 없다. 그 대신에 근경의 왼편에 45도 각도로 솟아오른 언덕과 그 위에 서 있는 쌍송이 경군들을 시각적으로 연결하듯 조화를 이루고 있음이 엿보인다. 또한 경군들 사이에는 넓은 수면과 넓게 깔린 연운이 자리잡고 있어서 확산된 공간이 두드러져 보인다.

이러한 편파구도, 흩어진 경군들의 유기적 분산과 시각적 조화, 확대지향적인 공간의 설정 등은 안견이 모델로 삼았을 곽희의 작품들에서는 전혀 보이지 않는다. 공간의 표현은 남송대의 馬夏派 화풍과 더 유관해 보인다. 안견이 여러 대가들의 화풍을 절충하여 自成一家했다는 옛 기록이 그르지 않은 것임을 느끼게 한다.

〈몽유도원도〉와 〈사시팔경도〉에 보이는 이러한 안견 화풍의 특징은 1423년에 일본 사절단을 따라서 내조했다가 이듬해에 돌아간 일본의 대가 슈우분(周文)에 의해 수용되어 그 나라 회화에 영향을 미치기도 했다. 이 점은 안견 전칭의 〈늦은 봄〉과 슈우분 전칭의 〈죽재독서도〉를 비교해보면 쉽게 드러난다. 두 작품들에서 공통적으로 보이는 편파구도, 근경의 언덕과 쌍송 모티프, 경군들 사이의 넓은 공간은 안견과 슈우분 회화의 불가분의 관계를 말해준다. 안견의 영향은 슈우분의 손을 거쳐 가쿠오(岳翁)에게까지 전해졌다.

교수신문 404호, 2006년 6월 26일

7. 안견(安堅)의 〈몽유도원도(夢遊桃源圖)〉

1447년(세종 29년) 음력 4월 20일 밤에 세종대왕의 셋째 왕자인 안평대군(安平大君) 이용(李瑢, 1418~1453)은 잠이 들면서 꿈을 꾸게 되었는데 이 꿈이 우리나라 회화사상 두고두고 되새겨야 할 획기적인 결과를 낳게 되었다. 안평대군이 꿈에서 본 것이 바로 도원(桃源)이었고, 이 꿈속의 경관을 당대 최고의 화가 안견(安堅)에게 명하여 그리게 해서 태어난 작품이 곧 불후의 명작인 〈몽유도원도(夢遊桃源圖)〉이기 때문이다. 안평대군은 안견의 그림이 완성된 뒤에 스스로 그 경위를 밝히는 제기(題記)를 적고 신숙주, 성삼문, 박팽년 등 당시의 최고 문사들 21명에게 찬시를 짓게 하였다. 이로써 안견의 그림, 안평대군 및 21명 문사들의 시와 글씨가 어우러져 삼절(三絶)을 이루게 되었다. 세종조의 시 · 서 · 화가 한데 어울려 기념비적인 종합 예술품이 탄생한 것이다. 당시 문화계의 총수였던 안평대군이 있었기에 가능했던 일이다. 성군 세종대왕의 덕스러운 문치가 빚어낸 보배로운 성과이기도 하다.

신라의 솔거(率居), 고려의 이녕(李寧)과 더불어 한국회화사상 3대가로 불려 마땅한 안견의 유일한 진작이라는 점에서도 〈몽유도원도〉의 가치는 헤아리기 어렵다. 이 작품은 사상적 배경과 화풍의 특징이라는 측면에서도 괄목할 만하다.

우선 그림이 태어나게 한 안평대군의 꿈은 도연명(陶淵明), 즉 도잠(陶潛)이 쓴 「도화원기」의 영향을 듬뿍 받은 결과임이 그림의 제기(題記)에 잘 드러나 있다. 도가적인 측면이 농후한 「도화원기(桃花源記)」의 영향을 안평대군이 강하게 받았다는 사실은 당시의 억불숭유정책과 대비하여 주목된다.

즉 당시의 국가적 통치이념이자 일상생활의 도덕적 규범이었던 성리학이 지배하던 기저에는 개인적, 정신적, 자유를 누리려는 도가적 경향이 도사리고 있었음이 엿보인다. 〈몽유도원도〉는 이러한 사상적 측면과 불가분의 관계가 있고, 아울러 이상향, 혹은 동양적 유토피아의 구현체임을 부인하기 어렵다.

〈몽유도원도〉는 여러 가지 화풍상의 특징들을 보여준다. 우선 얘기의 전개가 오른쪽에서 왼쪽으로 이어지는 통상적인 방법과 달리 왼편 하단부에서 시작하여 오른편 상단으로 보이지 않는 대각선을 이루며 펼쳐지고 있는 점이 주목할 만하다. 이러한 예는 〈몽유도원도〉 이외에 세상 어디에서도 찾아볼 수 없다. 안견의 독창적인 구성이다.

이와 함께 그림 전체는 왼편으로부터 ① 현실세계, ② 도원의 바깥쪽 입구, ③ 도원의 안쪽 입구, ④ 도원 등 네 개의 경군(景群)들로 짜여져 있다. 현실세계는 중부지방의 나지막한 야산의 모습을 지니고 있으나 나머지 도원과 관계되는 세 개의 경군들은 모두 환상적인 바위산들로 이루어져 있다. 그런데 이 네 개의 경군들은 따로따로 떨어져 있으면서도 서로는 시각적으로 조화를 이루고 있다. 고원(高遠), 평원(平遠), 심원(深遠) 등 삼원법(三遠法)도 자연스럽게 갖추어져 있다.

안견의 필묵법(筆墨法)에서는 북송대 곽희(郭熙)의 영향을 받았다고는 하지만 얘기의 전개, 구도와 구성, 공간의 표현, 세부의 묘사 등 모든 면에서 자신만의 독창적인 화풍을 창출하였음을 분명하게 확인할 수 있다. 〈몽유도원도〉는 세상의 모든 도원도들 중에서, 최고의 경지에 이른 걸작이자 명작인 것이다.

조선일보, 2009년 9월 25일

8. AN GYEON AND
A DREAM VISIT TO THE PEACH BLOSSOM LAND

I. *The Life of An Gyeon*

AN GYEON, who flourished in the middle of the 15th century, was the most important and influential landscape painter of the early Yi period in Korea. Therefore, it is essential to know about him in order to understand some important aspects of Korean painting of the Yi period. An attempt will be made to survey An Gyeon's life and analyse his well known genuine masterpiece *A Dream Journey to the Peach Blossom Land* (henceforth abbreviated to *Dream Journey*) (Figs. 1-3).

As will be discussed later, he developed his own style by transforming elements adopted from Chinese landscape painting of different periods and by creating his own modes of expression, but the Guo Xi tradition was the major factor in the formation of An's style.

Despite his fame as Korea's greatest landscapist in his own lifetime and thereafter, and despite the relatively frequent references to him in Yi literature, virtually nothing is known about the dates of his birth[1] or death, or the details of his life or of his teachers. Although he is considered by some Korean scholars to have started his career as an academy painter as early as the reign of King Taejong (r. 1401-1418),[2] he was evidently most active during the reign of King Sejong (r. 1419-1450) and is believed to have continued to paint through the consecutive reigns of Kings Munjong (r. 1451-1452), Tanjong (r. 1451-1455) and Sejo (r. 1456-1458), ending up his career very possibly during Sejo's reign. A literary work, *Chinhwi Sokko*, indicates that An Gyeon was still active as late as 1465. An was ordered by his king to execute some bamboo paintings in response to a request by the Chinese Ambassador Jin Shi who wished to see good Korean bamboo paintings when he came to Korea in 1464.[3] An's execution of the bamboo paintings in that year is his latest activity recorded in Korean literature. It is very likely that he passed away during King Sejo's reign (1456-1468) as by the third year of King Seongjong (1472), King Sejo's successor, he was described as a master of the previous generation.[4]

During Sejong's reign (1419-1450), An Gyeon was promoted from *Seonhwa* (Principal Draughtsman), an official post of the lower-sixth rank at the Academy of Painting, to *Hogun*, a nominal military post of the upper-fourth rank.[5] His elevation to the upper-fourth rank was an unusually high recognition and indicates the high estimation of his talent by the court.[6] Therefore, it was in the long reign of King Sejong that An

Gyeon's career as an academy painter reached its peak and his artistic talent fully blossomed.

The social status of Yi dynasty artists, however, is made clear by the fate of An Gyeon's son, named An Sohui. The son's name is recorded on *Seongjong Sillok* ["Chronicle of King Seongjong"]: when King Seongjong intended to appoint An Sohui to an official post of *Gamchal* of the upper-sixth rank in 1479, some officials opposed the appointment on the grounds that he was a son of a professional painter.[7)] Therefore, despite the fact that he passed a *munkwa* examination, which is equivalent to a Chinese *Jin Shi* examination, owing to his low social status he was not appointed to *Gamchal.* And, thanks to *Kukcho Munkwa Pangmok*, a list of those who did pass the *munkwa* examination in the Yi period, some facts regarding An Sohui are clear: he passed the *munkwa* examination supervised by King Seongjong himself in 1478, and somehow was appointed to *Jeon Jeok* of the upper-sixth rank at Seonggyun-gwan, a post which is as high as *Gamchal.* His qualification to take the examination was based on his service to the court in succession to his father.[8)] This last fact suggests that An Gyeon must have been allowed to continue his service to the court as an academy painter until his retirement, even after the purge of his patron, Prince Anpyeong in 1453 by the Prince's own brother then Prince Suyang who later became King Sejo. Accordingly, An Gyeon's late years, after the purge of Prince Anpyeong, may not have been as miserable as generally thought.[9] His recognition as a master must have not only saved him from the punishment which reached almost everyone who had been close to Prince Anpyeong, but also made it possible for his son to succeed him in court service after his retirement or death. But there is no indication at all that An Gyeon's son, being a scholar-official, was also a painter in his leisure time, nor is it possible to learn when An Sohui started his official career.

II. *An Gyeon's Relationship with Prince Anpyeong*

Fundamental to an understanding of An Gyeon's artistic development and activity is his connexion with Prince Anpyeong. There seems little question, as we will see later, that the Prince — a cultivated scholar, poet, painter, musician, and the best calligrapher in the style of Zhao Meng-fu, and collector in the early Yi period — was a loyal patron of An Gyeon. In view of the prince's artistic leadership in the 15th century, his relation to An Gyeon merits special consideration. Because of his long service to the prince who possessed the largest collection of Chinese painting in his time, including seventeen paintings by Guo Xi, An Gyeon had ample opportunity to study Chinese masterpieces and finally developed his own style. The prince in turn, had collected thirty paintings by An Gyeon as early as 1445. Although the "Commentaries on Painting" indicates that (in 1445) "for a long while (An Gyeon) has served Bihaedang (or Anpyeong)",[10] we do not know exactly when the artist began his service to the prince. In Yi literature the earliest known date in the relationship between the artist and the prince is 1442. In that year, An Gyeon painted a portrait of Bihaedang (Prince Anpyeong) at the age of twenty-five (twenty-four in the Western way of counting).[11] Assuming that their relation had begun by 1442 at the latest and lasted until the prince's death in 1453, An Gyeon must have worked for the prince for at least a dozen years.

Born on the nineteenth day of the ninth month in 1418 as the third son of King Sejong (r. 1419-1450), and of Queen Soheon, the prince was named Yi Yong.[12] And, ten years later, i.e. in 1428, the prince was given the title Anpyeong Daegun,[13] by which he is most commonly called. In 1429, at the early age of eleven, according to the custom of the period, he was married. The next year, he and his brothers entered the Seonggyun-gwan University, the first of many generations of princes to study in the university.[14] In 1437, the normal allowance of three hundred *Gyeol* of land given to each prince was reduced by fifty *Gyeol.*[15] Yet, the two hundred and fifty *Gyeol* were still sufficient to keep the prince financially independent and enabled him to carry on scholarly and artistic activities. The biography of the prince before 1440, in his juvenile and adolescent years, is very sketchy, and although his interest in arts must have started long before, he seems to have intensified his commitment when he reached the

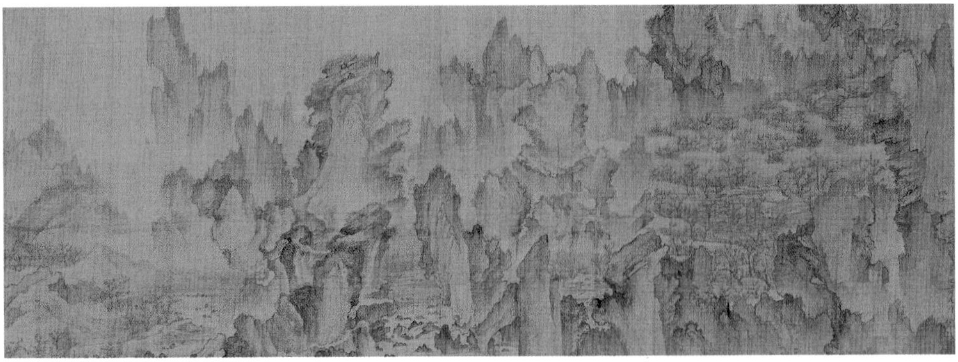

Fig. 1. An Gyeon: *A Dream Journey to the Peach Blossom Land*. Hand scroll. Ink and slight colours on silk. Dated 1447. 38.7X106.1cm. Tenri Central Library, Nara Prefecture, Japan. Courtesy of Tenri Central Library.

age of twenty-four in 1442. In the same year King Sejong gave the prince the honorary name (*hao*) Bihaedang. According to the "Commentaries on Bihaedang" by Park Paeng-nyeon, the king suggested to the prince in the sixth month of 1442, that he change his title from Anpyeong which means "peacefulness" and suggests passivity, to Bihae which signifies "not-being-idle" or, in other words, "diligence". The king's assumption was that the prince would bring to fruition his love of learning and his literary talents.[16] This fact alone is sufficient to testify to the affection and recognition the prince received from his father, for the prince's best years were during Sejong's reign, as were those of his artist An Gyeon. After the death of the king in 1450, Prince Anpyeong endured tension and anxiety for three more years in a struggle for political hegemony with his elder brother Prince Suyang until he was put to death by the latter in 1453. Hence, the most significant recorded activities of his adult years range for approximately ten years between 1442 and 1453.

A remarkably good description ofthe prince is found in *Yongjae Chonghwa* ["Collection of Yongjae's Talks"]:

"Bihaedang, as a Prince, liked to study and was good in poetry and prose. His calligraphy was magnificent, the best in the world. He was also good at painting and music. His character was liberal and broad-minded. He loved antiquity and explored beautiful sights. He built Mui Jeongsa[17)] outside the Northern Gate and Damdam Pavilion at the Southern Lake. He had a collection of the thousand volumes, used to invite groups of literati, and composed poems 'the twelve views' and 'the forty-eight songs'.[18)] Sometimes, he would stay up all night talking, and sometimes would sail a boat to view the moon. Sometimes, he would tell fortunes, sometimes he would gamble at chess. Musical instruments were unceasingly played. He liked drinking and joking when intoxicated. These was no prominent Confucian scholar in his time who was not associated with him. Even people from all walks of life would come to him in large numbers. But for pieces of his chess game, he always employed jade and used paper tipped with gold to write on. Ordering the finest woven silk he would brandish his brush and write in various styles ..."[19)]

Anpyeong's library was invaluable; he had frequent discussions with learned scholars, and must have been well versed in the classics of China and Korea. While he was clearly a man of great intellect and talent he was surely inspired by the life style of

Chinese poets, scholars, and artists whom he had read or heard about. Being an educated and perceptive man, the prince must have conceived of his own life in terms of the deeds and events described in classical literature, as is evidenced by his dream of the "Peach Blossom Land". And, it is likely that the prince's mastery of Chinese classical culture had much impact on An Gyeon whose education must have been less thorough. Therefore, it may not be regarded as a coincidence that An Gyeon "sought landscape (models) in antiquity"[20] and that his classical approach is evident in the *Dream Journey*.

The close artistic relationship between Anpyeong and An Gyeon is well testified by some literary sources. According to the preface for "Poems of Three Excellences" by Park Paeng-nyeon, King Sejong ordered in the fourth month of 1443 that poems by Du Fu be gathered and annotated, and had the Prince oversee this. One day, after having An Gyeon paint *Landscape for Li Si-ma* and writing a Du Fu poem himself on the right side of the painting, the prince gave it to a Mr. Kang, probably Kang Hui-an, a famous scholar-painter, who treasured it.[21] There is no way to prove who Li Si-ma is, because Si-ma is not a personal name but a title. Du Fu's poem, Prince Anpyeong's calligraphy, and An Gyeon's painting constituted the "Three Excellences". This testifies to the fact that the literati theory concerning unity of the three arts of poetry, calligraphy and painting was well known among Korean scholars of the period. In the same preface, An

Gyeon's painting is described in this way: "From the appearances of high waves and inclining cliffs and misty depths, (An) may be said to have reached a divine level ... this painting has combined various pictorial beauties into one."

Sometime before 1447, King Sejong went to Huiu Pavilion at Yanghwa-do, a part of the Han River, to spend a day. Prince Anpyeong, Seong Sam-mun, and Im Kwang-jun all of whom accompanied the king, drank at a shore of the river, appreciating the moon.[22] At the time the crown prince, who became King Munjong later, sent them a tray of tangerines. When the tangerines were consumed, there appeared a poem at the bottom of the tray. Thereupon, the gentlemen composed poems and had An Gyeon execute a painting. This is the painting which was titled *Moon-Viewing at the River*.

> "The mountains are lofty and the water is tranquil. The bright moon is high up in the sky. A scholar receives his guests. Two guests seated at the river point to the moon with a finger while an attendant is about to pour wine. Wild geese flying from the north-west are about to descend. Since the distant geese look small and near ones large, they are all countable one by one. Marshes and islets are still. Wind and dew are very cool. Nature changes ceaselessly. This single painting is so full of life that ten thousand miles of the world can be imagined."[23]

From the few examples discussed above it is quite likely that An Gyeon accompanied the prince frequently. Following the prince around and repeatedly painting poetic themes, An Gyeon may have come to specialize in landscape more and more.

In this respect, an observation concerning the collection of Prince Anpyeong is in order. The prince may have started his collecting activity as early as about 1435, when he was a boy of seventeen. Ten years later, when he was twenty-seven and the "Commentaries on Painting" was written by Sin Suk-ju, his collection had reached a total of two hundred and twenty-five scrolls (most of which were Chinese paintings and calligraphies).[24] None of the paintings is now extant. It is interesting to hear Sin Suk-ju's comments:

> "Bihaedang loved calligraphy and painting so much that whenever he heard that someone had a piece of work he always purchased it with a generous payment. He would select good pieces and keep them after having them mounted. One day he brought out all his collection to show to me and said, 'by nature I like these. This (collecting) is indeed a vice. After a hard and wide search of over ten years, I gathered this much. I lament that there are times when a collection of things is ruined, and that dispersion occurs frequently. Who knows (my present collection), may be ruined later, and its dispersion as well may become inevitable, too'."[25]

We do not know how many more works the prince accumulated during the next eight years, between 1445 and 1453 (when he died). This was the most active period of the prince's life and perhaps also a time of further collecting. What happened to the collection after his premature death is totally unknown. It may have been either scattered or confiscated by the court just as his servants were, but as he had foreseen, it was dispersed, and the only record is the "Commentaries on Painting" by Sin Suk-ju.

The Prince built a house named "Mugye Jeongsa (Hermitage at Mugye)" outside the Northern Gate of Seoul, as a sort of military centre to resist his rival-brother, Prince Suyang. From "Commentaries on the Mugye Jeongsa" written by Yi Kae in 1451,[26)] we know that the prince built the Hermitage in an area which resembled the Peach Blossom Land that he dreamt of. Four years after the dream and execution of the *Dream Journey* by An Gyeon based on the dream, Anpyeong made it a reality by building the Hermitage in the area whose surroundings are very reminiscent of the fairy land. The Hermitage was reached from outside the Northern Gate through a densely-forested path of approximately two *li*. While the outskirts of the area were sealed, the area itself was wide, about two to three hundred paces between the eastern and western boundaries. There was a brook around the middle of the area that flowed to a cliff, where it turned into water-falls of about one hundred feet high. This stream was so-called Mugye, but there was a lotus-pond, as well.

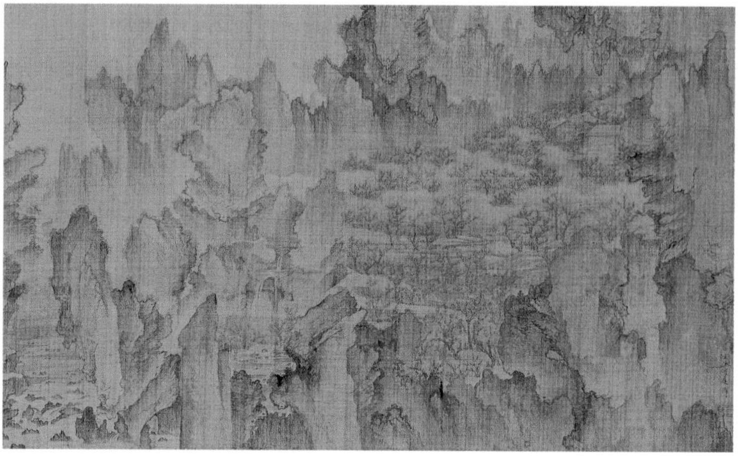

Fig. 2. Detail of Fig. 1.

Various plants, including many peach trees, were grown there. Along the boundary of the area were several hundred stalks of bamboos. One day, while strolling in the area, the prince mentioned to Yi Kae that it resembled the "Peach Blossom Land" he dreamt of. Probably, the prince often stayed at the Hermitage in his last years and An Gyeon also must have frequented the place.

To keep his political foothold and cultural activity, Prince Anpyeong maintained a close contact with a large number of scholar-officials. He was supported by the two powerful courtiers Kim Jong-seo" (1390-1453) and Hwang Bo-in (?-1453) in the political competition with his brother Prince Suyang. His associate Yi Hyeon-ro (?-1453) played the role of tactician in the power struggle. These three allies of the prince and many others were executed in the purge of 1453 by Prince Suyang. Prince

Anpyeong himself, too, was put to death by his brother in the same year. The prince's political allies were also participants in his cultural activity: Kim Jong-seo and Yi Hyeon-ro, for example, inscribed the colophon of the *Dream Journey* (see note 30).

Among Prince Anpyeong's close friends (with whom An Gyeon was also acquainted) were five brilliant scholars of the Jiphyeon-jeon Institute: Park Paeng-nyeon (1417-1456); Seong Sam-mun (1418-1456); Sin Suk-ju (1417-1475); Yi Kae (1417-1456) and Choe Hang (1409-1474). They all collaborated in the creation of the Korean alphabet *Han Geul* with King Sejong (r. 1419-1450). Being close friends of Anpyeong, they frequently met with him and left significant records concerning the prince; Sin Suk-ju's "Commentaries on Painting" and Yi Kae's "Commentaries on the Mugye Jeongsa" are good examples. As we shall see later, Park Paeng-nyeon, Choe Hang, and Sin Suk-ju appeared in the prince's famous dream of his journey to the Peach Blossom Land. The prince's five close friends also wrote poems on the colophon of An Gyeon's *Dream Journey* (see note 30).

Three years after the prince's death, some of these men were tortured to death by Prince Suyang, who became King Sejo in 1456 by usurping the throne of his young nephew King Tanjong (r. 1453-1455). A group of scholar-officials and generals who were loyal to the usurped king and his grandfather King Sejong plotted to destroy Sejo and restore Tanjong, but the plot was discovered and the conspirators were executed. Park Paeng-nyeon, Seong Sam-mun, Yi Kae and three others were the major figures in the conspiracy. On the other hand, Sin Suk-ju and Choe Hang became supporters of Prince Anpyeong's antagonistic brother Sejo and attained the height of prosperity.

Before the painting of the *Dream Journey* is studied in detail, it is worthwhile to list An Gyeon's paintings in chronological order first. The following chronology included only the titles of paintings with dates which are identifiable from literary sources. Of the paintings listed here, only the *Dream Journey* is extant. *White Clouds over Blue Mountains* and many other recorded paintings whose dates are unknown, are excluded.[27] From this list, it is evident that in addition to his speciality landscape An Gyeon painted other subjects such as portraits, flowers, geese, architectural themes such as pavilions, bamboo and plum, horses, and even ceremonial processions.

Year (Mon.(Day))	*Title of Painting*	*Remarks*
1442	Portrait of Prince Anpyeong at 25.	
1442(8/-)	The Eight Views of the Xiao and Xiang Rivers.	The authorship unproven.
1443(4/-)	Landscape for a Li Si-ma.	
Before 1445	Eight Views.	A view on a leaf.
Before 1445 (cont.)	Golden Crance Pavilion, Wild Wind and Rain-Storm.	
	Bamboo and Plum.	In ink.
	Wild Geese with Reeds Flowers and Trees, Tall Pines, and 23 more Paintings.	All of these listed in "Commentaries on Painting"
1446(Winter)	Eight Excellent Horses.	King Taejo horses.

Before 1447	Moon-Viewing at the River.	
1447	Eight Excellent Horse.	King Taejo horses.
1447(4/23)	Dream Journey to the Peach Blossom Land.	Hand scroll.
1448(3/5)	Ceremonial Procession.	Album leaves.
1465 (10/- or 11/-)	Bamboo.	In ink.

III. *Discussion of "A Dream Journey to the Peach Blossom Land"*

Mongyu Dowon-Do (*A Dream Journey to the Peach Blossom Land*, to be called *Dream Journey* henceforth), is the only extant painting accompanied by both An Gyeon's signature and a date (Figs. 1-3). This painting has been widely published.[28] But despite its renown and the general awareness of its art historical significance among scholars, there remain many questions to be answered concerning its stylistic and symbolic features. Ever since a Japanese scholar pointed out that "the style, likely to have derived from Guo Xi, truly acquired the *gu-fa* of the Northern School ...,[29] no further advance has been made in the analysis of the significance of the style of this painting. In terms of the uniquely high stylistic achievement alone, this painting deserves full attention, not only for the study of Korean painting in the early Yi period, but also for the study of certain aspects of Chinese painting at large.

Dream Journey is now in the Tenri Central Library, Nara

Prefecture, Japan. Although some pigments of red and green were used to depict peach blossoms and leaves, most of the painting was executed in ink. This painting, done on fine silk, is still in good condition. At the margin of the lower right corner is the signature of the painter, reading "painted by Kado (one of An Gyeon's *zi*) of Ji Gok". The topmost two characters of the signature reading "Ji-gok", which signify the painter's home town, have been damaged and are almost illegible. A square seal with red characters "kado'" was pressed below the signature.

Unlike the usual East Asian way of depicting a story reading from right to left, *Dream Journey* evolves from left to right. This may be why the artist's signature and seal were placed at the lower right margin of the painting rather than the left.

The painting depicts a dream of Prince Anpyeong on the twentieth night of the fourth month of the year, *ding-mao*, corresponding to 1447, in which he visited the illusory "Peach Blossom Land", accompanied by his close scholar-friend Park Paeng-nyeon. Immediately after the dream, the prince ordered An Gyeon to paint his description of what he had seen in his dream. Amazingly, according to the account by the prince, only three days later An Gyeon had completed this masterpiece.

The detailed explanation of the prince's dream was written by the prince himself on the colophon attached to the painting; the calligraphy is extremely accomplished, in the style of Zhao Meng-fu (for a part of the inscription, see Fig. 3). It is noteworthy, too, that the colophon is ruled to make eighteen spaces in each vertical line but only seventeen characters were written in each, leaving one space empty at the top of the line, very possibly in the tradition of Buddhist *sutras* which normally have seventeen characters per line. The prince also wrote the title of the painting and one more inscription just next to the title which is now badly faded. In addition, twenty eminent scholar-officials and one monk-poet composed poems to celebrate the event, resulting in twenty-three inscriptions altogether. All these inscriptions are now preserved in two scrolls.[30) As most of the poems are very long and contain very little of art historical significance, only Prince Anpyeong's inscription next to the painting is translated:

"On the twentieth night of the fourth month in the year of 1447, I went to bed and dozed, and then entered into a deep sleep, whereupon I began to dream. Suddenly, I, with Insu (Park Paeng-nyeon), reached the foot of a mountain, where mountains, range upon range, formed deep gorges, and rocky peaks were lofty and remote. There were dozens of blossoming peaches. At the end of the forest the tiny path split, hence we stood there not knowing which way to go. (At this moment) we encountered a man wearing rustic garments and a mountain hat who bowed down and said to me, 'Follow this path to the north and enter the valley, and you will see the Peach Blossom Land.'

Insu and I hurried the horses and sought the place. Cliffs and inclines jutted out, and forests were thick and dense. Streams meandered a hundred times, almost making us lost. As we entered the valley, there appeared a grotto with an area of about two or three *li.* Mountains on four sides stood like walls in thick clouds and mists. Peach trees in the near and far distance were reflected through steamy, rosy clouds. And there were thatched houses surrounded by bamboos, whose brushwood gates were half-open and earthen walls already collapsed. No chicken or dog, no cow or horse appeared. Only a small boat in the stream out front tossed back and forth by the movement of waves. The surroundings were lonely and desolate as in a fairy land. Hence, after looking around a long while in hesitation, I said to Insu, 'it is said that houses were built by putting up rafters on rocks and by digging out the valley. Aren't these houses (built that way)? This is truly the Peach Blossom Land'. Besides us there were a few people such as Jeongbu (Choe Hang) and Beomong (Sin Suk-ju), who composed poems with me. Before going either up or down, we adjusted our shoes, and while enjoying looking around, I suddenly awoke from the dream. Ah! big cities and towns are the places where prosperous officials amuse themselves, whereas deep valleys and steep cliffs are where hermits seclude themselves. This is why those who are accustomed to the bustling life do not reach mountains, and those who cultivate their character (in mountains) do not, even in a dream, think of the palaces (or court). Generally, it is certainly true that calmness and impatience follow different ways. An ancient man said, 'What was done during the daytime becomes a dream at night.'

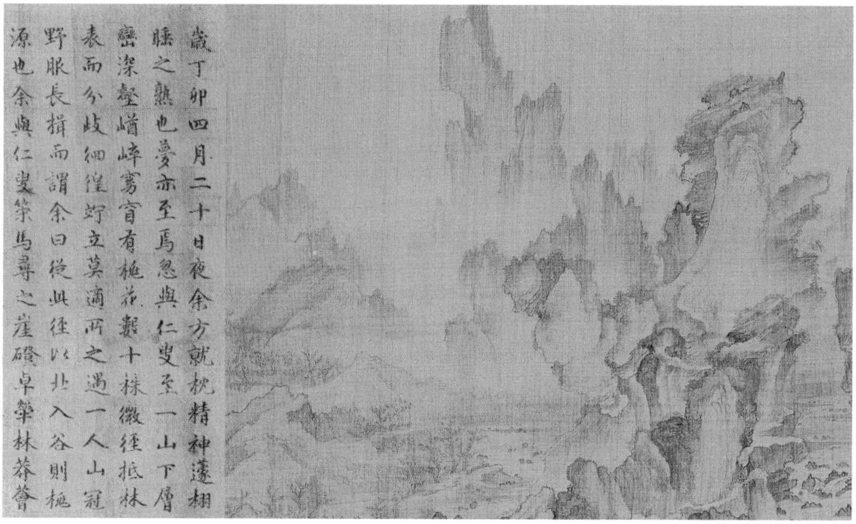

Fig. 3. Detail of Fig. 1. Inscrition by Prince Anpyeong.

How did I go into the mountains in the dream when working in the palaces day and night? And how did I reach the Peach Blossom Land? Having many friends, why did I have only a few followers while visiting the Peach Blossom Land? It (probably) means that by nature I like secluded life and in character I favor thinking of mountains and streams, and I was accompanied by few followers because I am a close friend of these people. Hereupon, I ordered Kado (An Gyeon) to paint (this event), but do not know whether the ancient story of the Peach Blossom Land coincides with this (Painting). There should be some comments if viewers of a later (period) get an ancient painting and compare it with my dream (picture). Three days after the dream, the painting was already finished. Written in the Mae Juk-heon (Plum and Bamboo Pavilion) of Bihaedang."

[Seals] Nanggan; Cheongwol-Ji-in

Prince Anpyeong's dream of the Peach Blossom Land is evidently closely related to the famous "Account of the Peach Blossom Land" by the Chinese scholar Tao Qian (better known as Tao Yuan-ming) (A.D. 365-427), in which a fisherman of the Jin dynasty happened to find the Peach Blossom Land in the T'ai-yuan era (A.D. 376-396) and encountered people whose ancestors had moved to the blessed land to escape from the disorders during the Qin dynasty period (221-106 B.C.). As an aid in the study of An Gyeon's painting *Dream Journey*, it is useful to quote a part of Tao's story (the part describing the scenery of the Peach Blossom Land) from the translation by James R. Hightower:

"During the T'ai-yuan period of the Chin dynasty a fisherman of Wuling once rowed upstream, unmindful of the distance he had gone, when he suddenly came to a grove of peach trees in bloom. For several hundred paces on both banks of the stream there was no other kind of tree. The wild flowers growing under them were fresh and lovely, and fallen petals covered the ground-it made a great impression on the fisherman. He went on for a way with the idea of finding out how far the grove extended. It came to an end at the foot of a mountain whence issued the spring that supplied the stream. There was a small opening in the mountain and it seemed as though light was coming through it. The fisherman left his boat and entered the cave, which at first was extremely narrow, barely admitting his body; after a few dozen steps it suddenly opened out onto a broad and level plain where well-built houses were surrounded by rich fields and pretty ponds. Mulberry, bamboo and other trees and plants grew there, and criss-cross paths skirted the fields. The sound of cocks crowing and dogs barking could be heard from one courtyard to the next. Men and women were coming and going about their work in the fields. The clouthes they wore were like those of ordinary people. Old men and boys were carefree and happy." ... [31)]

Both the story of the Peach Blossom Land by Tao and Prince Anpyeong's description of his dream are roughly the same in that the Land characterized by blossoming peach trees, was separated from the ordinary outside world and was a broad area in which houses were built. But there are some major differences between the two tales. In Tao's story the Peach Blossom Land was almost accidentally found by a fisherman all alone, while, in the prince's dream, the location of the Land was introduced by a man wearing rustic garments and a mountain hat. The prince and his friend Park travelled to the Land not by boat but on horseback and found there a small boat in a stream, which probably alluded to the fisherman in Tao's tale. According to Tao's story, the Land was alive with crowing cocks, barking dogs, and working men and women. But, in the prince's account, there were neither any domestic animals nor villagers (despite the presence of houses); only a few of the Prince's close friends such as Park Paeng-nyeon, Sin Suk-ju and Choe Hang were there.

Tao Yuan-ming's description of the farming men and women of the Peach Blossom Land and the clothes they wore "is probably intended to convey the idea that these were not Immortals or other worldly beings ... but people just like any other", as Hightower points out.[32)] But the concept of the Peach Blossom Land among later scholars both in China and Korea would seem to have changed considerably—it often appears to have been conceived as fairy land where Immortals reside and whose landscape remarkably differs from that of the ordinary world. Prince Anpyeong's account of his dream of the Peach Blossom Land and the embodiment of the dream in the *Dream Journey* by An Gyeon are typical examples of such a concept.

The Peach Blossom Land must have been conceived by both Anpyeong and An Gyeon as a kind of grotto paradise hidden inside mountains. Anpyeong explains in his account that as he and Park Paeng-nyeon entered the valley, there appeared a *tung* or a grotto (or a cave) with an area of two or three *li* and that the houses were built by digging out the valley. Furthermore, the pictorial representation by An Gyeon reinforces the same concept, as Susan Bush personally suggested to me:

> ... the icicle formations and peaks near the upper right corner that come out toward one suggest the idea that the Peach Blossom Land is not simply enclosed by mountains, but is presented as if it were inside

a cavern in the heart of the mountains—a grotto paradise like those the Taoists believed in ...

Ever since Tao Yuan-ming's fascinating tale had been introduced to Korea, it seems to have engaged the imagination of Korean literati, as it lingered in the minds of Chinese scholars. Perhaps it was a utopia for busy scholars, where they could live a peaceful rural life, absolutely free from the restraints of the dusty world. The desire for a world like the Peach Blossom Land could have been especially strong in the mind of Prince Anpyeong who was in a political power struggle with his elder brother.

Its introduction from China may have taken place much earlier, but the earliest extant Korean literature which recorded the Tao story is datable to the early 13th century. A poem was written on the Peach Blossom Land by the famous Goryeo poet Chin Hwa.[33] Chin's contemporary Yi In-ro (1152-1220) wrote a poem comparing Cheonghak-dong (Blue Crane Village) in Chiri-san in south Korea to the legendary Peach Blossom Land.[34] These facts attest that Tao Yuan-ming's story of the Peach Blossom Land was well known among Korean scholars by the early 13th century. It is not certain, however, whether the subject of the Peach Blossom Land was painted by Goryeo painters or whether any Chinese painting of the subject was known in the Goryeo period.

In China, the subject was painted throughout the Tang, Song, Yuan, Ming and Qing periods. However, it probably was particularly favoured by scholar-painters of the Yuan and Ming periods. Qian Xuan and Zhao Meng-fu of the Yuan period and Wen Jia and Shen Zhou of the Ming period are examples of Chinese scholar-painters who wrote poems for paintings of the Peach Blossom Land. And, among Chinese painters who are said to have executed paintings of this theme are Wu Dao-zi of the Tang period, Liu Song-nian of the Southern Song period, and Shang Qi of the Yuan period.[35)] Nevertheless, few Chinese paintings of the subject are extant from these periods, which makes an iconographic study of the theme impossible. At any rate, as far as evidence goes, An Gyeon may well have been the first Korean to paint the subject, but thereafter it became very popular, so popular in fact that critics had to deny the existence of the Peach Blossom Land.[36)]

In the following analysis of the formal and narrative aspects of the *Dream Journey*, an effort is made to reconstruct the experience of visually entering and exploring the vast landscape scene as must have been done by Prince Anpyeong and his circle. Comparisons with Chinese paintings are also made in order to trace sources of An Gyeon's style.

The narration of the *Dream Journey* starts from the lower left corner and evolves towards the right-hand side (Fig. 1). At the lower left corner, two narrow paths lead in two different directions (Fig. 3). The one path meanders along the foot of the low earthen mountains along the left margin and the other (which will be called the second path) along the strange, rocky mounrains leading to the Peach Blossom Land. Therefore, it is possible that the lower left corner represents the place where Prince Anpyeong and his friend Park Paeng-nyeon hesitated a long while before they encountered the man who told them how to get to the Peach Blossom Land.

A remarkable feature of the *Dream Journey* is the dramatic contrast between the scenery of the real world and that of the illusory Peach Blossom Land. While the scenery of the ordinary world is characterized by low mountains along the left margin, the Peach Blossom Land, occupying most of the space of the painting, is dominated by fantastic peaks enclosing the scenery of the dream (Fig. 2).

The low mountains of the real world, with rounded, smooth peaks and slopes occasionally forested with needlelike trees, and with mist gently hovering around the bases, are treated with placid, graded brush strokes in the manner of the Guo Xi tradition; they are the common kind of mountains found anywhere in central or southern Korea (Fig. 3). Receding one after the other into the distance, they believably increase in height. Peach trees along the side of the winding path and in the gorge of the mountains to the left, mists hovering around the bases of the mountain, and the calm shallow stream in this section all tend to create an atmosphere of nostalgic spring. Minimal in representation, the scenery of the real world plays a significant role in distinguishing it from the world of illusion, the Peach Blossom Land, and in emphasizing the remarkable contrast between the two.

One is led into the journey to the Peach Blossom Land by the second path near the lower left corner which zigzags along the foot of rocky mountains and disappears momentarily into the tunnel formed at the base of the huge devil's-hand type of mountain. Hidden in the mist, the path somehow reappears in a narrow mountain gorge near the lovely, three-forked waterfalls and thus the journey continues towards the Peach Blossom Land (Fig. 2). This narrow gorge or slit reminds one of the "small opening in the mountains" through which "it seemed as though light was coming", as described in Hightower's translation of Tao's story. After passing through the opening, one travels along the smaller path for some time until one enters the vast open area of the Peach Blossom Land. An almost unrecognizably small boat is anchored at the shore in front of this area, which apparently alludes to the fisherman in Tao's account. Peach trees emerge from the dense and steamy mists. Their blossoms are pinkish red and their leaves green. And they diminish in size as the distance increases. Across the far-reaching field of the peach trees at the upper right corner of the Peach Blossom Land are some thatched houses with widely open curtains, partly surrounded by growing bamboos.

Neither human beings nor animals are represented anywhere in the *Dream Journey*. Encompassed by precarious and uncanny mountains, the Peach Blossom Land is awesomely tranquil and infinitely peaceful. Prince Anpyeong saw no inhabitants or animals in his dream, but enjoyed viewing the wonderful scenery of the Land with a few friends of his. Thus, An Gyeon might have depicted the prince and his friends in the painting. It is not certain whether the exclusion of figures from the *Dream Journey* resulted from a request of Prince Anpyeong or from An Gyeon's taking the liberty of executing the painting as he pleased. In any case it is conceivable that the elimination of the visiting figures aimed to accentuated the placid and undisturbed atmosphere of the world of Immortals, the Peach Blossom Land.

The Peach Blossom Land is separated from the outside world by the walls of the rocky mountains all around it. The mountains, endlessly diverse in shape, are exceedingly fantastic. They are precariously piled up one above the other, overhanging, overlapping, or lined up like a screen. It seems miraculous that many of them do not collapse. In contrast with the tranquil field and village of the Peach Blossom Land, the mountains look turbulent, perilous, and even violent. The combination of these two contrasting elements both in physical appearance and atmosphere creates a strange sensation of fantasy.

The artist spent more effort on creating fantastic mountain formations than achieving effects of volume. As a result of this approach, many of the mountains look unrealistically flat, heightening the abstract impression of the overall view.

The treatment of the rocky mountains points to influences from the Guo Xi tradition, as does that of the low earthen mountains near the left margin. An Gyeon's exaggerated, rocky mountains are fundamentally different in structure from Guo Xi's "smooth-surfaced" mountains of "eroded loess deposits", but they still retain elements of the Guo Xi tradition in general modelling, rendering the effect of light, and brush techniques. As in Guo Xi's *Early Spring* and *Clearing Autumn Skies over Mountains and Valleys*, An Gyeon's rocky mountains are often "modelled with an overlaying of broad wet strokes, not individually distinct enough to function as texture strokes, but having a direction that helps in establishing the form, ..."[37] In addition to this technique, An Gyeon frequently applies "individually distinct", irregular texture strokes which vary from place to place; the most typical ones are curly hair-like strokes, which are best seen on the upper part of the devil's-hand mountain above the tunnel (Fig. 3). The mountains and rocks are solidified by contour lines of dark or light tones. The ink tone is usually thicker and darker around contour lines and becomes lighter towards the centre of each formation. An Gyeon's remarkable indebtedness to the Guo Xi tradition is also witnessed in his manipulation of light effects in rendering the mountains. Most of An's mountains are highlighted on the main body and base, so much so that they look as if illumination comes from below. It is also noteworthy that the

Dream Journey retains elements which appear in the works of the Guo Xi tradition more often than in those of other landscape traditions: "pitted undersides" indicated by "irregular patches of deep-toned ink" (to quote Cahill again); unusual protrusions of various shapes; tiny, dot-like, conventionalized, eroded holes; needle-like trees on distant mountains; and differentiated contour lines.

The entire scenery of the *Dream Journey* consists of several different units, which separated by the intervention of thick mists, are visually additive rather than cohesive. For example, the mountain-group with the "small opening" by the waterfalls look as if it were inserted between the two parallel mountain walls to block and play a role of the inside gate to the Peach Blossom Land. This effect of blockage is reinforced by a kind of outside door formed by the other mountain group which is threaded by the second path and dominated by the devil's-hand mountain. Pinnacled distant mountains and the small mountains of the ordinary world also are more or less distinct from these groups. By and large, the whole landscape is tied together by echoing shapes rather than by a compact coherence coming from physical continuity which is a characteristic frequently found in Korean landscape paintings of the early Yi period. The main responsibility of this impression comes from the dense mists, which obscure most of the lower bodies of the distant mountains and accordingly keep them from physical contact with the nearer mountains. The mists certainly contribute considerably to creating a sense of space and depth, bur not much to suggesting any kind of substantial, physical unity.

There are basically two different angles of view in the *Dream Journey*. The left half of the *Dream Journey* is seen from the front angle or from a level point of view, whereas the other half, i.e. the Peach Blossom Land, is viewed from a higher angle. By employing a bird's-eye view, An Gyeon skilfully represented the Peach Blossom Land completely surrounded by steep mountains, which would otherwise be hidden by towering mountains. The employment of the bird's-eye view is no doubt the result of the artist's effort to fulfil the requirement to represent a wide-open area. An Gyeon's concern for expansive space and his virtuosity in solving the difficult problem of rendering it effectively are clearly noticeable in the front mountain wall along the lower right edge; the central part of the mountain wall is lowered sufficiently so that it increases the spacious effect of the Peach Blossom Land.

On the whole, it is obvious that An Gyeon followed a classicist attitude in pursuing a monumental effect in the *Dream Journey*. His traditional approach is, in fact, so strong that Sherman Lee and Wen Fong state: "were it not for the incontestable fifteenth century date, one might argue for a Northern Song attribution."[38] Although the comment by Lee and Fong is not totally acceptable in view of elements of a later period such as the exaggerated, unrealistic and somewhat manneristic forms and treatment of space, one might be confused in dating the work if one did not know the actual date of 1447. In other ways, however, An's mode of expression in achieving the effect of monumentality is considerably different from Chinese masters of the Northern Song period. The grandness of his landscape is achieved, not by a few grandiose mountains but by the combination of the contrasting *gao-yuan* (high distance) and *ping-yuan* (level distance) and by the careful use of diagonal movement. The horizontal body of waters, which occasionally recedes into the depth, lends height to the upright peaks of the mountains. And most of the mountain tops, whether inclined or pinnacled, soar in such a way that diagonal movements are crisscrossed, ultimately leading to culmination in the towering heights. Even the Peach Blossom Land seems to be diagonally elevated, in accordance with these movements.

Except for the Guo Xi manner, it is difficult to trace An Gyeon's stylistic sources in the *Dream Journey*. A couple of Korean literary sources give us some ideas concerning the matter. Sin Suk-ju wrote in the "Commentaries on Painting":

> An Gyeon ..., being keen and thoroughly knowledgeable, saw a great number of ancient paintings and perceived their essential qualities. He took the best of various masters and synthesized them. He was proficient in every subject, but especially excelled in landscape. He pursued (sources of his style) in antiquity, in which he

rarely found his equal.[39)]

In *Yongcheon Damjeok-gi* Kim An-ro (1481-1537) states:

> An Gyeon saw a wide variety of ancient paintings and obtained their essential concepts. If he painted in the Guo Xi manner, his work became a Guo Xi. If he painted in the style of Li Bi, his work looked like a Li Bi. Whether he tried the Liu Rong style or that of Ma Yuan, he always succeeded. There was not a style in which he could not succeed, and landscape was the *genre* in which he excelled.[40)]

Although An Gyeon evidently painted in the Guo Xi manner as we have already established, there is no positive evidence that he actually worked also in the Ma Yuan, Liu Rong (who is known to have painted in the Guo Xi tradition), and the unknown Li Bi styles. Some paintings traditionally, but not always convincingly, attributed to An Gyeon show pine trees done in a style determined by the Southern Song academy style rather than in the Guo Xi manner.[41)]

Among Chinese paintings executed in the manner of the Guo Xi tradition, *Buddha's Conversion of the Five Bhiksu* by the Yuan painter Li Sheng (active c. mid-14th century) seems to be closest to the *Dream Journey* not only in general composition but also in some other features. This Chinese handscroll is in the A. Dean Perry collection, Cleveland, and published by Lee and Ho in

Chinese Art Under the Mongols.[42] Although the *Dream Journey* is more elaborate, intricate, and fantastic than Li Sheng's work, the two paintings have much in common. In the right half of Li Sheng's painting, massive mountains encircle a small area where the Buddha is seated, attended by the five *bhiksu*. If more space were provided in the enclosed area, it would look much closer to the Peach Blossom Land in the *Dream Journey*. The left half of the Chinese painting represents a body of receding water and low mountains whose ranges are lined by needle-like trees and whose bases are obscured by thick mists as in the counterpart in the *Dream Journey*. In comparison with the "smooth-surfaced" low mountains, the high, massive mountains in the right half are much more rugged and angular—a feature which is also found in the Korean painting. As in An Gyeon's painting, Li Sheng's big mountains, too, appear as if they were put together to form an enclosed space-cell. With exaggerated forms and slanting peaks, Li Sheng's manneristic mountains are likely to be the prototype of some of An Gyeon's rocky mountains. Compare the form above the tunnel of the second path in the *Dream Journey* with Li Sheng's darkened voluminous rock-shape just in front of the Buddha; both mountain forms have strange protuberances adhering to the contours of the main body.

Analysis of visual factors and motifs in the *Dream Journey* seems to suggest that An Gyeon borrowed elements from ancient Chinese painting and transformed them into his own, as the two literary sources mentioned above indicate. The screen-like mountains right behind the thatched houses, for example, are reminiscent of some of the mountains in *Fishing in the Mountain Stream* in the Nelson Gallery of Art attributed to Xu Dao-ning, which exhibit sharp ranges and precipitous, wall-like forms.[43)]

The icicle-like overhanging rocks above the thatched houses, which suggest a kind of cavern as discussed before, are seldom found in Chinese secular painting, but the motif was obviously much favoured among Buddhist ink painters in China and Japan.[44)] Although An Gyeon's overhanging rocks are somewhat different from their counterparts in the Buddhist paintings, the motif may well have been picked up from a Buddhist or perhaps a Taoist painting. We are reminded here that An's patron Prince Anpyeong was a devout believer in Buddhism. Hence it is likely that An Gyeon was familiar with Buddhist painting.

The precarious mountain forms of the *Dream Journey* may have been inspired by certain Chinese landscape paintings of the late Yuan and early Ming periods in which manneristic tendency was a strong factor. A pair of Chinese landscape paintings traditionally attributed to Yan Ci-ping (in the Tokyo National Museum) are good examples. The conventional attribution is not taken seriously by experts of Chinese painting. Kawakami Kei, for instance, flatly denies the attribution and surmises the actual date of the paintings to be late Yuan or early Ming period. But he inclines to the latter date more than to the former.[45)] At any rate, some rock-formations in this pair of Chinese paintings are similar to An Gyeon's. The closest similarity is found when we compare the icicle-like overhanging rocks near the upper right corner of the *Dream Journey* with the precarious rock-formations in the middle ground of the left-hand scroll of the Chinese paintings. The pointed, overhanging nodules with eroded holes inside and sharp contour lines and the rugged surfaces are all remarkably similar in both the Korean and Chinese paintings. An Gyeon may have picked up the motif of overhanging rocks itself from a Buddhist painting, but in the technique of execution he was indebted to such Chinese secular paintings of the probably early Ming period as the pair in the Tokyo National Museum.

The diagonally projected, deltoid mountains (in between the devil's-hand mountain and the oval mountain halfway along the second path) are unusual, and find their counterparts in a Chinese landscape attributed to Li Shan of the Jin dynasty which is in the Freer Gallery: *A Mountain Stream between Rocky Banks.*[46)] The most remarkable examples of the inclined deltoid mountains are found in the foreground and in the middle distance of the Jin painting. With darkened tips and ambiguous bodies, the deltoid Jin mountains have much in common with An Gyeon's. However, what is probably more important than this motif is the general impression of effect that both the Korean and Jin landscapes share, particularly in the distant high mountains—the flatness and vagueness suggested by profuse mists.

Some round, uneven, and prominent protuberances, which we see typically at the side of the two monolithic mountains near the centre of the lower edge, are very much reminiscent of those in the *Clearing after Snow in the Min Mountains* in the National Palace Museum. This painting has been ascribed to the Jin period by Susan Bush as mentioned before and to the Yuan period by Suzuki Kei.[47)]

It is thus apparent that An Gyeon learned from Chinese paintings of the Song, Jin, Yuan and Ming periods and that he synthesized the elements he learned into his work, always transforming them into his own.

The aspect of fantasy in the style of the *Dream Journey* is still difficult to explain—whether the fantastic style was An Gyeon's sheer, personal style or whether it was created only to visualize Prince Anpyeong's dream faithfully and elaborately. It is conceivable that both factors have been mingled together, but because there is no other authenticated extant work by the painter this problem is difficult to solve.

ORIENTAL ART VOL. 26 No. 1 (SPRING 1980): pp. 60~71

GLOSSARY OF CHINESE CHARACTERS

An Gyeon	安堅
Anpyeong Daegun	安平大君
An Sohui	安紹禧
Baekho Jeonseo	白湖全書
Beomong	泛翁
Bihaedang	匪懈堂
Bohanje-jip	保閑齊集
Cheonghak-dong	青鶴洞
Cheongji	淸之
Cheongwol-Ji-in	淸月之印
Chin Hwa	陳澕
Chinhwi Sokko	震彙續考
Chiri-san	智異山
Choe Hang	崔恒
Choe Sun-u	崔淳雨
ding-mao	丁卯
Dongmunseon	東文選
Gamchal	監察
gao-yuan	高遠
Geumgye Seonsaeng Munjip	金溪先生文集
Geunyeok Seohwa Jing	槿域書畵徵
Go Deuk-jong	高得宗
Go Yu-seop	高裕燮
Guo Xi	郭熙
Gyeol	結
Hanguk Hoehwa Daegwan	韓國繪畵大觀
Hanguk Misul-sa Yeongu	韓國美術史研究
Hanguk ui InGan sang	韓國의 人間像
Hanhwon	寒暄
Ha Yeon	河演
Hogun	護軍
Huiu-jeong	喜雨亭
Hwang Bo-in	皇甫仁
Hwang Jun-ryang	黃俊良
Im Kwang-jun	任光濬
Jeongbu	貞夫
Jeong In-ji	鄭麟趾
Jeon Jeok	典籍
Ji-gok	池谷
Jin Shi	金湜
Jiphyeon-jeon	集賢殿
Joseon Hwaron Jipseong	朝鮮畵論集成
Kado	可度
Kang Hui-an	姜希顔
Kang Seok-deok	姜碩德
Kim An-ro	金安老
Kim Dam	金淡
Kim Jong-seo	金宗瑞
Kim Su-on	金守溫
Kukcho Munkwa Pangmok	國朝文科榜目
Li Bi	李弼
Li Sheng	李升
Li Si-ma	李司馬
Liu Rong	劉融
Liu Song-nian	劉松年

Maeho Seonsaeng Yugo	梅湖先生遺稿
Maejuk-heon	梅竹軒
Manu	卍雨
Ma Yuan	馬遠
Mongyu Dowon-do	夢遊桃園圖
Mugye Jeongsa	武溪精舍
Mui Jeongsa	武夷精舍
Munjong	文宗
munkwa	文科
Nanggan Geosa	琅玕居士
O Se-chang	吳世昌
Park Paeng-nyeon	朴彭年
Park Yeon	朴堧
ping-yuan	平遠
Qian Xuan	錢選
Sejo	世祖
Sejong	世宗
Seo Geo-jeong	徐居正
Seonggyun-gwan	成均館
Seong-hwa-jip	聲畵集
Seongjong Sillok	成宗實錄
Seong Sam-mun	成三問
Seonhwa	善畵
Shen Zhou	沈周
Sin Suk-ju	申叔舟
Soheon Wanghu	昭憲王后
Song Cheo-gwan	宋處寬
Suyang Daegun	首陽大君
Taejo	太祖
Tanjong	端宗
Tao Qian	陶潛
Tao Yuan-ming	陶淵明
Du Fu	杜甫
Wen Jia	文嘉
Wu Dao-zi	吳道子
Yanghwa-do	陽花渡
Yeokdae Jehwa Siryu	歷代題畵詩類
Yi Hyeon-ro	李賢老
Yi In-ro	李仁老
Yi Jeok	李迹
Yi Kae	李塏
Yi Ye	李芮
Yi Yong	李瑢
Yongcheon Damjeok-gi	龍泉淡寂記
Yongjae Chonghwa	慵齋叢話
Yuk Seonsaeng Yugo	六先生遺稿
Yun Hui-sun	尹喜淳
Yun Hyu	尹鑴
Yun Ja-un	尹子雲
Zhao Meng-fu	趙孟頫

NOTES

1) The late Yu Bok-ryeol published that An Gyeon was born in the eighteenth year of King Taejong's reign, corresponding to A.D. 1418, without giving any substantial evidence. This was the same year, coincidentally, as that of the birth of Prince Anpyeong who was a strong patron of the painter as will be discussed later. See Yu Bok-ryeol, comp., *Hanguk Hwehwa Daegwan* ["Pageant of Korean Painting"] (Seoul: Mungyowon, 1969), p. 63. After this book was published, some scholars without further thought began to quote the year 1418 as the year of An Gyeon's birth; however, since there is no evidence to prove this assumption, the year 1418 is not to be seriously considered as the date of his birth. Evelyn McCune estimates without supplying any evidence that An Gyeon was born around 1400 and died between 1464 and 1470. See *The Arts of Korea*, An Illustrated History (Rutland, Vermont, and Tokyo: Charles E. Tuttle Company, 1967), p. 235. On considering this, her estimate seems reasonable if it is assumed that An Gyeon was in his late 40's in 1447, the year of the execution of the *Dream Journey* (Fig. 1).
2) Yun Huisun, *Joseon Misulsa Yeongu* ["Studies on the History of Korean Art"] (Seoul: *Seoul Daily News*), p. 105. The late Yun's idea seems to be cautiously shared by Choe Sun-u in his article "An Gyeon and the Circumstances of the 'Dream Joutney to the Peach Blossom Land'" (in Korean), *Hanguk ui Ingan Sang* ["Images of Eminent Koreans"], Vol. I, p. 118. Choe Sun-u there states, "although (An Gyeon) is said to have acted as an academy painter already in King Taejong's reign, it is believed that it was in King Sejong's period that his activity flourished and his painting matured." In my opinion, it is by no means a proven fact that An Gyeon was active this early.
3) The introduction to the story may be worthwhile for later reference. "The Chinese Ambassador Jin Shi who came at the time of King Seongjong was a good bamboo painter. As he wanted to see ancient and modern Korean bamboo painting, the King ordered a wide search (for bamboo painting) and showed them to him. Jin Shi said, 'none of these is a bamboo, they are either hemp stalks or reeds. I want to see true bamboo painting.' At this time. An Gyeon was an accomplished painter. And the King had him paint bamboos to the best of his ability and send them (to the Ambassador). Jin Shi said, 'Although this is a good painting, they are not bamboos, either. They are

reeds.' Knowing the art of painting, the King ordered a vase of bamboos brought to him, and afrer having dense leaves taken off, had it placed by the rail (of a balcony). At dusk the King had An Gyeon paint it and showed the completed painting to the Ambassador. Seeing the painting, Shi said in amazement, 'This is a true bamboo (painting): Even excellent Chinese painting may rarely equal this.'" This account which is anonymous is from the *Jinhwi Sokko*, as quoted in O Se-chang, *Geunnyeok Seohwa Jing* ["Literary Evidences of Korean Calligraphy and Painting"] (Seoul: Hagmun-gak, 1970), p. 52. Even though there is an aura of fiction to this story, the evidence of An's ability and prominence as well as Jin Shi's comments on Korean bamboo painting seem to be reliable. Indeed, some Korean bamboo paintings with tiny stalks and big leaves recall hemp stalks or reeds. See Yu Bok-ryeol, *op. cit.*, Pls. 11 and 47. The reference to King Seongjong in *Jinhwi Sokgo* in connection with Jin Shi must be a mistake, because Jin Shi came to Korea as Ambassador not in King Seongjong's period but in the fifth month of the tenth year of King Sejo (1465) and left for China the next month. For Jin Shi's arrival, see *Sejo-Sillok*, ch. 33, pp. 17b-18b, and for his departure, pp. 23a-24b. Also, according to the same source (*ibid.*, pp. 20b-21a [the fifth month of the tenth year of King Sejo, 1465]), during Jin Shi's stay in Korea King Sejo had a court official offer a scroll of bamboo painting to Jin Shi, explaining, "As you are fond of painting and capable of poetry, I ordered an academy painter to paint the bamboos and had scholars compose poems for it. I want you to have a look at it." This record seems to substantiate the account in the *Jinhwi Sokgo* and also indicates that An Gyeon was a bamboo painter.

4) Choe Sun-u, "An Gyeon and the Circumstances...", p. 119.

5) We do not know how long An Gyeon was at the post of *Seonhwa* nor exactly when he was promoted to *Hogun*. It is evident that the promotion was made before 1446, since he is recorded as having been in the post that year and having painted the "Eight Noble Horses", See *Yuk Seonsaeng Yugo* ["Extant Writings by the Six Scholars"] (1879), Vol. I ["Writings by Park Paeng-nyeon"], pp. lla-14a. Academy painters as well as craftsmen and technicians were often appointed to nominal low-ranking military posts from which they received a stipend.

6) An Gyeon is one of the very few academy painters throughout the Yi history who were promoted to a high-ranking post. The other ones are Choe Gyeong, An Gwisaeong, and Bae Ryeon.

7) *Seongjong Sillok*, ch. 100, p. 3b (the first month of the tenth year of King Seongjong).

8) *Gukjo Mungwa Bangmok*, comp. by anonymous (after 1774), Vol. II, ch. 2, p. 36.

9) Choe Sun-u, "An Gyeon and the Circumstances...", p. 119. Quoting a Korean literary source, Evelyn McCune states of An Gyeon in her book (*op. cit.*, p. 235): "When he died, his family was left destitute, his house being seized, presumably for debt, so that 'not even a duster remained'." McCune's comments of An Gyeon's late years are incorrect. She mistakenly quotes a description about the late years of the scholar Kim Goengpil (1454-1504) (*hao*: Hanhwon) who once owned An Gyeon's painting in the belief that it applies to An Gyeon himself. Kim Goengpil along with many other scholar-officials were purged in 1498. An Gyeon cleverly avoided the severe political purge in 1453 by tactfully breaking off his close relationship with his patron, Prince Anpyeong, beforehand, according to *Baekho Jeonseo* by Yun Hyu (1617-1680).

10) Sin Suk-ju. *Pohanjae-jip*, ch. 14, p. 5a.

11) *Ibid.*, ch. 16, pp. 6a-6b.

12) *Sejong Sillok*, ch. 1. p. 21b. The Prince's *tzu* is Cheongji and *hao* are Nanggan Geosa, Maeiukheon, and Bihaedang.

13) *Ibid.*, ch. 40, pp. 24b-25a.

14) *Ibid.*, ch. 48, p. 21a.

15) *Ibid.*, ch. 76, p. 6b.

16) *Yuk Seonsaeng Yugo*, Vol. I ["Writings by Park Paeng-nyeon"], pp. 44b-45b.

17) This is most probably a miswritten name of the Mugye Jeongsa, which will be discussed later.

18) I am not sure what "the twelve views" represents here; howevcr, thanks to the *Yuk Seonsaeng Yugo*, the contents of "the forty-eight songs' become clear. Prince Anpyeong composed short poems on forty-eight subjects such as "bright moon outside the plum window", "wind passing through the bamboos", "Japanese azalea", "banana trees outside the window", etc., *Yuk Seonsaeng Yugo*, Vol. III ["Writings by Seong Sam-mun"], pp. 1b-6a.

19) Seong Hyeon, *Yongjae Chonghwa*, ch. 2.

20) Sin Suk-ju. *op. cit.*, ch. 14, p. 5a.

21) *Yuk Seonsaeng Yugo*, Vol. I ["Writings by Pak Paeng-nyeon"], pp. 22a-23b.

22) Sin Suk-ju, *op. cit.*, ch. 15, pp. 6b-7b.

23) *Ibid.*

24) For discussion on the contents of the Prince's collection, see Ahn Hwi-joon, "Importation of Chinese Painting into Korea during the Goryeo and the Early Yi Dynasties" (in Japanese), *Yamato Bunka*, No. 62 (July, 1977), pp.7-9, 15-17.

25) Sin Suk-ju. *op. cit.*, ch. 14, p. 2a. For a general discussion on the "Commentaries on Painting", see Inaba Iwakich, "Shin Shukushu no Gaki" [" 'Commentaries on Painting' by Shin Suk-iu"], *Bijutsu Kenkyu*, No. 19 (July,

1933), pp. 1-8.

26) *Yuk Seonsaeng Yugo*, Vol. IV ["Writings by Yi Kae and others"], pp. 6a-7b.

27) For the list of An's recorded paintings with unknown dates, see Go Yu-seop, *Honguk Misul Munhua-sa Nonchong* (Seoul: Dongmun-gwan, 1966) pp. 278-282.

28) Naito Konan, "Chosen An Ken no Muyu Togen Zu" ["*A Dream Journey to the Peach Blossom Land* by An Gyeon of Korea"], *Toyo Bijutsu*, No.3 (September, 1929), pp. 85-89. Also in *Shina Kaiga-shi*, pp. 301-307; Gakuo Gyofu, "An Ken no Muyu Togen zu". *Chosen*, No. 176 (March, 1930), pp. 119-121; Yogakusei [pseud], "An Ken hitsu Muyu Togen zu ni tsuite" ["Concerning *A Dream Journey to the Peach Blossom Land* by An Gyeon"],
Kokka, No. 497 (April, 1932), pp. 105-111; Go Yu-seop, "An Gyeon", in *Honguk Misul Munhua-sa Nonchong*, pp. 275-282; Choe Sun-u, "An Gyeon and the Circumstances...," pp. 113-120.

29) Naito Konan. *op. cit.*, p. 86.

30) The inscribers are as follows: in Scroll I—(1) Prince Anpyeong (1418-1453), (2) Sin Suk-ju (1417-1475), (3) Yi Kae (1417-1456), (4) Ha Yeon (1376-1453), (5) Song Cheog-wan, (6) Kim Dam (1416-1464), (7) Go Deuk-jong, (8) Kang Seok-deok (1395-1459), (9) Jeong In-ji (1396-1478), (10) Park Won (1378-1458); Scroll II—(11) Kim Jong-seo (1390-1453), (12) Yi Jeok, (13) Choe Hang (1409-1474), (14) Park Paeng-nyeon (1417-1456), (15) Yun Ja-un (1416-1478), (16) Yi Ye (1419-1480), (17) Yi Hyeon-ro (?-1453), (18) Seo Geo-jeong (1420-1488), (19) Seong Sam-mun (1418-1456), (20) Kim Su-on (1409-1481), (21) Monk Manu (Cheon-bong) (1357-1447 ?), (22) Choe Sang (?). Inscriptions numbered 7-13 originally must have been written immediately after that of Prince Anpyeong's. They were followed by those numbered 2-6. This alteration may have been made in the process of repair. For the original order of the inscriptions, see Naito Konan, *op. cit.*, p. 87; Gakuo Gyofu, *op. cit.*, p. 121; Yogakusei, *op. cit.*, p. 111. For the sequence and full text of the inscriptions, see Go Yu-seop. comp., *Joseon Hwaron Jipseong* ["Collection of Writings of Korean Painting"], Mimeograph (2 vols.; Seoul: Kogo Misul Tongin-hoe, 1965), Vol. II, pp. 310-423. The same source and Gakuo Gyogu, *op. cit.*, p. 121, provide the reading of the Prince's second inscription written on brown silk just next to the title of the painting which is now illegible.

31) James R. Hightower, trans., *The Poetry of Tao Chien* (Oxford: Clarendon Press, 1970), p. 254.

32) *Ibid.*, p. 257.

33) Chin Hwa, *Maeho Seonsaeng Yugo* ["Extant Writings by Maeho"], ch. 1, pp. 21a-21b. Chin's dates of birth and death are not known, but it is known that

he passed *munkwa* examination in 1200.

34) Yi In-ro, *Pahanjip*, ch. 1.

35) Chen Bang-yen, comp., *Li-dai ti-hua shi-lei* (1707), ch. 31, pp. 1a-9b, and Sun Shao-yuan, comp., *Sheng hua-ji* (1187), ch. 1, pp. 10a-10b.

36) For several poems written by Yi scholars for paintings of the subject, see Go Yu-seop. comp., *Joseon Hwaron Jipseong*, Vol. I, pp. 13, 59, 190-191; Vol. II, pp. 169-170, 240. For the literary evidence to deny the existence of the Peach Blossom Land, see Hwang Jun-ryang, *Geumgye Seonsaeng Munjip* (1755), Vol. V, ch. 8, pp. 4a-6a, and Seo Geo-jeong and others, comp., *Dongmunseon* ["Selectcd Writings of Korea"] (n.d. for original edition) (3 vols.; Seoul: Gyeonghui Chulpan-sa , 1966), Vol. I, p. 245. The latter source indicates Kim Sang-han's rejection of this idea.

37) James Cahill, "Some Rocks in Early Chinese Painting"; *Archives of the Chinese Art Society of America*, Vol. XVI (1962), p. 84. And for illustrations of *Early Spring and Clearing Autumn Skies over Mountains and Valleys* by Guo Xi, see Osvald Sirén. *Chinese Painting: Leading Masters and Principles* (London and New York: Lund Humphries and The Ronald Press Company, 1956-1958), Vol. III, Pls. 175 and 173.

38) Sherman E. Lee and Fong Wen, *Streams and Mountains Without End*, Artibus Asiae Supplementum XIV (Ascona, Switzerland: Artibus Asiae publishers, 1967), p. 9, n. 10.

39) Sin Suk-ju. *op. cit.*, ch. 14, p. 5a.

40) Kim An-ro, *op. cit.*

41) *Snowscape* in the National Museum of Korea is a good example. See Yu Bok-ryeol, *Pageant of Korean Painting*, Pl. 13.

42) Sherman E. Lee and Ho Wai-kam, *Chinese Art under the Mongols: The Yuan Dynasty* (1279-1368) (The Cleveland Museum of Art, 1968).

43) Osvold Sirén, *op. cit.*, Vol. III, Pl. 158.

44) Chinese examples: *Bodhisattva Manjusri and Bodhisattva Samantabhadra* by an anonymous painter, in Stockholm. See Sirén, *op. cit.*, III, Pl. 117(a), (b). *The White-robed Kuan-yin* by Mu-qi, in Daitoku-ji, Kyoto, also in Sirén, III, Pl. 336. Japanese examples: *Priest Kensu* by Kao. See Tanaka Ichimatsu and Yonezawa Yoshiho, *Suiboku-ga*, Vol. XI of *Genshoku Nihon no Bijutsu* (Tokyo: Shogaku-kan, 1970), Pl. 9. The *White-robed Kannon* by Sekkyakushi, also in Tanaka and Yonezawa, Pl. 41.

45) Kawakami Kei and Toda Teisuke, *Torai Kaiga* ["Imported Paintings"], *Nihon Kaiga-kan*, Vol. XII (Tokyo: Kodansha, 1971), p. 147, Pl. 82, 83.

46) Osvald Sirén, *op. cit.*, Vol. III, Pl. 321.

47) Susan Bush, "*Clearing after Snow in the Min Mountains* and Chin Landscape

Painting", *Oriental Art*, Vol. IX, No. 3 (Autumn, 1965), pp. 163-172. Suzuki Kei attributes this painting as well as the *Early Spring* (the famous painting in the National Palace Museum, signed Guo Xi and dated 1072) to 'local artists' of the Chekiang Province in his article, "A few observations concerning the Li-Guo School of Landscape art in the Yuan Dynasty," *Acta Asiatica*, Vol. V (Tokyo, 1968), p. 66. In his book (*Mindai Kaigashi Kenyu: Seppa* ["Studies on the History of Ming Painting: The Che School"] [Tokyo: Mokuni-sha, 1968], pp. 59 and 124), Suzuki considers the two paintings just mentioned as works of the late Yuan period which precede the crude style of the Zhe school. This opinion does not seem to be taken seriously by most experts in Chinese painting.